INHALT

GABRIELA
MEYER

MODERN-LIFE ETIKETTE

humboldt

Für meine Eltern und für alle,
die unsere Welt freundlicher machen

VORWORT

Liebe Leserin, lieber Leser,

wir sind heute in zwei Wirklichkeiten zu Hause, in der „alten“ analogen und in der digitalen Welt. Es gibt das klassische Büro und Coworking Spaces, es gibt Sitzungen und Videokonferenzen, es gibt Visitenkarten und Plattformen wie LinkedIn und Twitter. Von uns wird verlangt, dass wir uns in beiden Welten souverän, authentisch, höflich und angemessen zu bewegen wissen. Das ist leichter gesagt als getan. Unser Smartphone ist nicht mehr nur allein unser Telefon, sondern auch virtuelles Büro. Wie verhalte ich mich da eigentlich in den verschiedenen Situationen und Räumen, worauf sollte ich achten? Wie integriere ich das Gerät elegant in meinen Arbeitsalltag, ohne wie ein egoistischer Techniksnob oder rückständiger Technikverweigerer zu wirken? Darf ich mein Essen im Restaurant fotografieren und wenn ja, wie? Wie gehe ich damit um, wenn meine Kontaktanfrage auf einem Karriere-Netzwerk ignoriert wird?

Auf Fragen wie diese und viele weitere möchte Ihnen dieses Buch Antworten geben. Wir leben im Zeitalter der Inszenierung und medialen Selbstdarstellung. In der Öffentlichkeit ein kompetentes, sympathisches Image zu haben, ist ein wesentlicher Bestandteil des Erfolges geworden. Wir werden nun – und das ist neu – auch anhand der Referenzen im Internet bewertet. Durch neue Medien gibt es plötzlich neue Fragen zu gutem Benehmen. Das Digitale hat in manchen Bereichen radikal die Ästhetik verändert – in vielen Fällen aber eben auch nicht. Mein Buch möchte Ihnen helfen, durch die Jetzt-Zeit zu navigieren. Es soll Ihnen zeigen, welche klassischen Benimmregeln weiterhin gelten, und Sie dabei unterstützen, sich unter den neuen Bedingungen zurechtzufinden. Wir leben in einer temporeichen Welt, arbeiten

zunehmend in freien Konstellationen, aber trotzdem gibt es Höflichkeitsstandards. Die mit der Digitalisierung einhergehende vermeintliche Lockerheit sollte uns nicht dazu verleiten, uns schlecht zu benehmen. Heute wie damals gelten weiterhin viele grundlegende Anstandsregeln. Sie werden erfahren, dass Sie einige Gewohnheiten und Verhaltensweisen neu ausrichten müssen und gleichzeitig viele klassische Höflichkeitsregeln unbedingt beibehalten sollten.

Gute Manieren und warmherzige Höflichkeit sind der schnellste Weg, um Türen zu öffnen. Dabei geht es nicht darum, an vorgegebene Umgangsformen starr festzuhalten oder Benimmregeln als Fesseln zu sehen. Vielmehr geht es um natürliches Taktgefühl und nach diesem Gefühl zu handeln, wenn es richtig erscheint. Menschlichkeit zu zeigen, Respekt vor Mitmenschen und ein Bewusstsein für gutes Benehmen zu haben, ist mehr wert, als im Autopilot-Modus Begrüßungs- oder Anstandsregeln zu folgen. Je technischer unsere Welt wird, desto mehr wird in Zukunft die Fähigkeit gefragt sein, mit dem zu überzeugen, was wir nur als Menschen liefern können: Freundlichkeit, Charme, Hilfsbereitschaft, Witz, Kreativität und ein mitfühlendes Herz. Diese Qualitäten haben nichts mit Bits, Bytes oder künstlicher Intelligenz zu tun.

Gerade in einer Zeit, in der Produkte und Dienstleistungen immer leichter miteinander verglichen werden können, gewinnt meist derjenige Anbieter, der neben entsprechender Fachkompetenz auch durch ein sicheres Auftreten in einem globalisierten Umfeld, soziale Kompetenzen und gute Umgangsformen überzeugt. Auch dabei möchte ich Ihnen helfen und werde Ihnen viele frische Ideen liefern, die Sie sofort umsetzen können. Sie werden erfahren, was Sie interessant macht, wie Sie andere mit Freundlichkeit für sich einnehmen und sympathisch wirken.

Mit gutem Benehmen, Manieren und Kommunikation beschäftige ich mich, seit ich zwölf bin. Ich wuchs in einer griechischen Taverne in der Lüneburger Heide auf und lernte dort die Grundlagen guten Benehmens von der Pike auf. Meinen Horizont erweitert und meine Beobachtungsgabe geschärft habe ich in den Jahren als Flugbegleiterin im weltweiten Einsatz bei der Deutschen Lufthansa. Von Hamburg, Paris, New York über Bangkok, Singapur, Delhi bis Rio de Janeiro und Sydney: Die besten Hotels in aller Welt waren mein zweites Zuhause. Auch in dieser Zeit erfuhr ich viel über gutes und schlechtes Benehmen. Ich erlebte Tee-Zeremonien in Tokio, bediente Weltstars in der First Class, weinte in Slums und suchte auch schon mal lächelnd vor den Passagieren eine Bombe an Bord einer B747 in Bogota. Während meiner Reisen rund um den Globus habe ich mich darin geübt, mit den unterschiedlichsten Kulturen umzugehen, und ich weiß, wo die Fallstricke in der interkulturellen Begegnung liegen.

Die hohe Kunst des Protokolls lernte ich in meiner Zeit als Mitarbeiterin in der Pressestelle einer englischsprachigen, internationalen Universität. Hier betreute ich Politiker, Wissenschaftler, Künstler und Wirtschaftsgrößen, organisierte Festlichkeiten und kümmerte mich zusammen mit meinen Kollegen um Jubiläen, Pressekonferenzen und um die richtigen Tweets, Posts und Fotos.

Nicht zuletzt ist gutes Auftreten heute in meiner Eigenschaft als Unternehmerin und Inhaberin von *Modern Life Seminars* ein Thema, das mich täglich begleitet.

Meine Erfahrungen habe ich in dieses Buch einfließen lassen. Sie erhalten jede Menge Tipps, die Sie sofort anwenden können. Egal ob zu Small Talk, Gastfreundschaft, Style oder Social Media. Ich habe dieses Buch mit Leidenschaft, Liebe und ohne erhobenen Zeigefinger geschrieben. Für jeden, der freundlich, gelassen, respektvoll und empathisch auftreten möchte. Für jeden, der Inspiration sucht, nicht stehenbleiben und sich weiterentwickeln möchte. Ich finde, wir alle sollten uns menschlich und anständig verhalten, nicht wie Roboter, und ich wünsche mir, dass Sie Impulse für den fröhlichen Umgang mit anderen Menschen und für die Selbstpräsentation finden.

Ach ja, wer mich fragt, was gutes Benehmen für mich bedeutet, dem antworte ich gern mit meinem Lieblingszitat von Ralph Waldo Emerson: „Manners are the happy way of doing things."

Und nun, herzlich willkommen und viel Spaß beim Lesen!

Gabriela Meyer

HANDY-ETIKETTE

Moderner Umgang mit dem Smartphone

„Ich nutze mein Handy nur zum Telefonieren, Frau Meyer!“ Dieses Statement hörte ich früher oft. Kennen Sie es auch noch? Ließ ich Internetaffinität und Interesse für die neuen multifunktionalen Smartphones durchblitzen, zeigten mir konservativ geprägte Telefonmenschen schon mal die kalte Schulter. Sie war irgendwie schick, diese Verweigerungshaltung. „Apps? Brauche ich nicht!“ Die Möglichkeiten des Smartphones abzuwehren, galt als Statussymbol. Seither hat sich viel verändert. Das Smartphone hat sich zu einem beeindruckenden Arbeits- und Kommunikationsgerät entwickelt. Inzwischen nutzt jeder, ob Taxifahrer, Studentin, Politiker, Verkäuferin, Schauspieler oder Professorin, die vielfältigen Möglichkeiten, die es bietet. Wir buchen mit unserem Smartphone Reisen, bearbeiten Fotos, übersetzen Texte, berechnen Fahrtrouten, scannen Dokumente, schreiben Rechnungen und manchmal wischen wir einfach nach links. Telefonieren ist inzwischen nur noch eine App unter vielen und eher uncool. Wer ruft uns denn heute noch ohne triftigen Grund an? Es zirkulieren Sprachnachrichten. Die Technik hat sich rasant weiterentwickelt. Damit änderte sich auch unser Verhalten und die Art, wie wir miteinander interagieren.

Genau wie damals gibt es auch heute wieder etwas, was viele stört: *Phubbing*[1], also das Starren auf das Smartphone, während man die

Menschen um sich herum ignoriert. „Kaum einer schaut noch hoch, alle surfen. Ist ja schlimm, was für ein schreckliches Benehmen!", schimpfen wir und rümpfen die Nase über diese schrecklichen Manieren. Doch ist unsere Empörung berechtigt? Der Journalist Dirk von Gehlen ermuntert zu einem anderen Blickwinkel und zu einer anderen Sicht: „Aber allein die Möglichkeit, dass handystarrende Zeitgenossen gerade einen trauernden Menschen trösten oder in einem Nobelpreis-Wälzer schmökern, sollte uns davon abhalten, ins wohlfeile Wehklagen über den kulturellen Niedergang durch Smartphonenutzung zu verfallen. Denn womöglich geht es dem handystarrenden Menschen gerade richtig gut, der Bildschirm ist ihm ein Fenster zur Welt und Möglichkeit zur flanierenden Entspannung. Warum sollte man jemandem diese Wohltat verwehren, nur weil man selber nicht in der Lage ist, ein gesundes Verhältnis zum Smartphone zu entwickeln?"[2]

Wozu uns Dirk von Gehlen anregt ist: Gucken wir doch mal anders auf die Leute, die ihr Endgerät anstarren. Sehen wir das alles mal nicht pathologisch. Das Handy ermöglicht eben auch liebevolle Gesten und trägt dazu bei, unseren Horizont zu erweitern, uns zu bilden, neue Kontakte zu knüpfen und Beziehungen schöner und menschlicher zu gestalten. Ganz egal, wo auf der Welt wir uns gerade aufhalten oder unterwegs sind, wir können die Verbindung zu lieben Menschen halten. Wir können unsere Freundschaften und beruflichen Beziehungen pflegen und uns auf dem Laufenden halten.

> Das Smartphone ist nicht per se „gut" oder „schlecht". Es kommt darauf an, was wir daraus machen.

Fest steht: Das Smartphone ist nicht grundsätzlich gut oder schlecht. Wie bei anderen Erfindungen kommt es darauf an, was wir daraus machen und inwieweit wir bei der Nutzung auf unsere Umgebung Rücksicht nehmen. Wenn wir mit anderen Menschen zusammen sind, sind gute Manieren wichtig. Deshalb ist es ein großer Unterschied, ob ich alleine bin und telefoniere oder mich im öffentlichen Raum aufhalte.

Empfehlungen für die Smartphone-Nutzung

Es war auf dem Weg nach Frankfurt. ICE, zweite Klasse, Großraumabteil. Ich war müde und glücklich, noch ein freies Plätzchen ergattert zu haben. Hinter mir lagen zwei intensive Seminartage. Endlich nach Hause. Ich schaute mich um. Niemand schien seine Umgebung zu beachten. Jeder war mit sich selbst beschäftigt. Links neben mir saß ein Geschäftsmann, der seine Schuhe ausgezogen hatte. Er klebte am Smartphone: „Du Felix, nein, klär das bitte mit meiner Sekretärin." Rechts schlürfte eine junge Frau ihren Coffee to go, während sie per Face Time einen Yoga-Kurs buchte. Da schmetterte ein pummeliger Geschäftsmann in sein Schnurmikro: „In 20 Minuten bin ich da, Igelschnäutzchen. Lass schon mal das Badewasser ein!" Ich sah all das vor mir, was ich mir eigentlich nicht vorstellen wollte, und es ergab eine skurrile Collage in meinem müden Kopf. Also, Kopfhörer auf. Da kam der Schaffner und wollte mein Ticket sehen. So zückte auch ich mein Smartphone.

Was macht uns eigentlich zu guten Mitreisenden in öffentlichen Verkehrsmitteln? Richtig, wir stören andere nicht, schon gar nicht mit unseren Telefonaten. Wir ersparen ihnen pikante Details. Wir haben es nicht nötig, unsere Wichtigkeit extra laut kundzutun. Wir sind gelassen, verhalten uns ruhig und nerven nicht.

Leider laden Handys zu Rücksichtslosigkeit ein. Unser Smartphone ist nicht mehr nur unser Telefon, sondern schon lange so eine Art virtuelles Büro. So sind wir im großstädtischen Alltag oft Gesprächen in penetranter Lautstärke ausgesetzt. Mal ist es Business-Geplapper, mal belangloses Gequassel, mal Intimes, mal Jargon. „Nice, Alter! Wo hast du den Rucksack her gegetted?" Es scheint entweder viele nicht zu stören, unhöflich zu sein, oder aber noch immer viele Unsicherheiten zu geben, welche Verhaltensweisen richtig oder falsch sind.

> Mit privaten und intimen Telefonaten im öffentlichen Raum belästigen Sie Ihre Mitmenschen.

Dies ist die vielleicht wichtigste Smartphone-Regel, um einigermaßen anständig und höflich mit den kleinen Mini-Computern umzugehen: Kompromittieren Sie Ihre Mitreisenden oder Menschen Ihrer Umgebung im öffentlichen Raum nicht mit privaten und intimen Telefonaten. Sprechen Sie leise und halten Sie Ihre Gespräche kurz. Das wirkt zivilisiert, klug und souverän. Es ist nicht nötig, Ihr Umfeld über Ihre Tagesplanung oder privaten Sorgen in Kenntnis zu setzen. Lässt sich ein Ferngespräch wirklich gerade nicht aufschieben, suchen Sie sich ein ruhiges Plätzchen, wo Sie ungestört sprechen können und niemanden stören. Ein angemessener Ort wäre zum Beispiel im Zug der Raum zwischen zwei Abteilen. Ersparen Sie Ihren Mitmenschen Ihre Verkaufserfolge, die detaillierte Nacherzählung Ihrer Sitzung in Berlin, den Namen Ihrer Affäre in Brüssel oder die Einzelheiten einer medizinischen Fußpflege. Dienstliches und Privates öffentlich kund zu tun ist wirklich uncool, Namen zu nennen aus Datenschutzgründen ein Tabu. Seien Sie sich dessen bewusst: Die Welt ist klein. Wenn Sie nicht wie ein Rüpel oder eine Rüpeline erscheinen wollen, sollten Sie wissen, wann es angebracht ist, sich zurückzunehmen.

Ich war mal privat eingeladen. Es war ein gemütlicher Abend. Bis plötzlich das Telefon klingelte. Ich ging davon aus, die Gastgeberin würde das Gespräch abkürzen und sagen: „Ich habe gerade Besuch, kann ich dich morgen zurückrufen?“ Doch nicht mal meine Hoffnung auf eine Notlüge wie „Entschuldige, die Milch kocht mir gerade über“ erfüllte sich. Auch nicht nach zehn Minuten. Im Gegenteil: Es wurde eine ausgedehnte Plauderei. Da saß ich dann, gezwungen zuzuhören und alleine Oliven zu essen.

Das Kostbarste, was wir als Menschen haben, ist Zeit. Wer in der Lage ist, Prioritäten richtig zu setzen und sich kurz zu fassen, ist guten Manieren ein großes Stück näher. Gehen Sie respektvoll um mit der Zeit anderer Menschen. Kürzen Sie nicht dringende Telefonate ab, wenn Sie Besuch haben, und widmen Sie sich Ihren Gästen. Sind Sie gerade in einem Gespräch und erhalten einen wichtigen Anruf auf Ihrem Smartphone, nehmen Sie selbstverständlich das Gespräch an. Als Zeichen der Höflichkeit entschuldigen Sie sich kurz freundlich bei

Ihrem Gesprächspartner und gehen einige Meter auf Abstand. Damit vermitteln Sie Ihrem Gesprächspartner Wertschätzung.

Setzen Sie Prioritäten

Sollte es ein ungebetener Anruf sein, der Sie gerade stört, oder sollte es gerade so gar nicht passen – Sie sitzen im Wartezimmer beim Arzt, betreten gerade ein Flugzeug oder stehen an der Supermarkt-Kasse – fragen Sie, wann Sie zurückrufen können.

Wer sich von jedem Klingeln jederzeit stören lässt, sogar an der Käsetheke telefoniert, verwendet das Handy falsch und hat sein Gerät nicht im Griff. Es macht keinen guten Eindruck, wenn Sie sich zur Marionette von Signaltönen machen und zu jeder Zeit Ihre Rufbereitschaft signalisieren. Sollten Sie ein Baby erwarten oder kranke Angehörige haben, gilt dies natürlich nicht. Bei allen anderen Notfällen im Leben auch nicht. Und wer auf eine langersehnte Liebesbotschaft wartet, darf selbstverständlich auch im Stand-by bleiben.

„Muss nur noch kurz die Welt retten, danach flieg' ich zu dir. Noch 148 Mails checken ..." Tim Bendzko singt hier über seine vielen Pflichten, die er erledigen möchte, bevor er Zeit hat für seine Freunde oder Freundin. Setzen Sie Ihre Prioritäten nach Möglichkeit anders. Während eines Gesprächs mit Familie und Freunden bedienen Sie besser nicht Ihr Smartphone. Es sei denn, Sie wollen zeigen, dass Sie keinen besonderen Wert auf Ihr Gegenüber legen oder Sie möchten sich bewusst abschotten. E-Mails, Tweets oder andere Botschaften beantworten Sie einfach etwas später, wenn Sie Zeit und Muße dafür haben.

> Ihre Aufmerksamkeit sollte immer dem Menschen gelten, mit dem Sie gerade zusammen sind.

Versuchen Sie nach der Regel „anwesende Menschen vor Maschinen und abwesenden Menschen" zu handeln. Ihrem Gegenüber gehört Ihre Aufmerksamkeit. Wenn Sie mit jemandem sprechen und dabei Ihr Handy in der Hand halten, geben Sie dem anderen das Gefühl, weniger wichtig zu sein.

An bestimmten Orten schalten Sie Ihr Handy am besten stumm. Dazu zählen: Kino, Theater, Restaurant, Meeting, Bibliothek, Spa, Krankenhaus, Friedhof und Kirche. Es muss auch nicht sein, im Supermarkt direkt vor dem Schokoladenregal zu telefonieren und den Weg für andere Kunden zu versperren. Es sei denn, Sie sind der Marktleiter und ordern Nachschub.

Sie sind in der Lounge Ihrer Airline? Auch dort gilt: Telefonieren Sie nicht so laut! Sollten Sie an einer Bushaltestelle telefonieren, wirken Sie mit einem „Psst!“ zu den anderen um sie herum wie Ekel Alfred (kennen Sie den noch?). Rufen Sie selbst jemanden mobil an, fragen Sie nach der Begrüßung, ob der andere gerade sprechen kann und es passt. Das ist höflich.

Grundlegende Regeln für den Umgang mit dem Handy

Überall dort, wo Sie Gefahr laufen, die Arbeit, Ruhe oder Konzentration anderer Menschen durch das Klingeln Ihres Handys oder Ihr Telefongespräch zu unterbrechen bzw. zu stören, sollten Sie:

- Ihr Smartphone auf lautlos stellen,
- den Raum zum Sprechen verlassen
- oder das Gespräch ganz verschieben.

Während Sie dienstlich und privat telefonieren, vermeiden Sie Nebengeräusche wie Gangster-Rap, Essen, Kaugummikauen, Akkuschrauber, Witze erzählende Kollegen, schreiende Nymphensittiche, Kochgeräusche, Geschirrspüler, Dauerhundegebell oder sonstige kuriose Geräusche. Passen Sie auf bei Freisprechanlagen im Auto, wenn Sie nicht alleine sind.

Wenn Sie jemanden erreichen wollen, halten Sie sich nach Möglichkeiten an die Anrufzeiten. Privat können Sie sich zwischen 9 und 19 Uhr melden. Bei guten Freunden hoffentlich zu jeder Zeit. Fragen Sie am besten kurz, ob Sie gerade stören. An Sonn- und Feiertagen klingeln Sie die Leute nicht vor 11 Uhr aus dem Bett. Ihr Freund oder

Ihre Freundin ruft nie zurück oder kann nur schriftlich über WhatsApp kommunizieren? Suchen Sie sich dialogfähige Freunde.

Dezenter Auftritt Ihres Handys

Erwachsene, die sich für schrille Klingeltöne, schräge Songs oder Soundeffekte entscheiden, scheinen nicht zu merken, dass sie damit nicht so gut ankommen. Selbstverständlich wählen Sie für sich aus, welcher Klingelton Ihnen gefällt, zum Beispiel der Refrain Ihres Lieblingssongs. Aber verzichten Sie vielleicht doch besser auf das Knattern einer Harley oder Refrains wie „You sexy Motherfucker". Gerade im arbeitsbezogenen Kontext könnte das unpassend sein.

Unsere Smartphones müssen viel aushalten: Nässe, Kratzer, Schmutz. Das Telefon rutscht einem auch schon mal aus der Hand, fällt auf den Boden und ist beschädigt. Gegen all dies bieten Handyhüllen Schutz. Es gibt schicke Designs: Soft-Cases, Ledertäschchen oder Glitzer-Style. Achten Sie darauf, ein für Sie passendes Modell zu wählen. Wer Wert auf sein Smartphone legt, sollte auch Wert auf die Ästhetik der Hülle legen. Schmutz, Risse im Glas oder Wundpflaster und Dackelbild-Sticker, die das Gerät zusammenhalten, sind nicht gerade ein Hingucker. Früher schaute man auf die Schuhe, heute auch auf Ihr Smartphone.

> Wählen Sie die Hülle für Ihr Handy mit Bedacht. Sie sollte zu Ihnen und Ihrem Stil passen.

Auf dem Smartphone tippen im Meeting

Kennen Sie diese Sitzungen, wo einige Teilnehmer fast schon demonstrativ mit ihrem Smartphone beschäftigt sind und E-Mails beantworten? Höflich ist das nicht. Wenn wir anwesend sind, aber nicht bei der Sache, wirken wir respektlos und so, als wollten wir den Eindruck erwecken, alles andere sei wichtiger als die aktuelle Besprechung. Natürlich sind Mitarbeiter und Führungskräfte vielen Anforderungen und Erwartungen ausgesetzt. Der Druck ist groß. Und klar, viele

Meetings sind eigentlich überflüssig. Doch wir hören grundsätzlich besser, wenn wir auch mit den Augen dabei sind.

Wie gehen Sie also mit der Situation „Tippen im Meeting" um? Hierzu gebe ich Ihnen zwei Empfehlungen: (1) Bitten Sie den Sitzungsleiter, klare Absprachen zum Umgang mit dem Smartphone in Meetings zu treffen. Sie müssen ja nicht gleich die Geräte untersagen. (2) Entscheiden Sie für sich selbst, ob Sie einen Beitrag im Meeting leisten wollen und können. Falls nicht, überdenken Sie Ihre Teilnahme. Es gibt natürlich Ausnahmesituationen, wo es gute Gründe dafür gibt, immer wieder auf das Smartphone zu schauen. In dem Fall sagen Sie vorher kurz Bescheid.

Ihre innere Haltung beim Telefonieren

Worauf sollten Sie achten, wenn Sie am Telefon sind? Vermeiden Sie, wie ein Misanthrop zu klingen. Mit einem Lächeln in der Stimme klingen Sie freundlich und verbindlich. Versuchen Sie so oft es geht, heiter mit Anrufern umzugehen. Ihren Unternehmensnamen singen – warum denn nicht? Ein schlecht gelauntes „Sie stören mich gerade in meinen Gedanken" ist keine gute Idee für eine Begrüßung. Schon gar nicht, wenn jemand anruft, von dem Sie eigentlich etwas wollten.

Fotografieren im Restaurant – so machen Sie es richtig

Bislang gibt es bei uns keine Restaurants mit extra ausgewiesener Smartphone- und Social-Media-Zone. Vielleicht kommt das noch. Es gilt also weiterhin: Smartphone nicht auf den Tisch legen und am besten auf lautlos stellen. Es gibt bisher auch noch keine Regel, die sagt: „Das Handy liegt links vom Teller und man darf erst beginnen, wenn alle ein Foto auf Instagram gepostet haben."

Es ist verständlich, ein köstliches Menü in einem stilvollen Restaurant als Erinnerung an einen geselligen Abend im Bild festhalten zu wollen. Wie machen Sie Ihr Foto also am geschicktesten? Wie finden Sie den passenden Moment? Mein Tipp: Achten Sie darauf, dass Sie andere Gäste nicht stören und Servicekräften nicht im Wege stehen. Um sicher zu gehen, fragen Sie im Lokal kurz nach, ob Sie Fotos machen dürfen. Es gibt viele Lokale, die sich aus Marketing-Gründen darüber freuen. Das Londoner „Dirty Bones" hält für Gäste, die ihr Essen knipsen möchten, eigens ein professionelles Equipment bereit. Das berühmte „Culinary Institute of America" in New York, eine der renommiertesten Kochschulen, hat die Food-Fotografie für soziale Netzwerke sogar in seinen Stundenplan aufgenommen.[3] Andere Restaurants haben es nicht so gern, wenn Gäste fotografieren. Das gilt es als Gast zu respektieren. Tatsächlich scheint vielen der Bezug zu gutem Essen verloren gegangen zu sein, schaut man auf Hashtags wie #Foodporn. Dort geht es offenbar nur noch um das möglichst perfekt inszenierte Foto, nicht um die wahre Küchenkunst, das Handwerk und die Arbeit, die dahinterstecken.

> Es ist traurig, wenn es nur noch um das perfekt inszenierte Foto geht statt um die wahre Kunst der Köchin.

Beim Fotografieren halten Sie sich an die Regel: „Shoot first, share later!" Das heißt, fotografieren Sie, doch bearbeiten und teilen Sie Ihre Schnappschüsse später. Ihre Aufnahmen machen Sie diskret, ohne viel Aufheben. Dafür schalten Sie Ihr Handy auf stumm, sodass Sie beim Auslösen niemanden stören. Lassen Sie Ihre Begleitung im Kreativrausch nicht mit dem Essen warten. Am besten stellen Sie sicher, dass alle Leute auf dem Bild mit einer Veröffentlichung einverstanden sind. Sollten andere für sich selbst ein Foto machen, befehlen Sie ihnen nicht, wie sie ihr Foto aufzunehmen haben. Das könnte übergriffig wirken oder rechthaberisch.

Gute Food-Fotos sind übrigens schwer zu knipsen. Bei Erbsensuppe lassen wir das Handy besser gleich in der Tasche, davon kann ein Laie einfach keine schönen Fotos machen. Schauen Sie mal auf die Facebook-Seite: www.facebook.com/Wir-fotografieren-unser-Essen. Hier finden Sie Bilder von Gerichten, die alte Menschen, Kranke und Pflegebedürftige vorgesetzt bekommen. So lieblos zubereitet, dagegen ist Labskaus eine Augenweide. Statt Ihr Essen mehr schlecht als recht auf

Fotos zu inszenieren, machen Sie doch lieber anderen eine Freude. „Wer ein echtes Like will“, so die Kolumnistin der SZ Julia Rothaas treffend, „bringt sein hübsches Essen einmal im Monat demjenigen mit, der es wirklich gebrauchen kann. Die strahlende Oma: Ein besseres Bild dürfte es kaum geben.“[4]

DAS GEHT GAR NICHT

Smartphone am Tisch / Lautes Telefonieren in der Öffentlichkeit / Tastentöne und Benachrichtigungssignale an ruhigen Orten nicht abstellen / An der Kasse telefonieren / Display-Stalken / Smartphone-Dauerfilmen / Über die Lautsprecher reden / Reporter spielen / Gespräche auf der Toilette / Menschen in Fotos taggen und ohne Erlaubnis öffentlich hochladen / Durch fremde Fotogalerien wischen / Telefonieren und nicht merken, dass man anderen im Weg steht / Mitteilungswut / Beim Passwörter-Eingeben zuschauen / Im Konzert jedem die Sicht versperren beim Filmen und Fotografieren / Antwortverweigerung

Stilvoller Umgang mit WhatsApp: Wie Sie andere nicht nerven

WhatsApp ist aus Datenschutzgründen umstritten und doch sehr beliebt. Die App ist kostenlos und perfekt, um schnell miteinander zu kommunizieren. Doch es kann auch leicht zu Missverständnissen kommen. Haben Sie auch schon mal missglückte Chats erlebt? Paul sendet einen liebevoll gemeinten Kotz-Smiley zu einem Rosenkohlauflauf und plötzlich entwickelt sich daraus ein Riesen-Drama in der WhatsApp-Kochgruppe. Luise fand das echt nicht witzig und ist sauer. Plötzlich macht es „Plopp!“ und Luise hat die Gruppe verlassen. Durch digitale Nachrichten kommt es oft zu Konflikten, die in einem persönlichen Gespräch nie entstanden wären. Der Grund: Es fehlen uns wichtige nonverbale Dechiffrier-Signale wie Tonlage, Mimik oder Gestik. Es lässt sich auch nicht erkennen, in welcher Situation der andere gerade steckt. „Für dich soll's rote Rosen regnen." „Mit Vasen voller Wasser!" und schon sind zwei wieder Single.

> Sollten Sie mal als Antwort auf eine Nachricht „tldr" erhalten: Das steht für „too long, didn't read" – „zu lang, habe ich nicht gelesen".

Leider wird beim Herunterladen der App kein Etikette-Handbuch mitgeliefert. Jeder navigiert für sich alleine und hat sein eigenes Regelwerk im Kopf. Besonders bei Sprachnachrichten scheiden sich die Geister. Die einen sind Fans davon, Monologe als Audiodateien zu versenden und zu erhalten. Die anderen finden dieses Format einfach anstrengend und schrecklich zeitraubend. Nehmen Sie Rücksicht auf Ihre Mitmenschen und vermeiden Sie es, unstrukturierte, endlos ausgeschmückte Sprachnachrichten bei ihnen abzuladen. Für berufliche Angelegenheiten ist eine kurze höfliche SMS oder ein Anruf, je nach Situation, immer die bessere Wahl. Für ein gutes Miteinander auf WhatsApp beachten Sie folgende Punkte, bevor Sie in die Tasten hauen:

- In manchen Situationen ist die Verwendung einer App wie WhatsApp grob unhöflich und unsensibel. Vielleicht ist es irgendwann gesellschaftlich anerkannt, per Totenkopf-Emoji seinen Job zu kündigen, zu kondolieren oder eine Ehe zu lösen. Gott sei Dank ist es noch nicht soweit.
- In einem persönlichen Gespräch lassen sich besser Dinge klären sowie Gefühle und Zwischentöne transportieren. Genuschelte Sprachnachrichten und Todesschrei-Emojis können das nicht leisten. Auch das Spiel mit Andeutungen geht oft nach hinten los.
- Verwenden Sie immer (!) den Namen der Person, der Sie schreiben, wenn Sie ein höflicher Mensch sein wollen. Zum Geburtstag gratulieren ohne Namen? Total daneben. Als besonders unelegant outen sich Schreiber, die ihren Namen unter eine Nachricht setzen, den Namen des Adressaten aber nicht nennen.

- Wenn Sie eine Sprachnachricht abhören, halten Sie sich Ihr Telefon diskret an das Ohr, damit Unbeteiligte nicht in voller Lautstärke mithören können.
- Beim Aufnehmen einer Sprachnachricht sollten Sie nicht essen, trinken oder schmatzen und auch sonstige Hintergrundgeräusche vermeiden.
- Nicht höflich ist es, wenn Sie andere lange auf eine Antwort warten oder raten lassen, was eine Nachricht wohl bedeutet.

11 GRUNDLEGENDE VERHALTENSEMPFEHLUNGEN FÜR WHATSAPP

1. Verwenden Sie für den Einstieg immer eine Anrede mit Namen.
2. Schreiben Sie klare, kurze, knackige Texte.
3. Vereinfachen Sie Komplexes und vermeiden Sie Langatmigkeit.
4. Fragen Sie nach, wenn Sie etwas nicht verstehen.
5. Wechseln Sie in die Empfängerperspektive.
6. Fügen Sie Kontakte nicht ungefragt in eine Gruppe hinzu.
7. Legen Sie nicht jedes Wort auf die Goldwaage.
8. Greifen Sie bei Unklarheiten zum Hörer.
9. Prüfen Sie, ob eine Sprachnachricht wirklich nötig ist.
10. Wechseln Sie nicht hin und her zwischen Kanälen.
11. Schreiben Sie LG (Liebe Grüße) doch mal wieder aus!

Nahezu jedes Kind ab zwölf Jahren verfügt inzwischen über ein eigenes Handy.[5] Mit Apps wie WhatsApp rücksichts- und verantwortungsvoll umzugehen, sollte Kindern frühzeitig gezeigt werden. Sie stimmen mir sicher zu, dass es an uns liegt, dem Nachwuchs die sozialen Umgangsformen frühzeitig nahezubringen und sie an die Hand zu nehmen.

SOCIAL-MEDIA-KNIGGE

Benimm-Empfehlungen fürs Netz

„Eins sage ich Ihnen gleich. Ich halte nichts von diesem Social-Media-Gedöns! Da sind doch nur Frühstücksbilder und Prominente!“ Ich erinnere mich an Workshops, wo ich morgens von Teilnehmern – die zu einer Social-Media-Weiterbildung von ihrem Arbeitgeber „verdonnert“ wurden – grußlos so empfangen wurde. Soziale Medien und digitale Kommunikation gelten in manchen Kreisen als Bedrohung und werden abgelehnt oder blockiert. Eine Seminarteilnehmerin sagte mir: „Ich finde Blogs ganz schlimm und furchtbar.“ „Welche Blogs lesen Sie denn?“, fragte ich. „Keine! Werde ich auch nicht! Aber ich finde das alles ganz schlimm!“ Für einige Menschen scheinen soziale Netzwerke noch immer angst einflößend zu sein. Es gibt Zeitgenossen, die sich konsequent weigern, sich mit LinkedIn oder KI (künstlicher Intelligenz) ernsthaft auseinanderzusetzen – und sei es nur, um sie besser zu verstehen. „Ich brauche keine Karriere mehr zu machen, außerdem unterhalte ich mich lieber so“, sagte mir ein etwa 50-jähriger leitender Angestellter auf einer Messe. So mancher will sich lieber analog in die Rente gleiten lassen, als digital Schritt zu halten und die Zukunft für kommende Generationen aktiv mitzugestalten.

> Sie müssen die Social-Media-Kanäle nicht exzessiv nutzen. Aber schauen Sie doch mal rein, um zu sehen, was sie bieten.

Doch es gibt bemerkenswerte Veränderungen. Galten die Deutschen im internationalen Vergleich noch in 2019 als Social-Media-Muffel, zeigen aktuelle Studien, dass die Bedeutung sozialer Netzwerke in Deutschland enorm gestiegen ist und stetig weiter wächst. Inzwischen nutzen 86 Prozent der Bundesbürger aktiv soziale Medien. Plattformen wie LinkedIn, Instagram, Youtube, TikTok und Co. sind aus dem Alltag vieler Menschen nicht mehr wegzudenken. Es haben sich mächtige digitale Karriere- und Kampagnen-Netzwerke etabliert, ohne die unsere Arbeitswelt und Gesellschaft nicht mehr denkbar ist.

WELCHEN NUTZEN SOZIALE NETZWERKE BIETEN

Business-Plattformen wie Linkedin, Xing oder auch der Mikroblog Twitter sind – wenn man sie richtig zu nutzen weiß – intelligente und inspirierende Orte, wo jeder viel lernen, sich über aktuelle Karrierethemen informieren, mit anderen austauschen und sich ganz nebenbei auch noch sein Netzwerk oder seine persönliche Marke aufbauen kann. Was bieten Ihnen diese Netzwerke?

- Sie finden Kunden, Geschäftspartner und Stellenangebote.
- Sie können wichtige Informationen in Echtzeit an viele Empfänger verbreiten.
- Sie haben eine Stimme und können sich Gehör verschaffen.
- Sie lernen unterschiedliche Sichtweisen zu Themen kennen.
- Sie finden Inspiration, bilden sich weiter und kommen auf neue Ideen.
- Sie finden Gleichgesinnte und oft Lösungen für Probleme.
- Sie bauen sich ein Netzwerk auf – wenn Sie wollen, weltweit.
- Sie tauschen Ideen und Gedanken mit anderen aus.

Soziale Netzwerke stärken Beziehungen, bieten Hilfe, fördern Kreativität und ermöglichen Engagement. Sie bieten in Echtzeit Chancen zum Dialog, zur Information, zur Unterhaltung und für die Imagepflege. Doch die Plattformen bergen auch Stolperfallen und Risiken. Es lohnt sich daher für jeden modernen Menschen, nicht nur Digitalkompetenz aufzubauen und Desinformation entgegenzuwirken, sondern auch zu wissen, wie er sich respektvoll, höflich und geschickt in der digitalen Welt bewegt. Hier gelten wie überall Werte des guten Benehmens. Wer nicht den richtigen Ton trifft oder gedankenlos handelt, kann Schwierigkeiten bekommen. „Das Netz vergisst nie“ und es ist mitnichten eine benimmfreie Zone. Die typischen Dialogmechanismen zu kennen und zu wissen, welchen Ton Sie anschlagen sollten und dürfen ist die Grundvoraussetzung für Ihren Erfolg. Nur so können Sie kompetent, gelassen und sicher im digitalen Raum kommunizieren. Kennen Sie die Spielregeln, können Sie Reputations- oder Karrierefallen meiden und Ihre Ziele viel leichter erreichen.

Jeder von uns ist selbst für seine digitalen Umgangsformen verantwortlich. Jeder muss seinen persönlichen Stil entwickeln und eigene Erfahrungen machen. Doch lassen Sie mich Ihnen Schritt für Schritt die wichtigsten professionellen Standards zeigen, die Sie kennen sollten. So sind Sie perfekt gerüstet. Starten wir mit einem Blick auf die Online-Identität.

Ihre Online-Identität: Unauffällig seine Pflicht tun war gestern

Die Arbeit an Ihrer Online-Präsenz ist fundamental für Ihren digitalen Auftritt. Es ist inzwischen normal, sich zur Vorbereitung eines Geschäftstermins über Gesprächspartner online schlau zu machen. Jedem sollte klar sein: Die Technologie wird zu einer Erweiterung unserer Identität. Durch die digitalen Plattformen befinden wir uns heute unter einem Vergrößerungsglas. Die Online-Recherche zeigt alle unter einem Namen geführten Profile an, auch private. Es wird geschaut: Was macht die Person? Für welche Themen interessiert sie sich? Haben wir Gemeinsamkeiten? Googelt Sie jemand und findet nichts oder nur ein lebloses, ungepflegtes Profil mit einem Schattenbild-Avatar, ist es eher negativ für Ihre Reputation. Die Experten warnen und sagen: Wer in Zukunft nicht im Netz präsent ist, wird benachteiligt sein. Anders als früher gilt jetzt: Wer erfolgreich sein möchte, muss digital sichtbar sein. Firmen machen sich in der vernetzen Arbeitswelt online auf Kandidaten-Pirsch. Wenn Ihr Online-Auftritt überzeugt, sind Sie der Konkurrenz eine Nasenlänge voraus.

Einmal war es meine Aufgabe, in einem Führungskräfte-Auswahlverfahren dem Top-Kandidaten das Unternehmen zu zeigen. Alles, was ich zu meiner Vorbereitung online an Informationen über ihn finden konnte, war ein Urlaubsfoto. Das Bild zeigte einen heiteren Mann in Shorts und mit nacktem Oberkörper auf einem Kamel. Natürlich hatte ich dieses Bild vor Augen, als wir gemeinsam in unseren Business-Outfits über das Gelände flanierten. Machen Sie es anders als der Mann auf dem Kamel. Gestalten Sie Ihre Online-Präsenz inhaltlich und ästhetisch so, wie es Ihnen gefällt. Lassen Sie uns keine Zeit vergeuden, ich habe eine kleine Aufgabe für Sie.

KLEINE AUFGABE

Googeln Sie sich! Was finden Sie? Gefällt Ihnen das, was Sie sehen? Beantworten Sie sich diese Frage bitte ehrlich. Dann fragen Sie sich:

- Wie möchte ich von anderen wahrgenommen werden?
- Was sollen die anderen über mich erfahren?

Die Verantwortung dafür, wie Sie digital wahrgenommen werden, liegt in Ihren Händen. Sie legen fest, was Sie von sich preisgeben und welchen ersten digitalen Eindruck Sie vermitteln wollen. Sie stecken mit Ihrem digitalen Profil den Claim ab und machen deutlich, welchen Platz Sie einnehmen möchten. Nutzen Sie die Chance! Es macht Spaß, die eigene Online-Präsenz professionell auszuarbeiten. Ich ahne, was Sie jetzt denken: Und wie geht das? Worauf muss ich achten? Keine Sorge. Auf den folgenden Seiten erfahren Sie alles, was Sie wissen sollten!

Das Gestalten der Personenmarke bezeichnet man heute als „Personal Branding“.

Ihr Profilfoto: Das Erste, was andere von Ihnen sehen

Das Profilfoto ist besonders auf Business-Netzwerken eine Art Aushängeschild. Es ist der erste Eindruck, den Sie online vermitteln, und somit elementar wichtig. Ein wirkungsstarkes Foto wertet Ihr Profil auf. Ohne diese visuelle Botschaft bleibt es wenig aussagekräftig. Wer ohne Profilbild auf Karriere-Netzwerken unterwegs ist, gilt tatsächlich als Amateur, unprofessionell, von gestern oder sogar peinlich – wie jemand, der als einziger mit einer Maske zu einer Geschäftsbesprechung erscheint.

Achten Sie im beruflichen Kontext darauf, dass der Stil Ihres Portraits zu Ihrer Branche und zum Rest Ihres Profils passt. Ein Selfie vor dem Spiegel im Sportstudio wäre eher unpassend. Das Foto für ein privates Netzwerk darf natürlich lockerer und unkonventioneller ausfallen. Für Ihren digitalen beruflichen Auftritt sollten Sie sich regelmäßig ein professionelles Fotoshooting gönnen. Folgende Dos und Don'ts gelten für Profilbilder auf beruflichen Netzwerken:

Dos

- Aktuelles, hochwertiges, vorteilhaftes Business-Foto
- Halbportrait mit Blickkontakt zum Betrachter. Kopf und Schultern sind zu sehen
- Freundlicher, zuversichtlicher Gesichtsausdruck. Lächeln Sie!
- Saubere Kleidung, legerer Business-Stil. Das Outfit passt zur Branche
- Einfarbiger, ruhiger Hintergrund. Sie sind das einzige Subjekt auf dem Foto
- Hochwertiges, klares, scharfes Bild, ausreichend beleuchtet

Don'ts:

- Selfie, Urlaubsfoto, Bergwanderbild, Fahndungsfoto, gar kein Foto (Eierkopf-Avatar)

- Verkniffener Gesichtsausdruck, griesgrämige Mine, ungekämmte Haare, Sonnenbrille, Bildausschnitt ohne Oberkörper
- T-Shirt, tiefes Dekolleté, Holzfällerhemd, kurzärmeliges Hemd, Konfirmandenanzug
- Tapetenhintergrund, Haustiere, Schneemänner, Kronleuchter, Kinder, Mops, Jagdgewehr
- Unscharfe, unterbelichtete, verwackelte Aufnahme

DIE KARRIERE-NETZWERKE LINKEDIN UND XING KURZ ERKLÄRT

LinkedIn und XING sind webbasierte Business-Netzwerke. Hier können Sie unter anderem neue geschäftliche Verbindungen knüpfen, Kontakte pflegen, Jobs anbahnen, Veranstaltungen bewerben oder neue Aufträge finden. Die Mitglieder vernetzen sich, teilen in Echtzeit News, Artikel oder kommentieren Beiträge. Auf diese Weise positionieren sie sich als Experten zu bestimmten Themen und bauen Verbindungen zu anderen Mitgliedern auf, die wertvoll für die eigene Karriere werden können. Ein aussagekräftiges Profil auf einem dieser Netzwerke oder sogar auf beiden zu haben, ist heute Standard. Zum Finden und Gefundenwerden ist Xing vor allem in Deutschland, aber auch in Österreich und in der Schweiz, ein wichtiges Instrument. Der Dienst punktet mit einer Job-Community und Events. Wer eher international, in den Medien oder im Verkauf unterwegs ist und starken Austausch mit anderen sucht, sollte sich auch ein Linkedin-Profil zulegen.

Ihr Online-Profil ist Ihr Fenster zur Welt: Schmücken Sie es!

„Wer einen guten Eindruck hinterlassen möchte, sollte nicht Knigge lesen, sondern erst mal sein Xing-Profil aktualisieren und aufpolieren“, war in einer Wirtschaftszeitung zu lesen. Wie wahr! Manches

Profil wirkt tatsächlich verstaubt, schmucklos und verlassen. Einige scheinen sich nicht bewusst zu machen, dass ihr Online-Profil ihre digitale Visitenkarte ist und ihr Know-how zeigt. Das Auto wird gewaschen. Der Vorgarten wird gepflegt. Und was ist mit dem digitalen Fenster zur Welt? Es ist jederzeit abrufbar, von jedem zu jeder Zeit. Grund genug, das Profil mit besonderer Sorgfalt zu behandeln und es unverwechselbar, schlüssig und gut lesbar zu gestalten. Ich möchte Ihnen zeigen, worauf Sie achten sollen und wie Sie Ihren digitalen Auftritt zu einem Geschenk für Besucher machen. Sie entscheiden, inwieweit Sie die Empfehlungen für sich umsetzen möchten.

Vollständiges Profil

„Bloß nicht zu viel von mir preisgeben", denkt sich so mancher und belässt es lieber bei einem nichtssagenden, klinisch wirkenden Profil auf Karriere-Netzwerken. Davon rate ich Ihnen ab. So gehen Sie im Meer der Gleichförmigkeit unter. Erwägen Sie, Persönlichkeit zu zeigen. Ziehen Sie in Betracht, ein digitales Statement abzugeben. Zögern Sie nicht, das Potenzial der Plattformen strategisch klug für sich auszuschöpfen und alle relevanten Bereiche auszufüllen. „Das geht doch nicht! Was soll denn mein Chef denken?", wenden Seminarteilnehmer an dieser Stelle gerne ein. Aber selbst wenn Sie nicht aktiv auf Stellensuche sind: Füllen Sie Ihr Profil komplett aus! Sie müssen ja nicht schreiben: „Auf Stellensuche". Als Mitarbeiter sind Sie Teil der Unternehmenskultur und Markenbotschafter. Ihre Kompetenz strahlt ab auf das Unternehmen. Moderne Chefs und Personaler schätzen es, wenn ihre Marke nach außen getragen wird, authentische Mitarbeiter berufliche Kontakte knüpfen und Inspiration von außen wieder in die Firma zurückfließt. Alternativ veröffentlichen Sie auf Ihrem Profil die offenen Stellen Ihres Unternehmens. So unterstützen Sie mit Ihrem Netzwerk Ihren Arbeitgeber und treten gleichzeitig aus der Masse hervor, indem Sie sich auch digital als Person zu erkennen geben.

> Zeigen Sie Persönlichkeit in Ihrem Profil.

Kleiner Tipp für Ängstliche: Folgende Schlagworte können Sie gefahrlos bei Xing unter „Suche" nennen, ohne etwas falsch zu machen: Branchennews, Kontakte, Austausch, Inspiration, Weiterbildung.

Profildetails

Verwechseln Sie Ihr Online-Profil nicht mit einer Bewerbung. Es geht nicht darum, Ihre berufliche Entwicklung vollständig und lückenlos bei Xing und Co. aufzuführen, sondern vielmehr deutlich zu machen, welche berufliche Persönlichkeit Sie sind, was Sie geprägt hat, welche Erfahrungen Sie gesammelt haben. Um den roten Faden zu finden, fragen Sie sich: Wo will ich hin? Welche meiner Erfahrungen aus der Vergangenheit sind relevant? Wenn Sie Hotelfachfrau gelernt haben, heute Geschäftsführerin in der Lebensmittelindustrie sind, so streichen Sie mit Blick nach vorne Ihre ersten Hotelpraktika. Wenn Sie wieder in die Hotelindustrie zurückwollen, listen Sie Ihre Hotelgewerbe-Erfahrungen auf. Anders als früher gelten heute häufige Jobwechsel nicht mehr per se als schlecht. Wenn Sie eine langjährige Firmenzugehörigkeit aufbrechen wollen, um nicht unbeweglich zu erscheinen, listen Sie auf, welche verschiedenen Tätigkeiten Sie dort ausübten oder wie Sie sich im Unternehmen weiterentwickelt haben. Der Rhetorikkurs von 2010 ist als berufliche Qualifikation nicht relevant. Weg damit! „Eigene Chefin seit 2003" ist nicht die stilvollste Botschaft im Titel Ihres Profils, denn es beschreibt nur einen Status und nicht, was Sie anbieten. „Selbstdenker", „Digital Hero", „Top-Keynote-Speaker" gelten unter Profis als eher peinlich. Weniger ist oft mehr und lässt Sie professioneller aussehen.

Interessen

Gefragt nach Ihren Interessen, nennen Sie auf Business-Plattformen drei bis vier Themen, für die Sie sich begeistern. Damit bieten Sie Anknüpfungspunkte und einen leichteren Einstieg in die Kontaktaufnahme. Verzichten Sie dabei auf Abstraktes wie: Lesen, Reisen, Musik.

Langweilig! Das schreiben alle. Erlauben Sie sich etwas Phantasie: „Part-Time-Bücherwurm" (klingt gescheit), „Südamerika" (klingt, als sei in Ihrem Kopf immer Sommer), „Französische Chansons" oder „Die Beatles" (klingt irgendwie groovy). Sie haben ein witziges Hobby, spielen Heimorgel-Soul oder sind Weihnachtsfan? Gut! Nennen Sie das. Es ist nicht mehr en vogue, so gar keinen Unterhaltungswert oder Kontrast in einem Business-Profil zu bieten. Wenn Sie sich damit wohlfühlen, gestatten Sie sich eine Prise Kreativität. Mit Fingerspitzengefühl. Sollten Sie unsicher sein, achten Sie darauf, dass Ihre Interessen zu Ihrem Profil passen und sich ein stimmiges Gesamtbild ergibt.

> Bei privaten Profilen dürfen Sie gerne angeben, dass Sie der beste Martini-Mixer in Ihrer Stadt oder Resthofbesitzerin sind.

Privatsphären-Einstellung

Sie können bestimmen, welche Ihrer Daten öffentlich eingesehen und von Suchmaschinen gezeigt werden können. Schützen Sie Ihre Privatsphäre, indem Sie die entsprechenden Optionen in den Einstellungen des jeweiligen Netzwerks vornehmen. Kümmern Sie sich auch um Ihren Online-Nachlass.

Aktualität und digitale Hygiene

Für einen runden Look sollte Ihr Profil nicht nur gut aussehen, es sollte auch aktuell sein. Aktualisieren Sie es regelmäßig. Nur nicht zu oft: Wenn Sie jede Woche Ihren Titel ändern, verwirren Sie Geschäftspartner und Freunde. Irgendwann könnten Sie unglaubwürdig oder unsicher wirken. Entfernen Sie regelmäßig unansehnliche oder anstößige Kommentare von Ihren Profilen.

Stilvolle Netzwerkpflege

Wer durch seine Xing-Kontakte geht, wird wenig „New Work“ finden, dafür viel „Old Sleep“ – eingeschlafene Profile. Lebendige, kreative Wesen, die Ihrem Netzwerk Inspiration bieten, auf Posts reagieren, Haltung zeigen, mal anderen Menschen Mut machen oder sie loben, sind eher selten zu finden. Deshalb mein Tipp: Pflegen Sie Ihre digitalen Kontakte. Gratulieren Sie bei Geburtstagen, senden Sie mal Grüße oder interessante Updates. Bieten Sie aktiv Ihre Hilfe an oder stellen Sie Kontakte für andere her. Entrümpeln Sie immer wieder Ihre digitalen Adressbücher. Verabschieden Sie sich von Menschen, zu denen Sie keine positive Beziehung mehr haben. So blicken Sie auf ein stets gut gepflegtes Netzwerk. Wenn Sie Kontakte löschen, rate ich Ihnen dazu, es ohne Nachricht zu machen. Stellen Sie sich vor, Sie würden schreiben: „Ich räume gerade mein Profil nach der Konmari-Methode auf. Ich entferne alle Datei-Leichen und verabschiede mich hiermit von Ihnen. Viel Erfolg weiterhin!“ Sie stimmen mir sicher zu: Ohne Nachricht einen Kontakt zu löschen ist fast immer höflicher. Der gelöschte Account wird darüber übrigens nicht informiert.

Privates und berufliches Netzwerk

Lange Zeit galt: Auf Business-Netzwerken geht es hauptsächlich um Berufliches und Fachliches. In privaten Netzwerken geht es eher spielerisch und lustig zu. Und so gab man den Rat, private und berufliche Kanäle nicht zu vermischen. Doch diese strikten Grenzen gibt es in unserem mobilen Zeitalter immer seltener. Wie oft sind Mitarbeiter auch nach Dienstschluss noch im Einsatz oder sind Kollegen privat und beruflich doppelverbunden. Der sicherste Weg für Ihren digitalen Auftritt lautet: Treten Sie grundsätzlich wertschätzend auf, egal ob auf privaten oder beruflichen Plattformen. Persönliches dürfen Sie teilen, Privates sollten Sie nicht preisgeben und wenn, dann nur in Ihren geschützten Netzwerken. Definieren Sie deshalb für sich den Unterschied von „persönlich“ und „privat“, so werden Sie keine Schwierigkeiten bekommen.

Verhaltensempfehlungen für den digitalen Dialog

Nun steht Ihr Profil. Sie haben ein Foto hochgeladen und alle relevanten Bereiche ausgefüllt. Perfekt! Jetzt geht es darum, aktiv zu werden, neue Kontakte zu knüpfen und dabei den richtigen Ton zu treffen. Schließlich möchten Sie auch online die gute Form wahren. Was „dürfen" Sie sagen und was besser nicht? Legen wir los!

Kontaktaufnahme mit unbekannten Personen

Vermeiden Sie kommentarlose Kontaktanfragen, wenn Sie höflich sein möchten. Es könnte den Eindruck erwecken, als sammelten Sie Menschen wie Trophäen und nicht aufgrund wechselseitiger Relevanz. Dies gilt für alle sozialen Netzwerke, bei denen eine Vernetzungs- oder Freundschaftsanfrage bestätigt werden muss. Nicht vergessen: Auf der anderen Seite sitzt ein Mensch. Er wird sich darüber freuen, wenn Sie eine Notiz mitsenden, eine persönliche Anrede verwenden und Ihre Kontaktanfrage begründen. Es kann eine Gemeinsamkeit sein oder ein konkretes Anliegen. Vermeiden Sie aggressive Vertriebsanfragen oder Standardtexte, wenn Sie nicht möchten, dass man sich über Sie lustig macht. Mit einem individuell formulierten Einzeiler, einem konkreten Anliegen und korrekter Anrede liegen Sie immer richtig. Ein Satzbaustein wie „Hallo, ich möchte mich gerne mit Ihnen vernetzen" ist zu wenig. Der Empfänger fragt sich „Warum?" Geht uns selbst doch auch so, oder?

Wie Sie eine Kontaktanfrage stellen

Was heute enorm wichtig ist: Personalisierung! Bevor Sie also wahllos digital netzwerken oder jemanden seelenlos mit Textbausteinen kontaktieren, schauen Sie sich sein Profil an. Wer ist die Person? Gibt es Anknüpfungspunkte oder Gemeinsamkeiten? Falls ja, nutzen Sie diese. Schicken Sie keine Kontaktanfragen an Unbekannte ohne jeglichen Bezug. Ein konkretes Anliegen kommt immer besser an. Bedenken Sie beim Formulieren Ihrer Vernetzungsanfrage: Menschen wollen wissen, wer Sie sind und was Sie wollen. Wählen Sie eine individuelle Ansprache. Damit helfen Sie dem Adressaten, Sie einzuordnen und bauen Vertrauen auf. Folgende Empfehlungen unterstützen Sie dabei, Ihr digitales Netzwerk zu knüpfen:

- Vernetzungsanfrage nach Möglichkeit immer mit Nachricht stellen
- Persönliche, höfliche Ansprache wählen
- Individuelle, maßgeschneiderte Nachricht senden
- Beim ersten Kontakt nichts verkaufen wollen
- Nutzen oder Mehrwert bieten
- Klar und eindeutig formulieren
- Keinen Standardtext senden

Zwei Beispiele für eine Kontaktanfrage nach einem persönlichen Kennenlernen:

- Lieber Frau Erlinger, es hat mich sehr gefreut, dass wir uns gestern beim Neujahrsempfang kennengelernt haben. Wie versprochen, kommt hier der Link zu dem Artikel, über den wir sprachen. Ich würde mich gerne mit Ihnen vernetzen, wenn Sie mögen. So bleiben wir in Verbindung. Schönes Wochenende!
- Liebe Frau Meyer, wir hatten am Samstag in Hamburg kurz Kontakt. Ich konnte leider nur bis zur „Halbzeit“ bleiben. Mein Kompliment an Sie – habe selten so ein spritziges Seminar erlebt, vielen Dank! Lassen Sie uns gerne verxinken. Beste Grüße.

Ein Beispiel für eine Kontaktanfrage für unbekannte Personen:

- Sehr geehrter Herr Überall, ich habe Ihren Artikel ... gelesen/ Ihren Blog besucht/Sie auf der Veranstaltung als Speaker erlebt/ und war begeistert/bin interessiert ... Es würde mich freuen, Sie in mein Netzwerk aufnehmen zu dürfen und mich mit Ihnen zu ... austauschen zu können. Mit freundlichen Grüßen.

Bevor Sie eine Kontaktanfrage versenden, lesen Sie Ihre Nachricht bitte noch einmal ganz genau und korrigieren Sie eventuelle Fehler. Erst dann klicken Sie auf „Senden“.

Kontaktanfragen richtig annehmen

Bestätigen Sie eine Kontaktanfrage, wird dem anderen Mitglied angezeigt, dass Sie nun ein neuer Kontakt sind. Bedanken Sie sich als höflicher Zeitgenosse, wenn sich jemand mit Ihnen vernetzt hat und fügen Sie Ihrem Gruß einen Wunsch hinzu, zum Beispiel „Ich wünsche Ihnen eine erfolgreiche Woche/schöne Feiertage/frohe Festtage/alles Gute für Ihr Projekt“. Viele vergessen das. Doch mit Ihrem Dank festigen Sie die Beziehung, werden als sympathischer Mensch wahrgenommen und verbinden sich leichter. Unterschreiben Sie dafür mit Ihren Namen, nicht mit „Ihr schwäbischer Vertriebsfreak“ oder anderen vermeintlich witzigen Signaturen. Antworten Sie bei Kontaktanfragen zügig, nehmen Sie Anfragen ernst und beachten Sie stets auch die Interessen des anderen. Nach zwei Monaten flapsig mit „Sorry, ich bin selten hier“ zu antworten, ist etwas lax. Ein nüchternes „Sehr gerne“ – ohne Anrede und Grüße – ist zu wenig und leistet als Antwort nichts. Bei kommentarlosen Kontaktanfragen von Menschen, die Sie nicht kennen, schauen Sie sich das Profil an und googeln Sie die Person. Sind die Informationen für Sie interessant und stimmt der Eindruck, dann vernetzen Sie sich.

Ich erlebe in meinen Seminaren extrem viel Ängstlichkeit und Misstrauen, wenn es um Kontaktanfragen geht. Aus Unsicherheit wird lieber gar nicht reagiert und der Kopf in den Sand gesteckt. Gehen Sie es locker an. Seien Sie großzügig und nicht ganz so streng, was nicht heißen soll, dass Sie sich wahllos mit jedem vernetzen sollten. Jeder Kontakt könnte in Zukunft mal wichtig für Sie werden. Sie geben auf diesen Plattformen ja keine privaten Informationen preis. Chef, Verwandte, Ex-Freunde – überlegen Sie sich bei aller Großzügigkeit natürlich immer, mit wem Sie sich vernetzen.

Wer bei einer Antwort auf eine Kontaktanfrage zu forsch auftritt, kann übergriffig wirken, wie in folgendem Beispiel eines Bewerbers: „Vielen Dank für die Aufnahme in Ihr Netzwerk. Ich möchte mich im nächsten Schritt mit Ihnen austauschen und schauen, wie ich zu Ihren Anforderungen passe. Schlagen Sie mir bitte einen Termin vor!"

Freundschaftsanfragen auf Karriereplattformen ablehnen

Lehnen Sie eine Vernetzung ab, wird das andere Mitglied darüber nicht benachrichtigt. Diese Information nehmen meine Klienten stets mit größter Erleichterung auf. Viele Nutzer beklagen sich über Kontaktanfragen von Fremden, die sie nicht einordnen können. Suspekt sind vielen auch Kontakte-Sammler und Personen, die sich erst dann melden, wenn sie etwas haben wollen. Natürlich können Sie diese Leute ablehnen oder auch ignorieren (vielleicht besser nicht auf Dauer). Es ist Ihr persönliches Recht und nicht unhöflich. Warum sollten Sie sich mit einer alten Arbeitskollegin vernetzen, von der Sie seit der Euro-Einführung nichts mehr gehört haben und die plötzlich den Kontakt zu Ihnen sucht – weil sie ihren Job verloren hat? Auch Leute, die im echten Leben nicht mit Ihnen reden, obwohl Sie sich oft über den Weg laufen, dürfen Sie ablehnen. Meine Empfehlung (auch wenn es manche Experten anders sehen): Lehnen Sie immer kommentarlos ab. Es spart Ihnen Zeit, Energie und ist für alle Beteiligten besser. Begründungen wie „Nehmen Sie es nicht persönlich, aber ich vernetze mich nur mit Menschen, die ich persönlich kenne" kann Menschen unnötig vor den Kopf stoßen. Vernetzen Sie sich dann, wenn eine Vernetzung für beide Seiten bereichernd ist. Jemand lehnt Ihre Kontaktanfrage ab? C'est la vie! Akzeptieren Sie es wie ein Profi.

> Sie müssen es nicht begründen, wenn Sie eine Kontaktanfrage ablehnen. Hier ist weniger mehr.

Noch ein Tipp: Spricht Sie jemand persönlich darauf an, dass Sie seine Kontaktanfrage nicht angenommen haben, ist die Replik: „Ich vernetze mich nicht mit jedem!" angeberisch und wenig stilvoll. Wenn das jemand zu Ihnen sagt, freuen Sie sich, dass der Kelch an Ihnen vorübergegangen ist.

Hilfe, keine Reaktion!

Manchmal erhalten wir keine Reaktion auf eine Kontaktanfrage. Ruhe im Salon. Selbst auf freundliche Nachfrage kommt nichts. Sicher finden Sie auch: Nicht zu antworten ist nicht schöpferisch. Was können Sie also tun? Wenn es nicht wichtig für Sie ist, tun Sie nichts. Ansonsten senden Sie eine freundliche Erinnerung oder greifen zum Hörer. Viele vergessen, die Nachrichten an ihren E-Mail-Account weiterleiten zu lassen. Ich selbst werde aktuell von über 70 Personen auf Xing ignoriert, denen ich eine Kontaktanfrage gestellt hatte. Nicht schlimm. Dafür bekomme ich aber auch viele nette Nachrichten, einfach so. Im Eifer des Gefechts übersehe (oder ignoriere) auch ich mal Anfragen. Hier ist Nachsicht gefragt. Wir sind alle nicht perfekt.

Weitere Empfehlungen für eine gute Online-Reputation

Präsentieren Sie sich professionell und positiv – im Berufsleben wie in sozialen Netzwerken. Mit gutem Benehmen lebt es sich auch digital leichter. Behandeln Sie Dienstleister freundlich. Bedenken Sie, dass Sie immer auch Ihr Unternehmen repräsentieren. Es macht keinen guten Eindruck, wenn Sie Fragen von potenziellen Bewerbern ignorieren. Vermeiden Sie unangenehm aufzufallen, indem Sie diese Strategien beachten:

- **Richtige Ansprache.** Auf Business-Plattformen kommt Duzen nicht gut an. Das wertschätzende „Sie" ist hier in der Anrede immer noch empfehlenswert – zumindest am Anfang eines Kontaktes.
- **Keep it short.** Die meisten Nutzer haben wenig Zeit. Schreiben Sie kurze Nachrichten, nicht übertrieben ausführlich.
- **Leseorientiert schreiben.** Achten Sie auf eine korrekte Schreibweise von Namen und Orten. Schreibfehler können peinlich sein.

Jagen Sie Nachrichten nicht einfach ungeprüft raus. Vermeiden Sie umständliche oder unbekannte Abkürzungen.

- **Zurückhaltung.** Es gilt: Erst denken, dann posten. Schreiben Sie nie im Affekt. Wenn Sie Beiträge kommentieren, vermeiden Sie, wie ein Neunmalkluger zu wirken. Kontern Sie lieber mit Humor.
- **Marketing.** Schalten Sie nicht in den Verkaufs-Modus. Bei einem Erstkontakt direkt verkaufen zu wollen, ist ein Benimm-Fauxpas.
- **Humor.** Witze auf Kosten anderer und Anzügliches machen Sie unsympathisch. Sympathien gewinnt, wer sich nicht so ernst nimmt und auch mal über sich selbst lachen kann.
- **Interaktion.** Keinen Dialog zulassen ist unhöflich, wenn Sie eine freundliche Mail bekommen. Antworten Sie auf Fragen, loben und gratulieren Sie.
- **Timing.** Antworten Sie zeitnah, am besten innerhalb von 48 Stunden. Wir leben im Zeitalter von Echtzeitkommunikation, schnelles Reaktionsvermögen ist gefragt. Dauert es doch mal länger, dann ist es höflich, wenn Sie sich für Ihre verspätete Antwort kurz entschuldigen.
- **Selbstdarstellung:** Posten Sie nicht nur Nachrichten, in denen Sie Ihre Erfolge beschreiben, sondern fragen Sie im digitalen Dialog immer auch den anderen, wie es ihm geht. Sonst ist es kein Austausch, sondern ein Statusbericht. Vorsicht auch vor Angeberei, Imponiergehabe und Egomanie.
- **Umgang mit Kritik.** Managen Sie digitale Kritik wie im analogen Leben: ehrlich und höflich. Nicht zurückmeckern, keine Standardantworten! Wichtig ist, die Meinung des Kritisierenden ernst zu nehmen und mit Respekt zu behandeln.
- **Authentizität.** Überlegen Sie, wo Sie wie viel von sich preisgeben möchten. Aber: Posten Sie nicht ohne jeglichen Unterhaltungswert. Scheuen Sie sich nicht, Ihre Persönlichkeit und menschliche Wärme einzubringen. Seien Sie nahbar. Das macht Sie glaubhaft und sympathisch für andere.

- **Gruppen.** Machen Sie sich mit den Regeln der Gruppen vertraut, deren Mitglied Sie sind. Befolgen Sie sie und bringen Sie sich mit Beiträgen aktiv ein.
- **Professionelle Kommunikation.** Mit einem zu gelackten Auftritt geht Ihre Authentizität flöten, doch verzichten Sie beruflich auf peinliche Nachrichten wie: „Ich hoffe, Sie sind trotz Laufmasche gestern gut nach Hause gekommen." Peinlichkeiten muss man nicht wiederaufgreifen. Zeigen Sie Taktgefühl. Veröffentlich Sie auch nichts, wenn die Rechte nicht bei Ihnen liegen.
- **Diskretion.** Interne Informationen ausplaudern und digital verbreiten ist ein No-Go. Auch öffentliche Diskreditierungen von Kollegen oder Vorgesetzten haben nichts im Netz zu suchen.
- **Richtig danken.** Gratuliert Ihnen jemand zum Geburtstag, ist ein „Danke!" etwas wenig, eine detaillierte Nacherzählung der Party zu ausführlich. „Herzlichen Dank für Ihre Glückwunsche, ich habe mich sehr darüber gefreut!", passt immer. Gratuliert Ihnen jemand zum neuen Job, bedanken Sie sich, auch wenn die Person aktuell vielleicht „unwichtig" für Sie ist.

Welche Inhalte Sie in sozialen Netzwerken teilen können

Michel de Montaigne (1533–1592) sagte: „Alles wimmelt von Kommentaren; an Autoren aber ist großer Mangel." Diese Aussage ist auch heute noch aktuell. So mancher Nutzer scheint tatsächlich lieber zu kommentieren, als selbst hochwertige Inhalte zu produzieren und zu teilen. Nachstehend führe ich einige nützliche Inhalte auf, die Sie bedenkenlos posten können und mit denen Sie zudem Ihrem Netzwerk Informations- und Mehrwert anbieten:

- Zeitungs- und Fachartikel
- Studien und Brancheninfos
- Hinweise auf Veranstaltungen und Konferenzen
- Tipps zu Büchern, Fachliteratur und Rezensionen

- Eigene Blogbeiträge, Servicebeiträge, kurze Statements, News
- Interessante Beiträge von Kollegen und aus Ihrem Netzwerk
- Stellenausschreibungen

Um Ihre Themen zu finden, überlegen Sie sich:

- Wofür stehe ich?
- Was interessiert mich?
- Zu welchen Themen möchte ich mich positionieren?
- Könnte dieser Inhalt mein Netzwerk interessieren?
- Stimmt die Tonalität?

Mit Katzenvideos und Kalendersprüchen gehen Sie besser zu Facebook. Bei belanglosen digitalen Tagebucheinträgen wie „Meeeega Wochenende, ausschlafen, lesen, mit mir selbst sein, love it!“ wird man sich fragen, was genau Sie eigentlich mitteilen wollen. Denken Sie immer daran: Der Köder muss dem Fisch schmecken, nicht dem Angler. Statusmeldungen über Hunger und Müdigkeit interessieren niemanden, genauso wenig inflationär benutzte Sinnsprüche („Jeder Topf findet seinen Deckel“). Auch unbedachte Äußerungen, reine Produktwerbung und marktschreierische Eigen-PR nerven Ihre Mitmenschen auf Dauer und sind nicht höflich. Weniger ist oft mehr. Auch im Netz.

> Ihre Kreativität ist gefragt. Banale Botschaften sind uninteressant und nerven Ihre Follower.

Selbst wenn Sie vorrangig berufliche Kontakte knüpfen und geschäftliche Beziehungen pflegen möchten: Ihr Social-Media-Feed muss nicht so lehrreich sein wie die Komplettausgabe der Enzyklopädie Britannia und sollte leicht zu konsumieren bzw. zu lesen sein. Wagen Sie es, Mensch zu sein. Perfektion ist uninteressant. Zeigen Sie sich nicht 365 Tage im Jahr als Held oder Heldin. Das will niemand lesen. Der allgemeine Duktus Ihrer Nachrichten sollte positiv sein und Nutzwert bieten. Bieten Sie Information und Unterhaltung. Bei aller Professionalität dürfen Sie zwischendurch auch mal ein Zitat, ein Comic oder etwas Lustiges posten. Menschen lachen gern. Auch Buchhalter und Steuerberater.

DER MIKROBLOG TWITTER KURZ ERKLÄRT

- Auf Twitter werden Neuigkeiten, Gedanken und externe Inhalte in schnellem Tempo und verdichteter Form geteilt. Die Kurznachrichten im Telegramstil werden Tweets genannt (engl. *to tweet*, zwitschern). Ein Tweet besteht aus maximal 280 Zeichen. In dieser Kürze liegt das Alleinstellungsmerkmal von Twitter. Die Follower können Tweets teilen („retweeten"), favorisieren („liken") oder kommentieren. Twitter ist für viele eine unschlagbare globale „Wissensdatenbank".
- Es gibt aktuell tatsächlich keinen schnelleren Weg, die neuesten Nachrichten aus aller Welt in Echtzeit zu erfahren. Eine Freundin von mir sieht es als „virtuellen Coworking Space", eine Kunde bezeichnete es kürzlich als riesigen Bienenstock. Mir gefällt der Vergleich mit einer Zugfahrt, bei der man aus dem Fenster schaut und immer Neues entdeckt, oder auch einer Schule für Erwachsene. Sie können hier geistreiche Artikel lesen, spannende Menschen entdecken, Denkanstöße bekommen und sich unterhalten. Neben purer Information finden Sie auch Lebensweisheiten wie „Deutschrap ist die einzige Chance, die du hast, wenn du das Abi nicht schaffst"[7].
- Politiker, Journalisten, Weltstars, Schriftsteller, Unternehmen, Medien und natürlich Menschen wie Sie und ich sind dabei. Auch Gott, der Dalai-Lama, Nietzsche, Goethe und der Papst haben einen Account. Seinen Twitter-Handle @Nutzername (also die eigene Adresse) bei Konferenz-Präsentationen einzusetzen, ist in digital progressiven Branchen längst Standard.
- Kleiner Tipp: Die Spielregeln dieser Plattform wirklich zu verstehen braucht Zeit. Twitter ist eine „Kulturtechnik", die erst mal viele irritiert und die es zu lernen gilt. Haben Sie Geduld. Hören Sie erst mal nur zu und erkunden Sie das neue Terrain. Sie müssen zunächst gar nicht selbst twittern. Machen Sie sich mit den Grundregeln vertraut, so wie Sie es bei allen neuen Plattformen tun sollten. Sie haben auch die Möglichkeit, Qualitätsfilter zu aktivieren und Nutzer, Hashtags oder Begriffe stummzuschalten, um für Sie uninteressante Inhalte herauszufiltern.

Stay classy on Twitter!

> Für alle, die wissensdurstig, zukunftshungrig und gern gut informiert sind: Einfach mal Twitter ausprobieren, es lohnt sich!

Ich verantwortete einige Jahre einen internationalen Twitter-Account und habe zusammen mit meinen damaligen Kollegen so einige Fettnäpfchen gemeistert. Wie für alles im Leben gibt es auch hier kein Pauschalrezept. Doch ich möchte Ihnen einige Empfehlungen geben, wie Sie Twitter professionell und anständig nutzen, ohne Follower zu vergraulen:

- „Was sagt denn die Twitter-Etikette, darf man schon mit seinen Weihnachtsgeschenken angeben?" ist typischer Stil auf Twitter. Der Ton ist eher locker. Bleiben Sie trotzdem höflich.
- Das „Du" ist allgemein üblich. Wer sich unsicher ist, kann sich nach dieser Formel richten: privat = du, geschäftlich = Sie.
- Zu viel Eigenwerbung kommt nicht gut an. Mit 25 Ankündigungen für Geigenunterricht in Buxtehude sind Sie hier total falsch.
- Kommunizieren Sie professionell. Bedanken Sie sich für Lob. Wenn Sie mögen, auch mal für einen schönen Retweet.
- Unterhaltungswert ist wichtig. Zeigen Sie immer mal wieder Ihren Sinn für Humor.
- Achten Sie auf Ihre Sprache, auch in Diskussionen und Debatten. Kommentieren Sie mit Bedacht. Beleidigungen, Schimpfwörter oder Vulgäres überlassen Sie anderen.
- Seien Sie respektvoll im Umgang mit anderen Meinungen. Bewahren Sie immer Anstand und guten Stil. Menschen in einer Debatte herabzuwürdigen, weil sie eine andere Meinung vertreten, ist ein No-Go. Hetze, Hatespeech (Hassrede)[8] oder Menschen zu diffamieren trägt nicht zu einer respektvollen digitalen Diskussionskultur bei. Ein Mantra, das für alle Netzwerke gilt, lautet: „Stay classy!" Empörung zu twittern, ist übrigens kein aktives Handeln.
- Urteilen Sie nie vorschnell. Warten Sie auf Informationen von offiziellen Accounts (z. B. Polizei), bevor Sie falsche Informationen verbreiten oder andere herabwürdigen. Beschimpfen und nerven Sie

aus dem Wohnzimmer heraus nicht Menschen, die gerade in einer schwierigen Situation stecken (Evakuierung, Unfall, Anschlag etc.).

- Bleiben Sie freundlich. Unterlassen Sie sinnfreies oder ironisches Kommentieren. Auch diskriminierende, verächtliche Posts oder ein rechthaberischer Moralmodus sind zu vermeiden.
- Zeigen Sie Toleranz. Melden Sie nicht übermotiviert jeden Tweet, nur weil er nicht Ihrer Meinung entspricht.
- Gehen Sie äußerst sparsam mit Superlativen um: „Mega! Die großartige, tolle, wunderbare, super kluge Lotte Mustermann hat wieder einen phantastischen, genialen Artikel geschrieben!" Oft reicht ein „Lesenswert!" Überlassen Sie Ihren Followern die Bewertung.
- Bewahren Sie sich Ihre Unabhängigkeit und Freiheit. Ihnen sollte klar sein: Biedern Sie sich digital an, um zu einer bestimmten Twitter-Clique dazuzugehören, könnten Sie sich abhängig machen. Bleiben Sie sich treu.
- Beachten Sie Subbotschaften in Tweets. Twittern Sie zu Diversity, sollte das dazugehörige Foto besser nicht ausschließlich schwarz gekleidete Personen zeigen. Twittern Sie von einer Konferenz, gehen Sie davon aus, dass ein Foto eines nur mit Männern besetzten Podiums für Häme sorgen wird.
- Sollten Sie sich mal im Ton vergriffen haben, bewahren Sie die Ruhe. Jedem von uns ist schon mal ein Tweet herausgerutscht, den wir später reumütig gelöscht haben. Sie dürfen sich auch versöhnlich zeigen und entschuldigen.
- Vieraugen-Prinzip: Suchen Sie sich jemanden, mit dem Sie sich über schwierige Tweets abstimmen können. Oder der Ihnen bei suboptimalen Tweets eine Direktnachricht sendet: „Stay classy!"

BENIMM-NO-GOS AUF SOZIALEN NETZWERKEN

- Bierzelt-Rhetorik (zieht Gleichgesinnte an)
- Andere Menschen virtuell an den Pranger stellen
- Follower mit negativen Botschaften befeuern
- Kontakte um 2 Uhr nachts mit einer Frage zu ChatGPT anschreiben
- Permanenter Sendemodus: 30 Nachrichten pro Tag rausdonnern
- Ich-Ich-Ich-Botschaften
- Um Follower betteln. Uncool!
- Nur Banalitäten posten („Ich sitze im Bus.")
- Eine Gratulation lediglich liken, nicht mit Dank antworten
- Nicht „zuhören", nicht genau lesen
- Kraftausdrücke und zu viele Superlative
- Ironie, wenn Sie sie nicht perfekt beherrschen
- Streuen von Falschinformationen
- Gedankenloses Teilen
- Ständig live gehen mit belanglosen Inhalten
- Peinlichkeitsalarm: mit der Anzahl an Follower prahlen

5 Tipps: Wie Sie sich in den sozialen Netzwerken stilvoll bewegen

In den sozialen Netzwerken werden immer mehr Banalitäten ausgetauscht. Doch wer profane To-do-Listen teilt wie „Reis kochen, Tee trinken, auf dem Sofa gammeln", dem sollte klar sein, dass er damit seinem Netzwerk keinen erkennbaren Nutzen bietet. Wer gewohnheitsmäßig oder zwanghaft alles herzt, um im Gegenzug selbst Likes zu kassieren, macht sich abhängig und wird sehr viel Zeit investieren müssen. Ich verrate Ihnen fünf Strategien, wie Sie sich stilvoll in sozialen Netzwerken bewegen und professionell mit Inhalten umgehen.

1. Legen Sie nicht alles offen

Berichte über Angstattacken, Einsamkeit, Selbstfindung und Ähnliches – online Fremden zu zeigen, dass man durch eine harte Zeit geht, ist im Trend. Viele scheinen fast wie in einer Art Wettbewerb demonstrieren zu wollen, wie verletzlich sie sind und welche Hindernisse sie überwunden haben, um zu der Person zu werden, die sie heute sind. Selbst wenn dies in manchen Fällen auch seine guten Seiten hat: Entscheiden Sie sehr genau, wie viel Privates aus Ihrem Leben Sie wirklich mit der Welt teilen wollen. Nur weil alle etwas auf eine bestimmte Weise machen und es gerade in ist, sein Leiden zu veröffentlichen, müssen Sie es nicht auch so machen.

Mein Tipp: Hören Sie auf damit, den Leuten mehr zu erzählen, als sie wissen müssen. Bewahren Sie die für Sie wirklich bedeutungsvollen Dinge in Ihrem Herzen. Sie möchten – unabhängig von digitalen Trends – zeitlos elegant auftreten? Sprechen Sie die Emotionen von Menschen an, teilen Sie Schönes, aber nicht neurotisch alle Ihre persönlichen Sorgen oder jede Ecke Ihrer Wohnung. Vorsicht auch mit Standortinformationen! Wo Sie gerade ein Bewerbungsgespräch haben oder wo Ihr Kind spielt, muss die Außenwelt nicht wissen. Gehen Sie verantwortungsvoll mit persönlichen Daten um.

> Der Wunsch nach Inhalten mit Substanz nimmt zu.

2. Bewahren Sie sich etwas Glamouröses

Sie möchten online elegant auftreten? Alles wird anders, wenn Sie sich etwas Rätselhaftes bewahren. Müssen Sie wirklich Ihre nackten Füße posten und der Welt mitteilen, dass Sie gerade eine Magenspiegelung hatten? Stellen Sie nicht jedes Stückchen von sich in der Öffentlichkeit aus. Sie möchten mehr Glamour? Virginia Postrel schreibt in ihrem wunderbaren Buch „The Power of Glamour“[9]: „Je weniger wir über die Person hinter der Person wissen, desto mehr können wir die Lücken mit unseren eigenen Sehnsüchten füllen.“ Es gehört Erfahrung,

Professionalität und oft ein Redaktionsteam dazu, Pickel in Großaufnahme mit der Welt zu teilen und dabei auch noch so klasse auszusehen wie Instagram-Influencerinnen. Versuchen Sie es erst gar nicht! Schon gar nicht – und hier spricht die Unternehmerin in mir – wenn Sie nicht gut dafür bezahlt werden.

3. Bieten Sie Inspiration

Am Urlaubsort eine Flasche Bier vor das Meer zu halten und das Foto mit „Prost, ihr Luschen!" zu teilen, hat nicht gerade Flair. Wenn Sie versuchen, Dinge aus einem anderen, höheren Blickwinkel heraus zu zeigen, dann bieten Sie anderen Menschen Inspiration. Teilen Sie einzigartige Momente, bemerkenswerte Landschaften, Gedanken oder Veranstaltungsbesuche. Machen Sie sich bewusst, dass wir alle Sehnsüchte haben und träumen wollen. Bleiben Sie dabei natürlich und authentisch. Aber kippen Sie nicht in das andere Extrem, geben sich nur unangreifbar, aseptisch erhaben und zeigen eine glatte, perfekte Welt. Dann werden sich Menschen nur schwer mit Ihnen identifizieren können.

4. Achten Sie auf Ihre Sprache

Seien Sie bei digitalen Interaktionen – wie im analogen Leben auch – nicht zu schnell zu vertraulich oder schnodderig im Ton. Wer herumpöbelt oder Kraftausdrücke verwendet, wirkt schnell gewöhnlich oder stigmatisierend. Selbstverständlich steht es jedem frei, ungefiltert Dampf abzulassen und wie ein Bierkutscher zu posten: „Schon wieder so ein Arschloch am Telefon." Davon geht die Welt nicht unter. Nur wirken verbale Diskreditierungen nicht kultiviert. Wer unaufdringlich erscheinen will, bleibt höflich und verkneift sich Kraftausdrücke – auch wenn es zugegeben nicht immer leichtfällt.

5. Entwickeln Sie Ihren eigenen Stil

Durch einen authentischen Auftritt ohne polierte Fassade zeigen Sie, dass Sie eine entwickelte Persönlichkeit sind, die es nicht nötig hat, andere nachzuahmen. Mit diesem Selbstbewusstsein können auch andere Menschen Sie annehmen und sympathisch finden. Scheuen Sie sich nicht davor, Inspiration bei anderen Accounts zu suchen. Ideen zu sammeln, ist absolut legitim. Doch versuchen Sie aus dem, was Sie entdecken, Ihren persönlichen Stil zu mixen. Entwickeln Sie Ihren eigenen Zungenschlag beim Texten und Fotografieren. So werden Sie nicht nur Herzen gewinnen und originell wirken, sondern auch andere inspirieren und ermutigen.

WAS SIE ÜBER DIE APP „TIKTOK" WISSEN SOLLTEN

TikTok ist eine beliebte Social-Media-App aus China, auf der Nutzer kurze Videoclips erstellen und teilen können. Eltern sollten mit ihren Kindern über die Profil-Einstellungen sprechen und sich aktuell informieren. Es ist sinnvoll, dass nur befreundete Nutzer und keine Fremden Nachrichten schicken können und Eltern sollten wissen, dass „In-App-Käufe" getätigt werden können. Persönliche Daten sollten in dieser App nicht eingetragen werden, denn aktuell sind auch bei privaten Accounts Nutzername und Biografie für jeden sichtbar.

Umgang mit Online-Beleidigungen, Hassreden und Trolls

Als „Troll“ bezeichnet man jemanden, der im Internet andere Personen absichtlich provoziert, beschimpft oder mobbt. Meistens treten diese Wesen anonym auf. Sie buhlen um Aufmerksamkeit und wollen andere verletzen und herunterziehen. In manchen Fällen ist es auch einfach nur Neid. Menschen, die in der Öffentlichkeit stehen, kennen das. Gesetzt den Fall, jemand beleidigt Sie online: Bewahren Sie die Ruhe! Überlegen Sie sich, ob es sich überhaupt lohnt, sich damit zu befassen und Energie in Antworten hineinzustecken. Meistens ist es besser, unflätige oder obszöne Nachrichten zu ignorieren und sich nicht provozieren zu lassen. Ein dickes Fell hilft dabei. „Don’t feed the Trolls!“ („Füttere keine Trolle!“) ist deshalb zu einem Leitsatz geworden. Wo es für Sie unverschämt oder beleidigend wird, blockieren Sie die Person.

Wer schon mal die Social-Community-Accounts eines Unternehmens verantwortet hat, weiß, wie es ist, täglich irre Nachrichten zu lesen. Taylor Swift schrieb ein passendes Lied dazu („Shake it off“): „Hasser werden hassen, du musst es einfach nur abschütteln“, singt sie. In einem online abrufbaren „Leitfaden für Journalist*innen zum Umgang mit Hassrede im Netz“ ist zu lesen, dass es hilft sich zu vergegenwärtigen, dass man (oft) nicht persönlich gehasst werde, „sondern abwertende Kommentare auf einen Beitrag folgen, der für gesellschaftliche Probleme in Geiselhaft genommen wird“.[10]

> Beleidigungen und Hassreden ignorieren Sie – oder Sie reagieren bedacht und sachlich.

Immer den Mund halten? Nein! Manchmal ist auch eine Gegenrede sinnvoll, um Meinungsfreiheit möglich zu machen, anderen den Rücken zu stärken und sich gegen Hass und Hetze einzusetzen. Sie können Hassrede oder Aufrufe zur Gewalt melden. Wenn Sie konkrete

Hilfe gegen Hate Speech im Netz benötigen, so besuchen Sie die Seite no-hate-speech.de. Hier finden Sie ausführlichen Rat, konkrete Hilfe und professionelle Unterstützung.

Instagram-Etikette: Tops und Flops

Schminkvideos, Blumen, Strandurlaube, News, Party-Polaroids, und da ist das Mädchen mit ihrem umwerfenden Kleid, schicken Apartment und perfekten Freund. Früher gab es Poesiealben, heute haben wir Instagram. Eine Art populäres digitales Fotoalbum mit Text und Videos. Menschen sind auf der Suche nach der Schönheit in dieser Welt und lassen uns an ihrem Leben teilhaben. Stars geben uns ungewöhnliche Einblicke, Medien teilen Nachrichten und Unternehmen nehmen Follower mit hinter die Kulissen. 27 Millionen aktive Nutzer gibt es aktuell in Deutschland (Stand 2022).[11] Es werden immer mehr. Für die Generation Z hat Instagram längst Facebook als Nachrichtenquelle abgelöst. Geschickt gewählte Bildausschnitte und Filter gaukeln uns oftmals eine heile Welt vor. Inzwischen gibt es aber auch unzählige Accounts, die nicht absurd perfekt sind, sondern kreativ Widerstand leisten und Authentisches zeigen. Jeder sollte für sich selbst entscheiden, wie er verantwortungsvoll mit der App umgeht und sich auf Instagram bewegt. Hier sind die wichtigsten Benimmregeln in Kürze:

Top

- Nützliche Informationen in der Biografie bereitstellen
- Vernünftiges Maß an Eigenwerbung
- Kommentare zeitnah beantworten
- Schwer erkennbare Motive vermeiden
- Keine Subbotschaften in Bildern
- Tonalität und Rechtschreibung beachten
- Vor dem Fotografieren und Filmen Erlaubnis einholen
- Werbung kennzeichnen

Flop

- Krampfhaft auf Followerfang sein
- Unangemessene Kommentare
- Möchtegern-Influencer spielen („Ich mach das, was machst du?“)
- Bloßstellen von Dritten sowie Lästereien
- Protzen und Angeberei
- Fremde Bilder teilen, ohne den Account zu nennen
- Zu viele Emoticons – kann albern wirken
- Allzu Privates, Freizügiges mit der Welt teilen
- Ausstellen von Banalitäten
- Digitales Anbiedern
- Ständig Storys ohne Mehrwert teilen
- Direktnachrichten am Sonntagmorgen
- KI-generierte Texte ohne Sprachgefühl

Besonders heikel sind Aufnahmen von Kindern. Überlegen Sie sich gut, ob Sie Ihre eigenen Kinder wirklich online erkennbar zeigen wollen. Bevor Sie fremde Kinder auf Fotos abbilden, fragen Sie nach, ob Sie das dürfen. Hierüber entscheiden jeweils die Eltern.

MODERN-LIFE-NETWORKING

Mit Stil netzwerken

Netzwerken – analog und digital – ist der schnellste Weg, neue Kontakte zu knüpfen, sich einen Ruf als Experte aufzubauen, einen begehrten Job zu finden und sich bekannt zu machen. In ihrem Bestseller „Taking the Work out of Networking“ definiert die amerikanische Autorin Karen Wickre[12]: „Vernetzung bedeutet, sich darum zu bemühen, besonders viele Menschen zu treffen und zu sprechen, um so Informationen zu erhalten, die Ihnen helfen können.“ Doch nicht jeder, der sein Netzwerk erweitern will, verhält sich dabei taktvoll und stilsicher. Lassen Sie mich Ihnen dazu eine kleine Geschichte erzählen.

Eine meiner Kundinnen war zu einer eleganten Netzwerkveranstaltung eingeladen. Niemand hatte Zeit, sie zu begleiten, also ging sie allein. Als sie an ihrem Willkommens-Cocktail nippte, sah sie eine Bekannte im Gespräch mit einer anderen Frau. Sie freute sich, ein vertrautes Gesicht zu sehen, und gesellte sich zu den beiden. Die Unbekannte ergriff direkt das Wort: „Sie tragen ein schickes Kleid! Diese Farbe steht Ihnen super!“ Das Kompliment brach sofort das Eis und dies wäre es ein gelungener Einstieg in eine klassische Netzwerk-Situation, wenn nicht ... Meine Kundin erzählte, sie habe sich gerade bedanken wollen, da zog die

> Dreistigkeit mag andere überrumpeln, führt aber nur bedingt zum Erfolg.

Frau unvermittelt einen Stapel Flyer aus ihrer Handtasche. „Ich bin Coach! Hier ist mein Flyer. Ach was, nehmen Sie am besten gleich mehrere mit, dann können Sie sie verteilen."

Meine Kundin war sprachlos, nahm den Stapel verdattert an, steckte ihn in die Tasche und entsorgte ihn später. Die Dame sei an dem Abend mit ihren Werbematerial von Grüppchen zu Grüppchen weitergewandert, erzählte sie mir, und habe immer das gleiche abgespult: „Kompliment, Eigenwerbung und Flyer". Irgendwie dreist, oder? Eine Schlagfertigkeits-Queen wäre meine Kundin ja gewesen, wenn sie direkt ihre eigenen Prospekte gezückt hätte: „Klar, mache ich gerne. Verteilen Sie doch bitte auch meine. Hier sind schon mal zwanzig Stück!"

Sie wollen sich lieber mit Klasse vernetzen und fragen sich, wie Sie das hinbekommen? Es ist gar nicht so schwierig. Lesen Sie weiter!

WAS BRINGT NETZWERKEN?

Netzwerken lässt sich online und offline. Ziel ist, soziale oder beruflich relevante Kontakte aufzubauen, sich mit Gleichgesinnten auszutauschen und gegenseitig bei der Karriere zu unterstützen. Es kann jeden beruflich weiterbringen. Hotspots, um leicht Kontakte zu knüpfen, sind Messen, Fachkongresse, Weiterbildungsmaßnahmen oder Branchenstammtische.

Erfolgreich netzwerken: Gehen Sie freundschaftlich vor

Hier kommt direkt die wichtigste Regel, bevor Sie sich ins Getümmel begeben: Gehen Sie es freundschaftlich an. Gehen Sie nicht hausieren wie die offensive Flyer-Dame. Bieten Sie nicht direkt nach der Begrüßung Beratungen, Bungalows oder Bernhardinerwelpen an. Sie benötigen auch keine Werbeprospekte, um sich ein Netzwerk aufzubauen. Netzwerken ist ein bisschen so, wie neue Freunde finden – und kein Wettbewerb. Kommen Sie in den echten oder virtuellen Raum, um etwas zu lernen und etwas von sich zu geben (keine Prospekte!). Vermitteln Sie nicht den Eindruck, dass Sie dem anderen nur helfen, wenn Sie dafür eine Gegenleistung bekommen. Diese Herangehensweise ist keine Basis für stilvolles Netzwerken. Es fühlt sich für unser Gegenüber aufdringlich und berechnend an. Neue Verbindungen aufzubauen funktioniert nur, wenn andere nicht das Gefühl haben, dass wir sie ausnutzen.

Wie machen Sie das? Signalisieren Sie echte Bereitschaft, sich auf Ihr Gegenüber einzulassen. Ohne den Gedanken an eine Gegenleistung. Netzwerken ist beziehungsorientiertes Business. Vertrauen, Sympathie und wechselseitige Relevanz sind die Grundlage. Es braucht Zeit, Vertrauen aufzubauen, deshalb überstürzen Sie bitte nichts. Bringen Sie sich selbst ein, Geschäftliches ergibt sich dann wie von selbst. Wenn Sie sich wirklich öffnen, verbinden Sie sich mit Menschen auf emotionale Weise. Teilen Sie Ihre Geschichte, Ihren Hintergrund. Tauschen Sie sich aus über Ziele, Ambitionen, Hoffnungen und Herausforderungen. Im folgenden Abschnitt schauen wir uns die drei Phasen beim Vernetzen etwas genauer an.

Die drei Phasen beim Vernetzen

Erste Phase: Beziehung aufbauen

Als ersten Schritt bauen Sie nach dem Grüßen eine Beziehung zu Ihrem Gegenüber auf. Beschnuppern Sie sich. Zeigen Sie Initiative, aber zwingen Sie anderen kein Gespräch auf.

Grüßen Sie und stellen Sie sich vor. Sie könnten eine Vorlage liefern, zum Beispiel:

„Wie ich sehe, stehen Sie etwas allein hier, darf ich mich zu Ihnen gesellen? Ich bin ...“

„Ich habe mich Ihnen noch gar nicht vorgestellt ...“

Zweite Phase: Interesse und Bereitschaft zu geben signalisieren

Sie haben sich jetzt gegenseitig begrüßt und vorgestellt. Nun geht es darum, dass Sie wie jeder Menschenfreund echtes Interesse signalisieren, ihrem Gegenüber Raum geben und es nicht bedrängen. Stellen Sie in dieser Phase offene Fragen, beispielsweise:

„Was führt Sie auf diese Veranstaltung?“

„Könnten Sie mir mehr über Ihren Job erzählen?“

Hören Sie zu, denken Sie mit und knüpfen Sie an Gesagtes an, indem Sie beispielsweise antworten: „Meine Story ... ich war mal ... heute bin ich ...“ Versuchen Sie in dieser Phase auf keinen Fall, in den Selbstvermarktungsstatus zu rutschen. Lassen Sie durchblicken, dass Sie vernetzt denken und andere gern mit Kontakten oder Informationen unterstützen. Was Sie in dieser Phase tun sollten: Geben Sie etwas von sich preis. Bieten Sie Ihrem Gegenüber Anknüpfungspunkte an, etwas, wo er oder sie ankern kann.

Dritte Phase: Vernetzen

Bei gegenseitiger Sympathie und wenn Sie festgestellt haben, dass Sie füreinander interessant sind, ist jetzt der Zeitpunkt gekommen, sich zu vernetzen. Tauschen Sie Ihre Daten aus. Einem digitalen Kontakt können Sie in dieser Phase ein Treffen vorschlagen. Vielleicht gibt es ein Ereignis, für das Sie sich verabreden. Beantworten Sie in dieser Phase schriftliche Anfragen zügig. Wenn Sie jemand um ein Treffen bittet, Sie aber erst drei Monate später antworten, ist das Eisen nicht mehr heiß.

> Fragen Sie sich: „Wie kann ich der Person helfen?“ und nicht: „Was kann mir diese Person bringen?“

In dieser Phase sollten Sie Ihre Erwartungen aneinander klären und managen. Dazu könnten Sie beispielsweise folgende Fragen stellen:

- „Gibt es etwas, das ich für Sie tun kann?“
- „Wie kann ich Ihnen helfen oder Sie unterstützen?“

Es geht darum, sich auf freundschaftliche Art zu verbinden und sich gegenseitig Hilfe anzubieten. Bei einem neuen Kontakt fragen Sie sich: „Wie kann ich der Person helfen?“ Fragen Sie sich nicht: „Was kann mir diese Person bringen?“ So werden Sie nicht nur sympathisch rüberkommen, sondern auch erfolgreicher netzwerken.

KLEINE NETZWERK-AUFGABE

Verbinden Sie sich diese Woche mit zwei neuen Kontakten. Vielleicht gibt es ja zwei Menschen, die Sie schon immer mal kennenlernen wollten? Gehen Sie es jetzt an.

Die 70-20-10-Regel zum Netzwerken

Eine kluge Netzwerkregel, die ich Ihnen ans Herz legen möchte, ist die 70-20-10-Regel von Mike Sansone. Der amerikanische Social-Media-Experte gewichtet die Zeit, die man in sein Netzwerk investieren sollte, folgendermaßen:

- Nutze 70 Prozent deiner Zeit, um anderen zu helfen.
- Nutze 20 Prozent deiner Zeit, um dich selbst zu präsentieren.
- Nutze 10 Prozent deiner Zeit, um andere um Hilfe zu bitten.

Die Regel macht deutlich, dass wir erst einmal viel geben und anderen helfen müssen, wollen wir Vertrauen aufbauen. Besonders introvertierte Menschen schätzen diese Strategie, da sie erkennen, dass es beim effektiven Netzwerken gar nicht so sehr darum geht, sich selbst anzupreisen. Sondern darum, Kontakte zu vermitteln, Jobangebote weiterzuleiten oder sonstigen Nutzen für andere zu stiften. Hat sich allmählich Vertrauen gebildet und gefestigt und haben die Netzwerkpartner ebenfalls Interesse entwickelt, lenken Sie die Aufmerksamkeit Ihrer Kontakte auf das, was Sie ausmacht. Haben andere Sie erst einmal besser kennen- und als hilfreiches Gegenüber schätzen gelernt, dürfen Sie damit rechnen, dass sie sich ihrerseits für Sie engagieren. Im Idealfall haben Sie treue Wegbegleiter gewonnen, die Sie nun in beruflichen Dingen um Rat und konkrete Hilfe bitten können. Ein tragfähiges Netzwerk aufzubauen und zu erweitern braucht Zeit. Gute Umgangsformen helfen Ihnen dabei, digitale und analoge Begegnungen so zu gestalten, dass sich für beide Seiten eine gewinnbringende und angenehme Beziehung entwickeln kann.

KLEINE NETZWERK-AUFGABE

Tun Sie etwas für zwei Menschen, ohne dafür eine Gegenleistung zu verlangen.

Modernes Netzwerkmanagement bedeutet ansprechbar zu sein

Alles dreht sich heute um Kontakte und Empfehlungen. Viele Menschen verdanken ihren Erfolg, Jobs oder Aufträge ihren Beziehungen. Gute Arbeit spricht sich herum. Auch mir hilft mein Netzwerk bei meiner Arbeit. Manchmal erhalte ich Anfragen wie diese: „Frau Meyer, meine Freundin war begeistert von Ihrem Vortrag und hat mir darüber berichtet. Sie hat mir Ihren Kontakt weitergeleitet. Gern würde ich wissen, ob Sie diesen Vortrag vielleicht auch in unserem Unternehmen halten könnten." Natürlich freue ich mich darüber und selbstverständlich führe auch ich Kontakte auf diese Art zusammen. Leider nutzen viele das Potenzial, das Netzwerken bietet, noch zu wenig. Besonders häufig beobachte ich die folgenden zwei „Verhaltensfehler":

- Kontaktanfragen werden kommentarlos und uncharmant versendet, ohne sich vorzustellen, ohne eine Nachricht. Die Chance, sich mit dem anderen bekannt zu machen, bleibt ungenutzt. Wenn Sie sich nicht die Zeit nehmen, sich kurz vorzustellen, wieso sollte Ihr Gegenüber Lust haben, Ihnen zu helfen?
- Kontaktanfragen werden rigoros abgeschmettert oder ignoriert.

Was bringt ein solches Verhalten? Leider nichts. Von den Teilnehmern meiner Seminare weiß ich, dass sie oft annehmen, es sei schick und sicher, unerreichbar für andere zu sein. Früher mag es mal angesagt gewesen zu sein, wie eine Burg mit hochgezogener Brücke aufzutreten: abgeschottet, nur schwer einzunehmen. Heute gilt das nicht mehr. Modernes Netzwerkmanagement bedeutet, ansprechbar zu sein, konsistent aufzutreten, empathisch und transparent zu kommunizieren. Es bedeutet auch, die Komfortzone zu verlassen, um neue (Job-)Möglichkeiten zu erschließen. Seien Sie ein Link für andere Menschen, kein Endpunkt.

> Abschottung ist das Gegenteil von Netzwerken.

Sollten Sie mal absolut keine Lust auf Smalltalk haben, ist es natürlich nicht schlimm. Das ist menschlich, jeder kennt es. Gerade in Berufen, in denen wir viel mit Menschen zu tun haben, ist regelmäßiger Rückzug, Stille und Alleinsein wichtig, um die Batterien wieder aufzuladen. Sie müssen also kein schlechtes Gewissen haben. Auch müssen Sie sich nicht voreilig von bestimmten Gruppen oder Menschen einnehmen lassen, die Ihnen nicht zusagen.

Klasse statt Masse

Die Autorin und Gründerin des internationalen Netzwerks Global Digital Women, Tijen Onaran, schreibt treffend in ihrer „Netzwerkbibel“[13], dass 1000 Kontakte bei Xing noch kein Netzwerk sind. Es gehe um Klasse, nicht um Masse. Netzwerke müssten mehr sein als nur ein

Verzeichnis. „Net Working" habe wortwörtlich etwas mit Arbeit zu tun. Diese Arbeit und Investition zahle sich aus. Sie nennt als die drei wichtigsten Lektionen: (1) Werde Experte für dein Thema. (2) Sprich über dein Thema vor anderen Menschen. (3) Setze dabei auf gute Rhetorik und lerne, eloquent zu sein. So viele Menschen, leider gerade Frauen, denken: „Wenn ich gut bin, wird das schon irgendjemand merken." Doch so laufe das nicht. Am Ende wird das gesehen, was man selbst über sich erzählt. Etwas anderes zu glauben, sei naiv, so Onaran.

KENNEN SIE „WORKING OUT LOUD"?

- „Working Out Loud" (WOL) nennt sich das Konzept, das eigene Wissen, die eigene Arbeit und Erfahrung sichtbar zu machen, sodass alle davon profitieren. Der Begriff setzte sich durch, nachdem John Stepper 2015 ein Buch über das Thema veröffentlicht hatte: „Working Out Loud: For a better career and life". Viele namhafte Unternehmen wie Bosch, Telekom, Daimler, BMW oder Siemens unterstützen das Konzept und fördern so ihre Mitarbeiter.
- Der Kerngedanke: Effektiver und erfolgreicher ist, wer sein Wissen teilt und anderen hilft, nicht, wer sein Wissen versteckt. Anstatt zu netzwerken, um etwas zu bekommen, soll bei WOL in Beziehungen investiert werden, sodass jeder im Laufe der Zeit sichtbarer wird und individuelle Ziele erreicht. Raus aus dem eigenen begrenzten Bereich, rein in die Experten-Netzwerke, so lautet die Devise!

Netzwerk-Knigge: So vernetzen Sie sich richtig

Erst einmal geben: Wenn man seinen Job verloren hat, ehemalige Kollegen zu kontaktieren und um Hilfe zu bitten, nachdem man sich Jahre nicht gemeldet hat – das ist grottenschlechtes Benehmen. Bauen Sie sich ein belastbares Netzwerk auf, bevor Sie es brauchen. Es ist durchaus möglich, dass Sie erst Jahre später von Ihrem Netzwerk profitieren. Der amerikanischen Unternehmensberater und Autor Simon Sinek bringt es auf den Punkt, wenn er sagt: „Don't give to get. Give to inspire others to give."[14] (Gib nicht, um zu bekommen. Gib, um andere zu inspirieren, zu geben.)

Verschenken Sie Anerkennung: Großmütige, souveräne Menschen zeichnen sich dadurch aus, dass sie anderen, auch Konkurrenten, ehrliche Anerkennung für einen Erfolg zollen. In den Augen des eigenen Netzwerks wird das positiv auffallen. Geizen Sie nicht mit Lob. Es strahlt auf sie zurück. Ein großes Netzwerk gewinnt die- oder derjenige, dessen Beiträge oft geteilt oder positiv kommentiert werden. Wenn Sie Anerkennung erwarten, müssen Sie auch bereit sein, selbst Anerkennung zu geben.

Nehmen Sie positiv Einfluss: Passen Sie sich nicht einfach nur an. Beeinflussen Sie die Energie in einem Raum aktiv und bewusst auf positive Weise. Bringen Sie Freude in ein Gespräch mit ein, sprechen Sie optimistisch und herzlich über Dinge. Das ist wie ein Geschenk. So erinnern sich Menschen an Sie.

Aufmerksamkeit ist alles: Aufmerksamkeit kann Ihnen und den Menschen, denen Sie begegnen, den Tag retten. Wann haben Sie anderen zum letzten Mal im Gespräch das Gefühl gegeben, die einzige Person auf der Welt und etwas Besonderes zu sein? Aufmerksamkeit ist so wichtig und erfrischend wie ein Glas Wasser bei 30 Grad!

Halten Sie Augenkontakt: Lassen Sie Ihren Blick auch mal schweifen und nehmen Sie mit den Augen Kontakt zu anderen auf. Kleben Sie in Networking-Situationen nicht am Smartphone oder für Stunden an nur einem Augenpaar. Seien Sie wach. Schauen Sie sich um, was im Raum so passiert und wen Sie vielleicht noch treffen möchten.

Haben Sie Ihren Elevator Pitch parat: „Und was machen Sie beruflich?" – Wenn Sie diese Standardfrage prägnant beantworten oder sich in einer Netzwerksituation auf den Punkt präsentieren können, ist das ein großer Vorteil. Sie sollten in 60 Sekunden und zwei, drei Sätzen erklären können, wer Sie sind und was Sie anbieten.

Wie Sie Ihren Elevator Pitch entwerfen, erfahren Sie auf Seite 221.

Beweisen Sie Vernetzungsfähigkeit: Stellen Sie in Gesprächen Fragen. Die Antworten helfen Ihnen herauszufinden, was der andere braucht. Versuchen Sie zudem zu verstehen, welche Informationen Ihr Kontakt benötigt, um Ihre Ziele zu unterstützen. Trauen Sie sich, alleine zu Netzwerkveranstaltungen zu gehen. So lernen Sie in der Regel mehr Menschen kennen, als wenn Sie in Begleitung kommen. Es sei denn, jemand ist so nett und stellt Sie in einer neuen Runde überall seinen Kontakten vor.

Nehmen Sie Smartphone und Visitenkarten mit: Wenn Sie Ihr Handy dabei haben, können Sie sich bei Veranstaltungen mit den Menschen, die Sie kennengelernt haben, direkt auf Linkedin, Twitter und Co. vernetzen. Ist das Umfeld weniger digital affin, tauschen Sie klassisch Visitenkarten aus.

Finden Sie Ihren Kanal: Finden Sie Ihre Plattform, Ihr Format. Sie fühlen sich auf Netzwerkveranstaltungen wohl, sind aber auf Social-Media-Kanälen noch unsicher, wenn es darum geht, neue Kontakte zu knüpfen? Kein Problem. Schauen Sie, was am besten zu Ihnen passt. Bleiben Sie neugierig und offen dafür, immer wieder neue Wege und Orte für sich zu entdecken.

Der Zufall: Sie kennen Ihre Ziele und wissen, was Sie erreichen wollen? Perfekt! Doch lassen Sie auch zufällige Begegnungen zu. Bringen Sie in typischen Alltagssituationen, zum Beispiel in der Bahn oder auf einer Konferenz, Offenheit für andere Menschen mit. So entstehen häufig ganz unverhofft sehr interessante neue Verbindungen.

DREI APPS, DIE IHR NETZWERK ERWEITERN

Sie arbeiten in einem größeren Konzern, möchten firmenintern mal mit anderen Kollegen gemeinsam essen gehen und Kontakte bei einem Lunch Date vertiefen? Hier eine Auswahl an Apps, die Ihnen helfen, sich ungezwungen mit neuen Leuten bei einem Mittagessen oder nach Feierabend auszutauschen und gleichzeitig die Zusammenarbeit zu verbessern:

- **https://lunchzeit.com/de** Die „Lunchzeit"-App verbindet Sie mit Kollegen aus unterschiedlichen Abteilungen, Standorten, Karrierestufen und Berufen.
- **https://www.donut.com** Der „Donut-Bot" ist ein Bot, der über einen Zufallsgenerator Kollegen zusammenführt, die sich dann zum Essen oder Coffee-Date verabreden. Voraussetzung für die Installation ist die App „Slack".
- **https://workdate.com/de** Die „Workdate"-App funktioniert wie eine digitale Lostrommel und es gilt ebenfalls das Zufallsprinzip. Sie möchte dabei helfen, den Austausch zu verbessern, und neuen Mitarbeitern den Start in einem Unternehmen erleichtern.

Visitenkarten modern gestalten und richtig überreichen

Visitenkarten sind Informationsträger und Symbol Ihrer Persönlichkeit. So manche Karte strahlt den Nostalgie-Charme der 1990er-Jahre aus: übergroßes Logo, Minischrift in kursiv und redundante Informationen. Die Wirkung: altbacken. Wenn Sie mit klassischen Visitenkarten zeitgemäß netzwerken möchten, ist es vielleicht Zeit für ein Update. Betrachten Sie Ihre Geschäftskarte mit möglichst neutralem Blick: Entspricht ihre Wirkung dem, wie Sie wirken und sich präsentieren wollen? Passen Format, Gestaltung und Papierqualität noch zu

Ihnen und zu Ihrer Branche? Ist die Faxnummer wirklich nötig? Wie wäre es alternativ mit Ihrem Instagram-Handle oder Ihren wichtigsten Social-Media-Icons? Muss es wirklich der spröde Titel „Fachkraft Einkauf" oder ein Angebertitel wie „Change Maker" sein? „Berater" klingt doch auch gut. Oder wie wäre es mit einer Botschaft anstatt einem Zungenbrecher wie „Head of Business Operations". Auf meiner Visitenkarte steht einfach „Schön, Sie kennenzulernen!". So huscht Betrachtern meistens ein Lächeln über das Gesicht und ich schaue in funkelnde Augen. Auch im Berufsleben dürfen Sie andere angenehm überraschen.

Vermeiden Sie selbst gebastelte Karten, zerknittertes und zu dünnes Papier. Gönnen Sie sich ein hübsches Etui, so bleiben die Karten in Form. Zelebrieren Sie die Übergabe. Üblicherweise ist es der Gast, der seine Karte zuerst überreicht. Auf keinen Fall sollten Sie eine Visitenkarte einfach unbeachtet annehmen und wegstecken, sondern sie stattdessen anerkennend betrachten und damit Ihr Gegenüber würdigen. Am Besprechungstisch ist es üblich, erhaltene Visitenkarten in der Reihenfolge hinzulegen, wie die jeweiligen Teilnehmer sitzen. So ist es einfacher, sich neue Namen besser zu merken.

> Lassen Sie sich nicht von Titeln blenden. Seien Sie zu jedem freundlich.

MODERNE VISITENKARTEN SELBST ONLINE GESTALTEN

Im Netz finden Sie viele Anregungen für Visitenkarten mit moderner Ästhetik. Ich nutze gern www.moo.com oder etwas günstiger www.vistaprint.de. Sie haben hier jeweils die Möglichkeit, Ihre Karte selbst online zu gestalten und benötigen dafür keine Vorkenntnisse.

Beim Netzwerken höflich „Nein" sagen können

Sie haben sich erfolgreich ein gutes Netzwerk aufgebaut? Dann wird irgendwann der Punkt kommen, an dem sich andere gern in Ihrem Glanz sonnen möchten. Plötzlich werden Sie gefragt, ob Sie bei Ihrer Akquise eine Dienstleistung mitanbieten können. Kostenlos natürlich. Wieder andere bitten Sie um etwas, das Sie gar nicht tun wollen. Für erfolgreiche Frauen ist es besonders wichtig, Nein sagen zu können. Sonst kann es schnell passieren, dass Hilfsbereitschaft, Gutmütigkeit und Freundlichkeit ausgenutzt werden.

Lernen Sie, freundlich Nein zu sagen. Kommunizieren Sie klar, kurz und unmissverständlich Ihr „Nein!" bzw. Ihre Absage. „Es tut mir leid, aber ich kann Ihnen leider nicht weiterhelfen." „Vielen Dank, aber ich habe kein Interesse." „Hier bin ich nicht die passende Ansprechpartnerin. Vielleicht wenden Sie sich besser an den Bürgermeister." „Nein, ich verleihe grundsätzlich kein Geld." „Nein, ich fahre euch nicht nach Hause."

Trauen Sie sich, Nein zu sagen, ohne Rechtfertigung oder lange Erklärung. Bleiben Sie freundlich im Ton und hart in der Sache, so entstehen keine Diskussionen. Wenn Sie davon überzeugt sind, ein liebenswerter Mensch zu sein, ist es eigentlich ganz leicht. Der französische Schriftsteller Nicolas Chamfort sagte: „Die Fähigkeit, das Wort Nein auszusprechen, ist der erste Schritt zu Freiheit."

> Sagen Sie selbstbewusst und freundlich Nein, wenn Sie etwas nicht tun möchten.

Natürlich verdienen hilfsbereite, selbstlose Menschen, die in der Not für Sie da waren oder denen Sie helfen möchten, ganz viele „Ja!". Deshalb plädiere ich an dieser Stelle auch dafür, viel häufiger Ja zu sagen – an der richtigen Stelle.

BEGRÜSSUNG

Freundlich Kontakt aufnehmen

„Nicht mal mehr die alten Damen, die den kompletten Tag rumrentnern grüßen zurück“[15], schrieb ein junger Mann flapsig auf Twitter und ich musste schmunzeln. Recht hat er, dachte ich mir. Alle nicken sich irgendwie nur noch leicht zu. Dabei ist ein freundlicher Gruß wie „Guten Tag“ oder „Guten Morgen“ eine warmherzige Geste. Beim Grüßen zeigen wir, dass wir uns wahrnehmen und mitdenken.

Ich verbrachte einige Jahre, Sommer wie Winter, an unterschiedlichsten Eingangsbereichen: an Flugzeugeinstiegen, an den Türen zu Vorlesungssälen und Seminarräumen, in den Foyers von Fest- und Konzerthallen. Auch im Restaurant, an einem Marktstand, im Fisch- und Blumenladen nahmen meine Kollegen und ich unzählige Passagiere, Gäste, Kunden in Empfang. Wie sehr wir uns an diesen Orten über Menschen freuten, die zu grüßen wussten! Es ist traurig, wie viele das nicht tun und stattdessen mürrisch vor sich hin stierend durch die Welt laufen. Fragen Sie mal bei Taxifahrern oder im Einzelhandel nach. Scheinbar haben viele Menschen einfach keine besondere Lust auf zwischenmenschlichen Kontakt. So mancher Gruß wirkt dann auch eher einfach so dahingesagt. Ein bisschen mehr Zugewandtheit würde uns allen gut zu Gesicht stehen. Die Begrüßung stellt die Weichen für die gesamte weitere Begegnung. Ob wir grüßen oder nicht, sagt viel über uns aus.

Nicht zu grüßen ist unhöflich.

Eine kleine Auswahl an Typen, die nicht grüßen:

- Da ist „Mister me first“, der Ihnen als Flugbegleiterin morgens in der Business Class grußlos und abgestumpft seinen bleischweren Kleidersack zuwirft. Dass Sie beim Versuch, ihn zu fangen, rückwärts in die Garderobe purzeln, interessiert ihn nicht.
- Im Konzertsaal können Sie „Frau Professor Forsch“ treffen, die Ihnen grußlos zuraunt, dass sie darauf besteht, auch dieses Mal wieder ganz vorne in der ersten Reihe bei den VIPs zu sitzen – ohne Ticket. Wehe nicht!
- Als Dozentin treffen Sie häufig „Miss-apple-a-day“, die den Seminarraum grundsätzlich apfelessend ohne einen Gruß betritt und Ihnen kauend beim Aufbau der Technik zuschaut.
- Als Joggerin treffen Sie im Wald auf eingespielte „Tandem-Teams“. Das sind Paare, wo der Mann grüßt, die Frau nicht. Er grüßt ja, dann braucht sie nicht zu grüßen. Denkt sie.
- Nicht zu vergessen ist auch die „Wandergruppe“, die sich ohne einen Gruß an Ihr Tischlein im Zug dazusetzt – um dann sogleich geschälte Möhren und Leberwurstbrote auszupacken. Warum wird den um sie herumsitzenden Reisegefährten eigentlich nie eine Stulle angeboten?
- In Ausflugslokalen mit Bierzeltgarnituren können Sie mit Gästen rechnen, die sich grußlos an Ihren Tisch dazusetzen, um dann so vertraut zu Ihrem Salz- und Pfefferstreuer zu greifen als seien Sie Verwandte.
- Und natürlich sind da noch „Herr und Frau Wichtig“, die auf Veranstaltungen alle um Sie herum grüßen, nur Sie nicht. Weil Sie (noch) nicht wichtig genug sind. Autsch!

DER UNTERSCHIED ZWISCHEN GRÜSSEN UND BEGRÜSSEN

- Während es sich beim Grüßen um den berührungslosen Tagesgruß handelt, gehört beim Begrüßen in der Regel der Handschlag dazu.
- Ein kurzer Gruß verbindet Sie mit fremden Menschen, mit denen Sie vorübergehend Kontakt haben. Grüßen passiert oft auch beiläufig, im Vorübergehen oder bei flüchtigen Kontakten.
- Eine Begrüßung mit Handschlag ist üblich, wenn Sie jemandem in einer offiziellen oder sehr formalen Situation begegnen, schon länger nicht gesehen haben oder Ihre Wertschätzung zeigen möchten.
- Seit der Coronapandemie ist es kein Fauxpas mehr, auf den Handschlag zu verzichten.

Betreten Sie jeden Raum mit einem Gruß

Sie schätzen einen respektvollen Umgang miteinander und wollen eine tolle Ausstrahlung haben? Nichts leichter als das: Beginnen Sie damit, sich für das Grüßen und gegen das Wegschauen zu entscheiden. Seien Sie nie zu beschäftigt, andere Menschen zu grüßen. Ob im Fahrstuhl, Wartezimmer oder Büro: Betreten Sie als Neuankömmling jeden Raum mit einem Gruß. Entdecken Sie das „Guten Tag zusammen" als Ihre kleine Strategie, Freude und Licht in einen Raum zu bringen und auf gewinnende Weise auf sich aufmerksam zu machen. Denn vielerorts besteht ein Mangel an Freundlichkeit, gerade im öffentlichen Raum. Grüßen Sie Anwesende freundlich und hörbar (nicht murmeln) – am besten aus einem inneren, empathischen Bedürfnis heraus. Sie signalisieren damit, dass Sie kommunikationsbereit sind, und bauen Distanzen ab. Zudem wirken Sie durch Ihre Grußinitiative selbstbewusst. Weggucken, leise „Hallo" flüstern oder andere ignorieren – damit bewirken und bewegen Sie nichts.

> Ein freundlicher, ehrlich gemeinter Gruß bringt die Menschen zum Lächeln.

Sie werden erleben, dass viele sich über einen heiteren Gruß freuen und dass Sie damit Sympathien gewinnen. Es ist geradezu magisch. In dem Moment, wo Sie andere sehen und mit einem Gruß segnen, werden auch Sie gesehen. Sie bekommen sogar etwas zurück: Frohsinn! Ein offener, angstfreier Gruß macht etwas mit Ihrer Ausstrahlung. Trauen Sie sich deshalb, nicht nur auf bekannte, sondern auch auf fremde Menschen zwanglos mit einem lockeren Gruß zuzugehen. Falls Sie bisher eher zurückhaltend waren, probieren Sie es einfach mal aus. Stecken Sie positive Energie in eine Begrüßung, das wird alles ändern. Es wird so sein, als ob Sie den Lichtschalter gefunden haben.

Wenn Sie nicht gegrüßt werden

Hand aufs Herz: Jeder von uns hat mal einen schlechten Tag, ist vielleicht in Gedanken, aufgeregt, im Stress oder unsicher. Es ist menschlich und kein Drama. Darum seien Sie um Himmels willen nicht böse, wenn Sie ausnahmsweise nicht gegrüßt werden oder Ihr Gruß nicht erwidert wird. Es muss nicht immer Achtlosigkeit oder Ablehnung bedeuten. Sie sind sich aber sicher, dass jemand Sie bewusst ignoriert? Übersehen Sie es einfach. Werden Sie nicht schnippisch oder verbittert. Stehen Sie drüber. Taktlosigkeit eines anderen schadet in der Regel nicht Ihnen, sondern der Person selbst. „Wenn Sie dazu neigen, schnell beleidigt zu sein, machen Sie Yoga, gehen Sie Bogenschießen, lernen Sie eine Kampfsportart, töpfern Sie sich ins seelische Gleichgewicht oder kaufen Sie sich einen Hund, damit Sie jemanden haben, dem Sie trauen können“, rät Hans R. Raeth in seinem Buch „Die Kunst der Beleidigung“.[16]

Bewahren Sie sich Ihren inneren Sonnenschein und Stolz. Grüßen Sie hartnäckig auch Personen, die Sie nicht grüßen. Grußprofis machen das und hoffen auf einen Ansteckungseffekt. Falls Ihnen das schwerfällt, dann lassen Sie es einfach bleiben.

KLEINE BEGRÜSSUNGSAUFGABE

Beobachten Sie mal ganz bewusst und aufmerksam, wie Menschen darauf reagieren, wenn Sie sie mit einem heiteren „Guten Tag!" begrüßen.

Die wichtigsten Umgangsregeln für die Begrüßung

Wen grüßen?

Natürlich grüßen Sie Menschen, die Sie kennen. Personen, die Sie nicht kennen (und meistens auch nicht kennenlernen werden), grüßen Sie in Situationen, in denen Sie sich mit ihnen über längere Zeit auf engem Raum aufhalten: im Flugzeug die Sitznachbarn und Crew, Menschen im Zugabteil, im Aufzug, im Theater, im Wartezimmer usw. Diese flüchtigen Bekanntschaften werden mit einem Grußwort gegrüßt.

Beim Betreten von Büros oder Geschäften: Grüßen Sie, anstatt wegzugucken. Wenn Sie auf der Terrasse von Freunden sitzen und deren Nachbarn sehen, ebenso. Auch wenn Sie all diese Leute nicht kennen. Es ist freundlich und so liegen Sie kniggemäßig ganz weit vorne.

Wie grüßen?

Als Grußformel ist in Deutschland zu jeder Tageszeit „Guten Tag!" richtig und angebracht. Am Abend „Guten Abend!" Das lässige, eher unverbindliche „Hallo!" oder „Hi!" passt unter Freunden oder in einem vertrauten, lockeren Kreis. Darüber hinaus gibt es regionale Besonderheiten wie „Grüß Gott!" oder „Moin!". Begrüßt Sie jemand mit „Guten Tag!", grüßen Sie mit der gleichen Grußformel zurück, nicht mit „Tach!" oder Mahlzeit!" – es könnte unpassend wirken. Wenn Sie zu Ostern nach dem Gruß auch noch „Frohe Ostern" und zu Weihnachten

„Fröhliche Weihnachten“ sagen, perfekt! Rattern Sie eine Begrüßung nicht effizient herunter, so dass es automatisiert und unpersönlich klingt wie „Hallo, Ihr Fahrschein bitte!“ Schauen Sie Ihr Gegenüber an und lächeln Sie. Wer mit versteinerter Miene grüßt, wirkt nicht besonders freundlich.

Achten Sie darauf, dass Ihre Begrüßung kraftvoll genug und deutlich ist. Betreten Sie zaghaft grüßend das Wartezimmer Ihres Hausarztes, wird Ihnen niemand antworten. Diese Energie auf Sparflamme erreicht und überzeugt die Leute nicht. Gehen Sie hingegen vernehmlich grüßend in einen Raum, werden die Menschen aufmerksam. Und grüßen Sie zurück!

Persönliche Verbindungen

Knüpfen Sie über den Gruß persönliche Verbindungen zu Personen, an denen Sie normalerweise vorbeigehen oder die Sie für selbstverständlich halten. Unterhalten Sie sich beispielsweise mit dem alten Mann, der immer mit seinem Hund in Ihrer Nachbarschaft spazieren geht. Oder mit der lieben Kollegin aus der Personalabteilung. Oder mit dem Hausmeister. Nehmen Sie sich Zeit, mehr zu sagen als nur „Hallo!“. Verbinden Sie den Gruß mit einer Frage, zum Beispiel: „Guten Tag. Wie geht es Ihnen?“ oder „Geht es Ihnen gut?“ Wird diese Frage allerdings mit „Nein, mir geht es sehr gut!“ beantwortet, ist das wiederum nicht besonders galant.

> Sofern Sie den Namen Ihres Gegenübers kennen, nennen Sie ihn!

Wer seine Begrüßung erweitert, stärkt nicht nur Beziehungen, sondern erfährt auch Neues. Sprechen Sie Menschen mit ihrem Namen an, wenn Ihnen der Name bekannt ist.

Stehen Sie zur Begrüßung auf

Es gibt zwei Gruppen von Menschen: Die einen stehen zur Begrüßung von Gästen auf, die anderen nicht. Gehören Sie zur ersten Gruppe! Sie zeigen damit Stil und Respekt vor Ihrem Gesprächspartner. Dies gilt für Herren wie für Damen. Dass eine Frau zur Begrüßung sitzen bleibt, ist veraltet. Sie steht auf, sowohl im offiziellen als auch im privaten Kontext.

Auf Augenhöhe spricht es sich doch auch viel besser miteinander. Sitzenbleiben ist kein Aktivitätsversprechen. Asfa-Wossen Asserate schreibt in seinem Buch „Manieren“[17]: „An der Haltung zum Aufstehen entscheidet sich, welches Verhältnis ein Mensch zu Manieren hat.“ Bei einer offiziellen Begrüßung nehmen Sie natürlich auch Ihre Hände aus der Tasche und stellen Ihr Glas zur Seite.

Wer zuerst sieht, grüßt zuerst

Der Umgang mit dem Grüßen im Berufs- und Privatleben ist heute etwas lockerer als früher. Grundsätzlich grüßt heute die Person zuerst, die einen Raum betritt. Dies gilt im täglichen privaten Umgang wie auch im Geschäftsleben. Beispiele sind: Fahrstuhl, Wartezimmer, Besprechungsräume oder Fitnessstudio.

Im Berufsleben gilt: Begrüßen sich zwei Personen mit unterschiedlichen Positionen innerhalb einer Hierarchie, grüßt die rangniedere Person zuerst. Geschlecht und Alter spielen keine Rolle. Treffen sich also der Geschäftsführer und die Auszubildende auf dem Flur, grüßt die Auszubildende den Geschäftsführer zuerst. Dieser modernen Etikette folgend wird nicht die Frau zuerst begrüßt, sondern die ranghöchste Person im Raum. Ist die Frau die ranghöchste Person im Raum, wird sie zuerst gegrüßt.

Im Zweifel gilt: Wer zuerst sieht, grüßt zuerst. Wer in einer Runde keine Rangordnung feststellen kann oder es einfach weniger starr handhaben möchte, begrüßt alle der Reihe nach.

Sind mehrere Personen im Raum, grüßen Sie zunächst den Gastgeber oder die Kontaktperson, die Sie kennen. Im Idealfall stellt diese Person Sie dann den anderen Ihnen unbekannten Personen vor. Wenn Sie eine Gruppe begrüßen, reichen Sie jedem reihum die Hand (zuerst den Gastgeber oder Ehrengast) oder niemandem. Bei gesellschaftlichen Anlässen am Abend spielen Titel und Ränge keine entscheidende Rolle, hier begrüßt der Herr die Dame zuerst.

Unabhängig von der Konstellation gilt immer: Blicken Sie den anderen beim Begrüßen in die Augen.

Der richtige Handschlag

Der Handschlag ist eine Geste des Vertrauens und Willkommens, und diese Attitüde sollte auch physisch zu spüren sein. Wird die Hand gereicht, so sollte der Händedruck angemessen kräftig sein. So fühlt es sich an wie eine Hand, die von Herzen kommt. Eine schlaffe, kalte, feuchte Hand ist eher unangenehm. Quetschen Sie eine Hand nicht wie in einem Schraubstock. Das macht einen eher aggressiven Eindruck und tut zudem weh, wenn Ihr Gegenüber einen Ring trägt. Greifen Sie versehentlich nur die Fingerspitzen und verpassen die Handflächen, könnten Sie sagen: „Versuchen wir es noch mal." Sollten Sie erkältet sein, dürfen Sie sagen: „Ich möchte Ihnen heute lieber nicht die Hand geben, denn ich bin erkältet."

> Geben Sie Ihre Hand nicht mit einem steifen Arm, das wirkt so, als wollten Sie Ihr Gegenüber auf Abstand halten.

Beim Begrüßen entscheidet über den Handschlag:

- im privaten Bereich der Ältere bzw. die Dame
- im Business der Ranghöhere
- der Gastgeber, die Gastgeberin

Wird Ihnen eine Hand zur Begrüßung entgegengestreckt, sollten Sie sie nicht in der Luft hängen lassen mit Worten wie „Ich gebe im Winter nie die Hand, ich bekomme sonst immer einen elektrischen Schlag". Diese Reaktion stößt Menschen vor den Kopf. Wenden Sie sich nie schon der nächsten Person zu, während Sie jemandem noch die Hand schütteln. Das wirkt unhöflich. Auch von Dominanzgesten während des Händedrucks, wie von oben die Schulter zu packen oder auf den Rücken zu klopfen, ist abzuraten.

Inzwischen geht's oft auch ganz ohne Handschlag. Gerade im Umgang mit Kulturkreisen, in denen das Händeschütteln traditionell oder aus religiösen Gründen unüblich ist, sollten wir Respekt zeigen vor Verhalten, das von unserer Norm abweicht. Sie können hier alternativ die Hand aufs Herz legen oder sich verbeugen, um Ihre Wertschätzung zu zeigen. Wenn Sie sich unsicher sind, warten Sie kurz ab und schauen, wie Ihr Gegenüber Sie begrüßt.

Sich angemessen und höflich verabschieden

Ein chinesisches Sprichwort sagt: „Der letzte Eindruck legt den Samen für die Erinnerung." Legen Sie immer Wert auf eine nette, herzliche Verabschiedung. Schleichen Sie sich nicht einfach so weg, wenn Sie irgendwo länger waren, zum Beispiel in einem Seminar oder bei einer Feier, oder wenn Sie intensive Unterhaltungen geführt haben. Am besten verabschieden Sie sich mit Handschlag von Ihren letzten zwei oder drei Gesprächspartnern. Höflich ist es, sich in der Drei-Zeiten-Form mit Vergangenheit, Gegenwart und Zukunft sowie mit Namensanrede zu verabschieden. Etwa „Auf Wiedersehen, Frau Bäuerle, es war nett, Sie kennenzulernen. Ich freue mich auf unser Wiedersehen!"
Beim Verabschieden geht der Handschlag im Allgemeinen aus:

- vom Älteren bzw. der Dame
- vom Ranghöheren
- vom Gastgeber, von der Gastgeberin

Um keine Umstände zu machen, verzichten Sie auf den Handschlag, wenn andere Gäste noch essen. Achten Sie auf ein gutes Timing, unterbrechen Sie keine Gespräche. Sollte es eine größere lockere Runde mit mehr als zehn Personen sein, verabschieden Sie sich nur vom Gastgeber und winken Sie in die Runde. Vergessen Sie nicht: Gruß und Verabschiedung sind Formen menschlicher Beziehungen, die nicht in ein Korsett gezwängt werden sollten.

Wie Sie sich selbst vorstellen

Bei einigen Anlässen, zum Beispiel Konferenzen, Meetings oder Firmenfeiern, ist es erforderlich, dass wir uns selbst vorstellen. Mit der Frage „Darf ich mich vorstellen?“ leiten Sie eine Vorstellung höflich ein. Dabei geben Sie Ihren Vor- und Nachnamen bekannt. Also: „Guten Abend, darf ich mich vorstellen, ich bin Vera Weckruf.“ Oder: „Wir kennen uns noch gar nicht, es freut mich, Sie zu treffen. Ich bin ...“ Oder: „Nett, Sie kennenzulernen, ich bin ...“ Dabei halten Sie Blickkontakt und schauen nicht schon zum Buffet.

Titel lassen Sie bei der eigenen Vorstellung weg. Machen Sie aber einen Titelträger mit anderen bekannt, nennen Sie den Titel oder Grad. Sollten Sie einen schwierigen oder seltenen Namen haben, können Sie Ihren Namen buchstabieren oder den Hintergrund erklären. Zur besseren Orientierung Ihres Konversationspartners und als Gesprächsaufhänger geben Sie weitere Informationen über sich: „Ich bin eine der Referentinnen heute Abend.“ In eher lockeren Umgebungen, wo sich alle duzen, zum Beispiel auf einer Party, sagen Sie: „Hallo, ich bin Heleni! Ich bin eine Freundin von Lena. Und wer bist du?“

Tipp: Wer vor Gruppen seine eigene Wichtigkeit zu beweisen versucht, indem er bei der Selbstvorstellung akribisch all seine bisherigen Positionen mit Titel aufzählt und dabei in einen längeren Monolog verfällt, langweilt seine Zuhörer. Diese Form der Selbstpräsentation ohne Unterhaltungswert wählen Sie bitte nicht! Sie ist angestaubt und passé.

Sie wollen gute Stimmung? Sprechen Sie Menschen mit Namen an

Wenn Sie Menschen mit ihrem Namen ansprechen, kommt gleich eine viel persönlichere Stimmung auf. Frau Kreisel freut sich, wenn Sie ihr einen schönen Feierabend wünschen. Manfred findet es gut, wenn Sie ihm mit seinem Namen danken. Guiseppe schätzt es, wenn Sie ihn grüßen. Warum? Wir alle hören es gerne, wenn wir mit unserem Namen angeredet werden. Mit ihm verknüpfen wir positive Assoziationen. „Für jeden Menschen ist sein Name das schönste und bedeutungsvollste Wort in seinem Sprachschatz", schrieb der amerikanische Psychologe Dale Carnegie. Sogar Hunde reagieren, wenn man sie mit ihrem Namen anspricht.

> Übertreiben Sie nicht. Es genügt, wenn Sie den Namen zur Begrüßung, einmal im Verlauf des Gesprächs und bei der Verabschiedung erwähnen.

Höchstwahrscheinlich werden uns unsere Bankerin Frau Kreisel, unser Kfz-Mechaniker Manfred und unser Lieblingseisverkäufer Guiseppe beim nächsten Mal wiedererkennen und herzlich empfangen. Wer freundlich mit anderen umgeht, kann erwarten, ebenfalls nett behandelt zu werden. Ein „Hallo!" allein schafft keine Bindung. Die hilfsbereite Apothekerin, der nette Kassierer oder die geduldige Sprechstundenhilfe – alle leisten wertvolle Dienste. Beachten Sie immer die Namensschilder von Menschen!

Namen vergessen? Keine Panik!

Sie müssen nicht gleich ein Gedächtnistraining buchen, wenn Sie den Namen Ihres Gegenübers vergessen haben. Es ist kein Beinbruch und passiert vielen von uns immer wieder. Fragen Sie einfach ehrlich nach. Es bestärkt die Person, dass sie für Sie wichtig ist. Sagen Sie frei heraus: „Entschuldigen Sie, sagen Sie mir bitte Ihren Namen noch mal?" Wenn er kompliziert ist, könnten Sie nachhaken mit: „Könnten Sie mir das buchstabieren?"

Alternativ arbeiten Sie mit Merktricks. Unser Gehirn speichert Visuelles besser, darum hilft es, sich ein Bild zu einem Namen zu bauen. Heißt jemand Zweig, dann stellen Sie sich vor, wie er auf einem Zweig sitzt und mit den Beinen baumelt. Prägen Sie sich Bilder zu Namen ein und schon klappt es besser. Interessieren wir uns für Menschen, geht es besonders leicht.

DER UNTERSCHIED ZWISCHEN „VORSTELLEN" UND „BEKANNT MACHEN"

Es ist zeitgemäß, wenn Sie im privaten und geschäftlichen Bereich „einander bekannt machen" und nicht „einander vorstellen", also die entsprechende Formulierung wählen. Das Vorstellen impliziert einen hierarchischen Unterschied, das Bekanntmachen beruht auf dem Prinzip der Gegenseitigkeit.

Die Kunst, Menschen miteinander bekannt zu machen

Menschen miteinander bekannt zu machen, ist eine Kunst: Damit lösen Sie Unbehagen auf, das leicht entstehen kann, wenn sich Menschen zum ersten Mal treffen. Geschickte Gastgeber machen es allen so einfach wie möglich, miteinander ins Gespräch zu kommen. Wenn Sie diese Kunst beherrschen, wirken Sie parkettsicher und souverän. Stellen Sie deshalb jeden neuen Gast oder Neuankömmling bei den anderen vor.

Beispielsweise stehen Sie in einer Veranstaltungspause gerade mit einem langjährigen Geschäftsfreund zusammen. Ihre Kollegin kommt dazu, und Sie sagen: „Herr Altbier, ich möchte Sie mit meiner lieben Kollegin Andrea Frisch bekannt machen. Sie baut Webseiten wie eine Weltmeisterin." Bei einem nicht geschäftlichen Anlass, zum Beispiel Ihrer Geburtstagsparty, können Sie zwei Personen locker und zwanglos einander vorstellen. „Ich wollte schon immer, dass ihr zwei euch mal kennenlernt."

Wichtig: Überlegen Sie, was die Personen auszeichnet, die Sie miteinander bekannt machen. So haben beide direkt ein Gesprächsthema. Es sollte aber etwas Positives sein. „Das ist Herr Böttcher, er ist nie pünktlich" wäre nicht besonders witzig für den guten Mann.

Bei Paaren nennen Sie beide Anwesenden mit Vor- und Nachnamen. Also nicht: „Das sind Herr und Frau Gurke.“ Sondern: „Ich möchte dich mit Gustav Gurke und Ela Gurke bekannt machen.“ Oder: Das ist Gisela Erbse mit ihrer Partnerin Beate Ton.“

Sie zeigen Taktgefühl, wenn Sie auf das richtige Timing achten. Unterbrechen Sie nach Möglichkeit Gespräche nicht abrupt. Wenn sich eine der beiden Personen, die Sie miteinander bekannt machen wollen, gerade angeregt unterhält, warten Sie, bis es besser passt.

Die wichtigsten Regeln zur Rangfolge beim Vorstellen

- Die ranghöhere Person erfährt den Namen des anderen zuerst, das heißt, die Juniorchefin würde beim Vorstellen zuerst erfahren, wie die neue 50-jährige Buchhalterin heißt.
- Im Privaten spielt die Rangfolge keine Rolle. Ausnahme: Jemand ist deutlich älter als der andere.
- Gastgeber haben das Recht, als Erste zu erfahren, wer sie besucht. Wenn Sie jemanden mitbringen, nennen Sie nicht nur die Namen, sondern finden Sie auch einige nette Worte über die Personen.
- Manchmal kennen wir den Status anderer nicht und können das Alter nicht einschätzen: in dem Fall einfach der Reihe nach vorgehen.

Tipp: Sie möchten zwei Menschen auf digitalem Weg miteinander bekannt machen, beispielsweise über E-Mail? Dann fragen Sie bitte beide Personen vorher, ob es für sie okay ist, dass Sie die Kontaktdaten weitergeben.

Interkulturelle Kompetenz

Interkulturelle Kompetenz gilt in unserer globalisierten Gesellschaft als die Schlüsselkompetenz schlechthin. Wir alle sind dadurch geprägt, wo und wie wir aufgewachsen sind, und sehen die Welt durch diese kulturelle Brille. Wer interkulturell kompetent ist, ist in der

Lage, Menschen anderer Kulturkreise nicht nur durch seine eigene kulturelle Brille anzuschauen, sondern das für ihn Fremde in diesem Menschen wirklich anzuerkennen. Es ist mehr, als etwas Unbekanntes oder Fremdes gönnerhaft zu tolerieren. Interkulturelle Kompetenz ist vielmehr die Fähigkeit, sich auf eine andere Kultur einzulassen. Dies erfordert Reflexionsfähigkeit und Lernbereitschaft. Nicht jeder ist dazu bereit.

Wenn wir Menschen miteinander bekannt machen, spielt interkulturelle Kompetenz eine wichtige Rolle. Ich wurde schon häufig als „temperamentvolle Griechin, die die Hitze und Sonne liebt“ vorgestellt. Wenn ich entgegne, dass ich auch gut mit Geld umgehen kann, habe ich meistens die Lacher auf meiner Seite. Mir persönlich macht diese Art der klischeehaften Vorstellung nichts aus. Vielleicht, weil ich es so oft erlebt und mich inzwischen daran gewöhnt habe. Doch machen Sie sich bitte Gedanken darüber, ob Ihr nett gemeintes Statement zu den Wurzeln oder der Herkunft einer Person vielleicht zu persönlich ist und den Rahmen einer ersten Vorstellung sprengt.

> Stellen Sie Gemeinsamkeiten heraus, statt Unterschiede zu betonen und Klischees zu bedienen.

Wie würden Sie reagieren, wenn Sie zu einer Geburtstagsfeier kommen und fremden Menschen vorgestellt werden als „ordnungsliebende Deutsche“ oder „witzige Engländerin, die die Kälte und den Mond liebt“? Oder als „feurige Mexikanerin, die gerne scharf isst“? Heben Sie beim Vorstellen Gemeinsamkeiten hervor anstatt Unterschiede zu betonen.

Beachten Sie außerdem, dass jedes Land seine ganz eigene Begrüßungskultur pflegt. In Deutschland, Österreich und der Schweiz stehen wir uns beim Begrüßen im Business-Kontext mit etwa einer Armlänge direkt gegenüber. Im Mittelmeerraum ist der Abstand geringer. Die jeweilige Landeskultur gilt es zu beachten und respektieren.

Du oder Sie?

Das Du setzt sich in der Berufswelt immer mehr durch. Die digitale Kommunikation hat dazu beigetragen, dass der persönliche, Nähe bekundende Umgangston immer populärer geworden ist. Insbesondere in der Kreativbranche und Start-up-Szene ist es längst üblich, sich über alle Hierarchien und Alternsunterschiede hinweg zu duzen. Gleichaltrige duzen sich im Job sowieso, ohne zu fragen. Unter Akademikern, Handwerkern und Künstlern ist es schon lange Tradition, sich zu duzen. Tatsächlich finden es inzwischen so manche locker-lässige Dreißigjährige merkwürdig, gesiezt zu werden. Sie hätten das Du am liebsten überall.

Verständlicherweise fühlt sich aber nicht jeder wohl damit, keine Zeit mehr zu bekommen, aneinander Gefallen zu finden oder sich sozial anzunähern, bevor man zum Du übergeht. Besonders ältere Menschen können sich überfahren fühlen, wenn sie ungefragt geduzt und direkt alle Distanzen beseitigt werden, ohne dass vorher ein Verhältnis aufgebaut wurde. Vielleicht geht es einigen von Ihnen wie mir: Ich bin in der deutschen Sprache gern förmlich. Ich fühle mich trotzdem modern und nicht spießig, steif, als Streberin oder scheintot, wenn ich mein Gegenüber sieze, so lange wir uns noch nicht kennen.

Das formelle Sie passt immer

> Mit „#GernPerDu" signalisieren Sie in der modernen Geschäftswelt Offenheit für die Kommunikation per Du. Weitere Infos: www.gernperdu.de.

Doch manchmal ist es gar nicht so leicht zu entscheiden: Sieze ich jetzt mein Gegenüber oder duze ich ihn vielleicht doch besser? Zwar gibt es Orte, wo die Anredeform für alle einheitlich geregelt ist, aber das ist nicht immer so. In meinen Seminaren beginne ich aus Respekt stets mit dem höflichen Sie. Damit fühlen sich für den Anfang immer alle wohl. Meistens gewinne ich schnell den Eindruck, ein Workshop-Du könnte in die Runde passen, dann biete ich es an und wechsele zum Du. Nur bei eher förmlichen Veranstaltungen mit konservativem oder älterem Publikum bleibe ich beim Sie.

Die Statistiken belegen, dass Siezen bei vielen immer noch zum guten Ton gehört, es ist eben nicht antiquiert. Eine Umfrage der Marktforschungsplattform Appinio unter rund 5000 Teilnehmern zwischen 16 und 54 Jahren ergab, dass für 61 Prozent der Befragten das Siezen ein Zeichen von Respekt, Höflichkeit und Zurückhaltung ist. „Nur 15 Prozent empfinden die formelle Anrede als verstaubt. Ungefragtes Duzen findet übrigens nur ein Fünftel der Befragten generell positiv, 12 Prozent negativ.“[18]

Halten wir fest: Mit einem Sie können Sie nichts falsch machen. Bei neuen Kontakten und im Geschäftsleben ist es die richtige Ansprache. Sie sollten auf diese Anrede konsequent zurückgreifen, wenn Sie sich unsicher sind, noch keine Nähe zulassen möchten und den Schutz der höflichen Distanz bevorzugen. Gerade im Berufsleben sollten Sie niemanden ungefragt mit Du anreden. Insbesondere wenn Sie Jüngere oder bestimmte Berufsgruppen einseitig duzen, zeigen Sie damit kein gutes Benehmen. Es könnte respektlos wirken.

Wer bietet das Du an?

Nach alter Schule gilt: Die Initiative geht vom Älteren, Ranghöheren oder Vorgesetzten aus. Die Chefin bietet es ihren Mitarbeitern an, der ältere Mitarbeiter der jungen Kollegin. Ihre Offerte könnten Sie so formulieren: „Wir zwei arbeiten jetzt schon lange zusammen. Wollen wir uns nicht einfach duzen?“ Sie könnten noch hinzufügen: „Sollte Ihnen das irgendwie unangenehm sein, ist es für mich kein Problem.“ Denken Sie daran: Sind Sie einmal beim Du, ist es schwer, dies wieder rückgängig zu machen, ohne dass der andere es als persönliche Zurückweisung empfindet.

Ein Du ablehnen

Ich war einmal in einer eigens dafür einberufenen Sitzung, wo uns mein damaliger Vorgesetzter nach langjähriger Zusammenarbeit das Du anbot – aber nicht auf eigene Initiative. Die Direktoren hatten die Anweisung erhalten, sich ab sofort mit ihren Teams zu duzen. Ein bisschen tat mir mein damaliger Chef leid, der sicher gern beim Sie geblieben wäre. Als Einzige in der Runde lehnte ich das Angebot höflich ab und blieb beim Sie. Es fühlte sich für mich nicht stimmig an, dem „Anrede-Befehl“ eines Dritten, der ganz neu am Steuer war und der mit mir noch keine zwei Sätze gewechselt hatte, Folge zu leisten. Wer eine neue Anrede-Kultur einführen möchte, der sollte Fingerspitzengefühl und vor allem persönliches Engagement mitbringen. Zwang oder sozialer Druck sind keine guten Berater. Sonst wirkt das Angebot zum Du plump.

Möchten Sie ein Ihnen angebotenes Du höflich ablehnen, weil Sie Distanz wahren wollen oder Sie anderen Ihren Respekt besser zeigen können, antworten Sie so wenig beleidigend wie möglich. Sie könnten sagen: „Vielen Dank für Ihr Angebot. Es wäre mir lieb, wenn wir im Moment beim Sie bleiben, damit fühle ich mich wohler.“ Sie könnten ergänzen: „Bitte lassen Sie mir noch ein wenig Zeit für die neue Anrede.“

> Sie dürfen ein angebotenes Du ablehnen. Höflich und mit Fingerspitzengefühl.

Sicherlich finden Sie auch, dass grundsätzlich über die Art und Weise, wie wir miteinander sprechen, Respekt gezeigt wird, nicht unbedingt über die Anrede. Doch ich gebe zu: Werden in einer Bar oder Boutique alle geduzt und ich werde als einzige gesiezt, fühle ich mich ganz schön alt. Aber das nehme ich sportlich.

MODERNER SMALLTALK

Jeder Kontakt ist eine Chance

Ich wuchs in einer griechischen Taverne in der Lüneburger Heide auf, zwischen Lehrern und Intellektuellen, die bei Zaziki, Kerzenschein und Retsina bis spät in die Nacht diskutieren. Daneben saßen Milchbauern, englische Soldaten, persische Ärzte, Schlachter, Lokalpolitiker, schweigende Paare, Künstler, Camper aus Hamburg, Dänen, Berliner, Streber, Rocker und Buchhändler. Nur Veganer, die gab es damals noch nicht. Ministerpräsident Schröder trank bei uns eine Flasche Bier. Eine Journalistin der „New York Times“ entdeckte bei uns ihre Liebe zu Griechenland.

Es war wie eine Akademie für Smalltalk. Dort wurde ich über Jahre geschult, unsere Gäste waren meine Lehrer. Als junges Mädchen gab ich jedem Stammgast einen Spitznamen. Da waren „Apfelsaft-Joe“, der „Mann mit der Pfeife“, „Odysseus und sein Hund“, „die schöne Brasilianerin“ oder „Joko“, ein Lokaljournalist, der investigativ unterwegs war und immer unter Strom stand. Von ihnen lernte ich, unbeschwert Kontakt aufzunehmen, nachzufragen, Themen zu wechseln, zusammenzufassen, mit Spannungsbogen zu spielen, Pausen auszuhalten, die Ohren zu spitzen, zu schweigen, zu beobachten, Tabuthemen zu vermeiden – und mich nicht zutexten zu lassen. Doch am meisten lernte ich von einer stets fröhlichen Athenerin: meiner Mama. Sie brachte mir die drei wichtigsten Wörter für das Leben bei, die mir noch heute helfen, wenn es bei der Kommunikation vielleicht mal nicht so rund läuft: „Das macht nichts!" Damit lehrte sie mich die Grundtugend des guten Benehmens: Gelassenheit!

Auch als ich als Flugbegleiterin überall auf der Welt unterwegs war, stand Smalltalk täglich auf dem Programm. Im Flugzeug ist es nicht möglich sich zu verstecken hinter „Ich mag keine flüchtigen Gespräche" oder „Ich weiß nicht, was ich sagen soll". Jeden Tag begegnen Sie hunderten Passagieren und immer neuen Crew-Kollegen. Auf Langstreckenflügen plaudern Sie nachts in der Bordküche mit Polopferdezüchtern aus Uruguay, beim Aufwärmen von Milchflaschen erzählen glückliche Eltern davon, auf welchen abenteuerlichen Wegen sie ihr Baby adoptiert haben. Sie unterhalten sich über die Mode in Paris, werden von Cowboys spontan zum Tanz aufgefordert, entsorgen über den Anden Drehbücher für Hollywood-Regisseure, versuchen ermüdet den Geschichten lallender Passagiere zu folgen und stellen irgendwann fest, dass es Kulturen gibt, die im Smalltalk versierter sind als andere. Und einige ziehen ohne große Umstände oder Berührungsängste bei einem Plausch direkt Familienfotos aus der Tasche, weil Familie für sie einfach das Größte und deshalb ein Thema ist.

In meiner Welt spielten Begegnungen und der offene, unbekümmerte Austausch von Geschichten also schon immer eine entscheidende Rolle. Ich verbinde mit Smalltalk Positives und finde es aufregend, spannende Menschen kennenzulernen, interessante Geschichten zu hören und meinen Geist beweglich zu halten. Ich umgebe mich gern mit Menschen, die besser sind als ich und von denen ich etwas lernen kann.

Erst durch meine Seminare wurde mir so richtig klar, wie viele Menschen sich beim Smalltalk unsicher fühlen, ihn als Schwerstarbeit empfinden oder Hemmungen haben, mit anderen warm zu werden. Ich bin davon überzeugt, dass der Schlüssel zu erfolgreichen Smalltalk im echten Interesse an anderen Menschen liegt und jeder von uns seine Konversationsfähigkeiten verbessern kann, wenn er Lernbereitschaft und Offenheit mitbringt.

Echtes Interesse an anderen Menschen ist die Basis für erfolgreichen Smalltalk.

Deutschland hat keine Smalltalk-Kultur

In Deutschland sprechen die Menschen in Zügen, Bussen oder Wartezimmern kaum miteinander. Dialoge bei geselligen Anlässen klingen häufig nüchtern, kurzangebunden und geschäftsmäßig. Viele Menschen ziehen sich mit Kopfhörern in ihre eigene Welt zurück, wenn sie unterwegs sind. Smalltalk gilt als oberflächliches Geplänkel. Nicht wenige rümpfen darüber die Nase und nutzen ihn im Job nur als Mittel zum Zweck. Die Meinung, er sei nur seichte Konversation, vertane Zeit, banal und oberflächlich ist weit verbreitet. Verspielte Gespräche, die nicht in die Tiefe gehen, gelten als wertlos und überflüssig. Man kommt gerne direkt zur Sache.

So mancher hat regelrecht Angst vor Smalltalk und wünscht sich in meinen Seminaren fertige Sätze zum Auswendiglernen. Doch das ist der falsche Weg. Einige glauben, sie müssten sich beim Smalltalk irgendwie verkaufen und verpassen es zuzuhören. Auch das ist nicht Sinn der Sache. Andere wollen es sachlich-korrekt angehen, kontern oder sticheln – sie vergessen den Spaß und die Leichtigkeit.

Dabei ist Smalltalk Gold wert, ach was, Platin! Er steht am Anfang jeder Kommunikation, bricht das Eis zwischen Fremden und ist ein Türöffner für neue Bekanntschaften. Wie es der Philosoph Karl Jaspers so treffend formulierte: „Dass wir miteinander reden können, macht uns zu Menschen." Im Geschäftsleben hilft Ihnen Smalltalk Verbindungen zu knüpfen und Beziehungen zu pflegen. Er lockert die Atmosphäre bei Geschäftsessen, Verhandlungen und beim Vorstellungsgespräch. Ohne Smalltalk geht privat und beruflich eigentlich nichts. Wie bei anderen Themen gilt auch für Smalltalk: Wer Wissen dazu aufbaut, baut Angst ab. Eigentlich müssen Sie sich nur ein gelbes Häuschen vorstellen, dann geht es ganz leicht. Warum gelb? Lesen Sie weiter.

> Ohne Smalltalk geht nichts, ob im privaten oder im beruflichen Umfeld.

Die richtige Einstellung zu Smalltalk

Stellen Sie sich vor, Sie machen einen Spaziergang und gehen an einer langen Reihe grauer Häuserfassaden entlang. Mittendrin ist plötzlich ein Haus in sonnigem Gelb gestrichen. Die Tür dieses Häuschens ist geöffnet. Auf der Fußmatte steht: „Herzlich willkommen!" Dieses fröhliche Häuschen wird jedem von uns beim Vorbeilaufen auffallen und positive Gefühle in uns auslösen.

Genauso ist es auch mit Menschen, die Kommunikationsbereitschaft signalisieren. Ich behaupte, wenn die Willkommensmatte vor Ihrer Tür liegt, Sie also fröhliche Offenheit für Gespräche signalisieren, werden Sie die Kunst der leichten Konversation beherrschen und so jede Smalltalk-Situation vortrefflich meistern. Alles was Sie tun müssen, ist, Ihren Eingang nicht grau zu gestalten, die Tür aufzumachen und die Willkommensmatte nicht wegzunehmen.

Seien Sie interessiert an anderen Menschen

Was ist noch wichtig für eine positive Einstellung? Gönnen Sie sich den Luxus, Misstrauen gegenüber Menschen abzulegen, die Sie noch nicht kennen. Damit ist gemeint, haben Sie weder Angst vor gelben noch vor grauen Häuschen. Andere wie Luft zu behandeln, ist keine Kunst. Die Kunst ist, aufgeschlossen zu sein und Menschen zu beachten. Selbst wenn Sie bisher eher kontaktscheu waren: Wenn Sie freundlich und höflich sein wollen, müssen Sie kommunizieren. Öffnen Sie sich für unverfängliche Gespräche mit Menschen, die Ihnen begegnen. Ich weiß, das fällt am Anfang schwer, doch es lohnt sich, daran zu arbeiten. Indem Sie es tun, bekommen Sie Übung darin und umso mehr Übung Sie haben, umso leichter wird es Ihnen fallen.

Nehmen Sie Kontakt zu Ihrer Umwelt auf und schauen Sie, was passiert. Beginnen Sie damit, sich ganz bewusst umzuschauen. Probieren Sie einfache Wortwechsel, vielleicht erst mal ein Schwätzchen mit der Verkäuferin, dem Postboten oder in der Bäckerei. Wenn wir aus

Misstrauen heraus mit niemanden sprechen – egal ob auf einer Party oder einer Konferenz –, was soll dann Neues passieren?

Versuchen Sie die Zeit für Smalltalk als gut investierte Zeit zu sehen, als Chance, in vielleicht interessante Gespräche einzusteigen, die Sie weiterbringen. Wer Wissensdurst, liebevolle Neugier, Lust am Leben und für das uns alles verbindende Menschliche mitbringt, hat schon halb gewonnen. Wenn Sie nicht nach Antworten suchen, sondern nach Ideen und Menschen, die Ihnen bei der Verwirklichung Ihrer Träume helfen können, kann Smalltalk eine der größten Quellen von Inspiration überhaupt sein. Sollte ein Gespräch mal danebengehen oder ein Gesprächspartner dröge sein: Schwamm drüber. Das macht nichts! Das nächste Gespräch wird besser, und Sie sind um eine Erfahrung reicher.

Smalltalk ist keine verlorene Zeit. Er kann inspirieren, beflügeln, neue Kontakte entstehen lassen.

DIE DREI WICHTIGSTEN ZUTATEN FÜR GUTEN SMALLTALK

Sie können mit jedem ganz leicht sprechen, wenn Sie neugierig, interessiert und begeisterungsfähig sind. Sie müssen nichts beweisen. Es funktioniert von alleine, indem Sie einfach natürlich bleiben.

Smalltalk-Themen und Stimmungstöter

Ob beim Betriebsfest, beim Kundenbesuch, im Aufzug oder auf Partys: Es geht beim Smalltalk vor allem darum, miteinander warm zu werden, sich zu verbinden, eine harmonische, freundschaftliche Grundstimmung zu schaffen. Es geht nicht um Informationsdichte. Das ist vielen nicht klar und lässt Smalltalk-Gespräche anstrengend werden.

Das oberste Gebot lautet: Ihr Thema sollte kein Fachwissen voraussetzen und es sollte positiv besetzt sein. Jeder sollte Ihnen jederzeit folgen können. Sie wollen schließlich höflich sein und niemanden ausschließen. Als Gesprächsstoff bieten sich deshalb nicht alle Themen an. Einsteins Relativitätstheorie lassen wir schon mal links liegen, es sei denn, wir sind unter Physikern. Sie sollten auch nicht ernsthaft darüber diskutieren, wie viele Reissäcke es in China gibt. Wählen Sie für den Einstieg die unverfänglichen Klassiker: Wetter, Freizeiterlebnisse, Reisen, Kunst und Kultur, sportliche Ereignisse, Weiterbildung. Kulinarisches, Musik, Herkunft, Wohnen, Natur und Landschaften. Es darf auch der Job sein. Diese vermeintlich belanglosen, wenig gehaltvollen Themen helfen bei der ersten Annäherung dabei, allzu Privates zu vermeiden und anderen nicht zu nahe zu treten. Das geht am besten mit unbelasteten, der Situation angemessenen Themen. Blockieren Sie sich nicht damit, etwas möglichst Schlaues oder Tiefgründiges sagen zu wollen. Als Faustregel gilt: Je fremder die Person für Sie ist, desto allgemeiner darf Ihr Einstiegsthema sein.

> Der Einstieg in den Smalltalk darf gerne allgemein und auch einfach sein.

Ihnen fällt zu Beginn eines Gesprächs so gar nichts ein? Plötzlich herrscht peinliches Schweigen? Kein Problem! Machen Sie einfach das zum Thema, was Sie in der jeweiligen Situation gerade mit dem anderen teilen und momentan miteinander erleben. Das kann die Umgebung sein, das Buffet, das Wetter oder das gemeinsame Warten auf etwas. Probieren Sie es mal aus. Wenn Sie es dann noch schaffen, mit einem Witz einzusteigen, oder wenn Sie aus einer ungewöhnlichen Perspektive auf vermeintlich langweilige Dinge schauen, umso besser.

Angelegenheiten mit Konfliktpotenzial wie Religion, Politik, Krankheiten, Intimes, Finanzen, Gerüchte, Privates und Katastrophen sollten Sie meiden. Es sein denn, Sie kennen sich. Diskutieren Sie nicht über Waffengesetze oder die Sinnhaftigkeit von Schulnoten. Unpassend! Verschonen Sie andere auch mit Klatsch, Tratsch, Prahlereien und Gejammer, wenn Sie gute Stimmung schätzen.

Suchen Sie im Gespräch charmant nach Gemeinsamkeiten

Menschen sehnen sich nach Harmonie und Gleichklang, wenn sie miteinander sprechen. Beim Gesprächseinstieg sind deshalb gemeinsame Interessen oder Erfahrungen angenehm für alle Beteiligten. Alles, was sich nach Widerstand, Schlagabtausch oder zäh anfühlt, kommt beim Smalltalk nicht gut an und hemmt den Gesprächsfluss:

Er: „Furchtbar dieses Gemüsebuffet."
Sie: „Finde ich nicht! Ich *liebe* vegetarisch."
Freundlicher: „Finden Sie? Essen Sie lieber Fleisch als Gemüse?"

Sie: „Das ist eine Hitze heute."
Er: „Besser als Kälte!"
Freundlicher: „Sie haben recht, ein Jahrhundertsommer."

Stimmen Sie mehr zu und seien Sie weniger dagegen. Es lässt Sie weltoffen und gewandt wirken, wenn Sie das Gespräch fließen lassen und nicht immer wieder durch Widerstand stoppen. Sollten Sie feststellen, dass Sie bei einem Thema unterschiedlicher Meinung sind, wechseln Sie es einfach. Ihr Ziel sollte es sein, Übereinstimmungen zu finden, denn auf diese Weise verbinden Sie sich. Auch Statusgehabe ist kein Mittel, um eine Wellenlänge zu finden („Wir fliegen nur First Class"). Machen Sie auch nicht schlecht, was Ihr Gegenüber liebt („Ich finde hohe Schuhe schrecklich").

> Begegnen Sie Ihrem Gesprächspartner offen und mit Freundlichkeit.

Wenn Sie als ein wertschätzender, freundlicher und zugewandter Mensch wahrgenommen werden möchten und die Gunst anderer Menschen gewinnen wollen, zeigen Sie Feingefühl – eine der wichtigsten Gesprächsregeln überhaupt. Wer zu unverblümt, festgefahren oder grob ist, muss sich nicht wundern, wenn das Gespräch nach hinten losgeht.

Beispiel: „Ich komme gerade vom Fastenwandern zurück." „Wie schrecklich, davon halte ich nichts!" Mit dieser Antwort wird der Gesprächspartner rücksichtslos abgewürgt. Die Information, dass der andere eine wunderbare Gegend entdeckt hat, hat der Grobian so verpasst.

Taktvoller: „Fastenwandern? Wie interessant! Wo waren Sie denn?"

SMALLTALK-SPICKZETTEL – SO LÄUFT ER AB

1. Kontaktaufnahme: Bauen Sie Augenkontakt auf, starten Sie mit einem Lächeln. Sprechen Sie Ihr Gegenüber an, stellen Sie sich vor.
2. Interesse zeigen: Stellen Sie offene, wertschätzende Fragen, hören Sie aufmerksam zu und docken Sie an. Zeigen Sie durch verbale und nonverbale Reaktionen, dass Sie zuhören.
3. Sensible Gesprächsführung: Erfassen Sie die Emotionen Ihres Gegenübers. Achten Sie auf Veränderungen im Gesichtsausdruck. Holen Sie nicht zu weit aus, wenn Sie Fragen beantworten. Die Details liefern Sie im zweiten Schritt.
4. Vernetzen: Suchen Sie im Gespräch nach Gemeinsamkeiten.
5. Heiterkeit: Seien Sie freundlich, interessiert und zugewandt.
6. Abschluss: Bedanken Sie sich für das Gespräch.

Was Sie von versierten Smalltalkern lernen können

Kultivierte Smalltalker sind freundlich, taktvoll und behalten dabei auch noch den Raum im Blick. Sie würden einen ehemaligen Kollegen nie fragen: „Und, bist du eigentlich immer noch arbeitslos?" Sie fragen eher diplomatisch: „Was suchst du genau für eine Stelle?" Sie sind verbindlich und lassen Gesprächspartner nicht unvermittelt im Gespräch stehen, um Stubenfliegen in ihrem Büro zu jagen. Eine Show abziehen, um Aufmerksamkeit auf sich zu lenken? Kommt für Smalltalk-Profis nicht in Frage. Sie geben nicht zu allem ihren Senf dazu und laden auch nicht einfach nur Informationen bei anderen ab. Was machen Konversationsgeübte eigentlich genau, dass sie so höflich und elegant wirken beim Plaudern? Was können wir uns von ihnen abschauen?

- Sie sorgen für Balance im Gespräch.
- Sie erfreuen sich an der Anwesenheit des anderen.
- Sie bringen sich lebhaft in Gespräche ein.

Sorgen Sie für Balance im Gespräch

Konversationsprofis überlegen: Was könnte mein Gegenüber interessieren? Welche Themen, Interessen oder gemeinsame Bekannte verbinden uns? Sie stellen ihre Fragen wertfrei und sind beim Plaudern bereit, sich zurückzunehmen, aufmerksam zu sein und auch mal etwas über sich preiszugeben – aber nicht gleich alles. Über Fragen erweitern sie ihr Wissen und das eigene Erkenntnis-Repertoire. Ihnen ist bewusst, dass sie mit zu viel Direktheit den anderen überfordern oder überrumpeln könnten. Gute Smalltalker sind an Gedankenaustausch interessiert, sie ersticken den Fluss eines Gesprächs nicht, indem sie alles mit Phrasen wie „Muss ja“, „Jeder ist anders“ oder „Von nichts kommt nichts“ kommentieren. Das macht sie so besonders.

> Sitzen Sie neben jemandem mit Betroffenheitsmine, der Sie ignoriert, weil Sie die Welt positiv betrachten, versuchen Sie den Platz zu wechseln.

Geübte Plauderer spielen sich die Bälle zu, das heißt: Es spricht nicht nur eine Person, sondern beide sprechen abwechselnd. „Bei einem guten Gespräch“, schrieb die Dichterin Zenta Maurina, „ist ein Partner das Instrument, der andere ein virtuoser Spieler. Beim schönsten Gespräch aber weiß niemand, wer der Spieler und wer das Instrument ist.“ Ein Gespräch ist wie Musik. Dass es fließt und nicht an der Oberfläche bleibt, danach sehnen wir uns doch alle, oder? Bemühen Sie sich um Balance. Spielen Sie den Ball zurück und halten sie ihn nicht fest. Sie werden entdecken, wie harmonisch und effektiv das Plaudern wird.

Erfreuen Sie sich an der Anwesenheit des anderen

Haben Sie Freude an der Anwesenheit des anderen, genießen Sie den Gesprächsprozess an sich und zeigen Sie es. Wenn Sie Konversationsprofis beobachten, werden Sie entdecken, dass sie ihrem Gesprächspartner ein exklusives Gefühl vermitteln. Sie sind im Gespräch immer bereit, erstaunt zu sein, und vermitteln, dass sie ihr Gegenüber sehr schätzen. Sie sind nicht ausschließlich auf den Inhalt fixiert. So hören sie auch das, was nicht gesagt wird. Es geht Heiterkeit und Gelassenheit von ihnen aus, während sie scherzen und uns mit Anekdoten amüsieren.

Tatsächlich gehört es zum guten Benehmen, sich mitfreuen und Aufmerksamkeit verschenken zu können. Und dies macht auch Smalltalk-Situationen einfacher. Wenn es Ihnen gelingt, vergnüglich zu sein und Ihrem Gegenüber zu vermitteln, dass Sie sich an seiner Anwesenheit erfreuen, werden Sie entdecken, wie viel leichter Gespräche fließen. Wir alle schätzen Menschen, neben denen wir uns toll fühlen, die sich auch mal klein machen können. Nicht die, die uns verbissen zeigen wollen, wie groß, klug und toll sie selbst sind.

Bringen Sie sich lebhaft in Gespräche ein

Konversationsprofis können andere begeistern und beispielsweise so mitreißend über ihre Lieblingsinsel sprechen, dass wir am liebsten auch sofort dorthin reisen möchten. Sie würden nie einen endlosen Monolog über die Gassi-Gewohnheiten ihres Boxers halten (und dann auch noch Fotos vom Hund im Smartphone suchen). Sie sprechen nicht ausufernd über Dinge, die nur sie selbst interessieren. Sie achten auf ihr Gegenüber und sind gut im Themenwechseln.

Was bedeutet das für Sie? Schwärmen Sie. Bringen Sie sich lebhaft ein in Gespräche. Sie sind ein unangestrengter, faszinierender Gesprächspartner, wenn Sie viele Themen besetzen können und nicht nur auf einem Gebiet stark sind. Durch regelmäßiges Lesen einer guten Tageszeitung oder sonstiger geistreicher Lektüre erweitern Sie Ihre Allgemeinbildung und können in Smalltalk-Situationen Impulse geben und begeistert „mitreden". Seien Sie alles, nur nicht die Person, die alle anderen mit den immer gleichen Geschichten langweilt.

Noch mehr Smalltalk-Tipps

Vermitteln Sie Interesse am Gegenüber

„Wenn du sprichst, wiederholst du nur, was du schon weißt; wenn du aber zuhörst, kannst du unter Umständen etwas Neues lernen", sagt der Dalai-Lama. Zeigen Sie Interesse an dem, was Ihnen Ihre Gesprächspartner erzählen, und achten Sie auf eine zugewandte Haltung. Interesse vermitteln Sie durch Nachfragen, Blickkontakt (sehr wichtig!) und aufmerksames Zuhören. Fragen gelten als Motor im Smalltalk. Stellen Sie Fragen zu Themen, die Sie interessieren! Zur Eröffnung können Sie sagen: „Was hat Sie auf diese Veranstaltung geführt?" „Wie gefallen Ihnen die Vorträge bisher?" „Was machen Sie beruflich?" „Wo haben Sie studiert?" Bedenken Sie dabei: Niemand mag sensationslustige, neugierige Fragen. Zeigen Sie echtes Interesse für das Leben anderer Menschen. Und für unsere Welt. Das ist der entscheidende Punkt, der in unserer zunehmend egozentrischen Gesellschaft leider so oft missachtet wird.

> Ihnen aufmerksam zuzuhören ist das größte Geschenk, das wir Menschen machen können.

Sie müssen übrigens nicht immer direkt etwas sagen, auch eine Geste kann den Weg in den Smalltalk hinein ebnen: In vielen Ländern ist das Ausgeben eines Getränks eine gern gewählte Form der ersten Kontaktaufnahme und Ausdruck von Interesse.

Seien Sie offen für neue Perspektiven

Ich vermute, Sie kennen auch Menschen, die zu allem eine unerschütterliche Meinung haben. Sie richten sich nur auf eine bestimmte Art ein. Ein neuer Stil kommt nicht infrage. Sie tragen nur eine bestimmte Schuhmarke. Sie fahren nur nach Dänemark, tragen nie gelb und essen Spaghetti nur al dente. Andere Sichtweisen und Geschmäcker werden uncharmant oder auch schon mal von oben herab niedergemacht. Ihre Lebensweise gilt als einzig richtige. Sie lassen keine andere Meinung gelten, wirken starr, oft auch überheblich und sind eher schwierige Gesprächspartner.

Machen Sie es anders. Seien Sie offen für andere Perspektiven, sehen Sie nicht alles so verbissen. Seien Sie interessiert an der Meinung Ihres Gegenübers, auch wenn Sie sie nicht unbedingt teilen. Das macht Sie zu einem höflichen und angenehmen Gesprächspartner, den Ihre Mitmenschen überaus schätzen werden.

Gehen Sie souverän mit Gesprächspausen um

Was können Sie tun, wenn doch mal Gesprächspausen entstehen? Keine Panik! Pausen sind gut, natürlich und notwendig. Sie dürfen sie genießen und sich dabei im Raum umschauen. Peinlich wird es, wenn alle länger schweigen und sich keiner traut, etwas zu sagen.

Wie bringen Sie dann den Stein wieder ins Rollen? Am besten, indem Sie etwas Persönliches von sich preisgeben. So ziehen die anderen nach und teilen auch etwas von sich mit. Sind Sie schüchtern, dürfen Sie es ruhig zugeben: „Ich gestehe, ich bin gerade etwas aufgeregt!“ Sie wissen etwas nicht? Sagen Sie einfach: „Da kenne ich mich nicht aus.“ Ehrlichkeit entwaffnet, ist oft ein Schmunzelfaktor und gerade bei Pausen sehr wirksam. Meine besten Vorträge waren die, wo ich mich nicht gescheut habe offen zu sagen, was schiefgelaufen ist. „Ich habe mich gerade noch schnell auf dem Parkplatz umgezogen. Könnte mir jemand mit dem Reißverschluss helfen? Ich komme nicht dran ...“ Menschen lieben es, wenn man ehrlich ist und ihnen nichts vormacht.

Seien Sie niemals belehrend

Was richtig schlechtes Benehmen ist: andere wie Schulkinder zu korrigieren. „Sorry, aber Expresso sagt man nicht!“ Diese Belehrung klingt neunmalklug. Wer Menschen gerne belehrt, sollte etwas anderes finden, um sein Selbstwertgefühl zu polieren. Haben Sie es mit einem Besserwisser zu tun, dann probieren Sie es mal witzig mit der Antwort: „Danke, Herr Professor!“ Auch „Jawoll!“ kann Wunder bewirken.

**SMALLTALK-CHECKLISTE:
DIE KUNST, STILVOLL UND ORIGINELL MITZUREDEN**

- Ich fädele mich unkompliziert in Gespräche ein.
- Ich stelle offene Fragen und leiste Starthilfe.
- Ich stelle interessierte Fragen, aber bohre nicht.
- Stoße ich in Gruppen dazu, unterbreche ich nicht, sondern höre erst einmal aufmerksam zu.
- Ich lasse Gesprächspartner ausreden.
- Ich verpasse anderen keine Denkzettel.
- Ich reagiere nicht schnippisch und prahle nicht.
- Ich presche nicht vor und bin zurückhaltend.
- Ich zerpflücke keine Themen.
- Ich vermeide Plattitüden und Belehrungen.
- Ich trete nicht als Pedant oder missionarisch auf.
- Ich kehre nicht die Schwäche anderer hervor.
- Ich vermeide belangloses Gequassel ohne Nutzwert.
- Ich zeige auch mal Schwächen und bin emotional.
- Ich bin in der Lage, meine Sprache der Situation anzupassen.
- Ich bin in der Lage, für bestimmte Themen oder Dinge zu schwärmen.
- Ich halte Redebeiträge kurz, ermüde andere nicht mit Monologen.
- Ich trete anderen nicht zu nahe und presche nicht vor.
- Ich vermeide soziale Vergleiche.
- Ich lasse andere Meinungen gelten.

- Ich erkenne die Erfahrung anderer Menschen an.
- Ich halte mich nicht sklavisch an Konventionen und spreche aus, was sich andere nicht trauen auszusprechen.
- „Apropos" – ich beherrsche Themenwechsel.

Bereiten Sie sich vor

Falls Sie planen, eine Veranstaltung zu besuchen, und sich bei dem Gedanken an geselliges Plaudern unwohl fühlen, bereiten Sie sich vorab mental auf die Gespräche vor, die Ihnen wichtig sind. Überlegen Sie, wen Sie wie ansprechen möchten. Nutzen Sie die Zeit zu Hause oder auf dem Weg zum Event, um Ihre Ziele zu definieren. So überlassen Sie später nicht anderen die Themenwahl, sondern können die Gespräche auf Themen lenken, über die Sie gerne sprechen möchten. Lassen Sie unbedingt auch Raum für Spontanität.

Übung macht den Meister! Nutzen Sie daher jede Gelegenheit zu üben. Wenn Sie sich häufig mit sehr neugierigen Kollegen oder Bekannten unterhalten müssen, legen Sie sich vorab unverfängliche Themen und Geschichten zurecht. Die meisten werden nicht bemerken, wie wenig sie von Ihnen erfahren.

Spießiger Smalltalk

Wie finden Sie das, wenn Ihnen Menschen nur sozial erwünschte Antworten geben und keine Stellung beziehen? Oder Ihnen zeigen wollen, dass sie einen exquisiteren Geschmack haben als Sie? Oder sich für moralisch besser halten und Ihnen durch die Blume sagen, dass Sie sich wie sie verhalten sollen? Oder immer alles richtig finden, was Sie sagen? Oder Sie coachen wollen, obwohl Sie nicht danach gefragt haben?

Sie finden das unangenehm, oder? Mit diesen Leuten macht Smalltalk keinen Spaß. Doch Fehler nur bei anderen zu suchen, wäre überheblich. Sie dürfen gerne ankreuzen, was Sie nervig finden und zukünftig selbst seltener von sich geben möchten (bei mir ist es die Marotte „Genau!“).

- „Das kann man so aber nicht sagen.“
- „Also mich stört das nicht.“
- „Hast du es schon mal mit Yoga probiert?“
- „Das geht mich nichts an.“
- „Also das Hinterland von Mallorca ist wirklich schön.“
- „Dieses Jahr schenken wir uns nichts.“
- „Nein, wir fahren immer nach Italien (Dänemark, Schottland ...).“
- „Ach, das meint sie nicht so.“
- „Unser Sohn studiert in Cambridge.“
- „Wir fliegen ja schon lange keine Holzklasse mehr.“
- „Woanders ist es auch nicht besser.“
- „Hast du mal überlegt, kein Fleisch mehr zu essen?“
- „Ich lese Bücher nur im Original.“
- „Ich finde das nicht witzig.“
- „Dazu sage ich nichts ...“
- „Genau!“

Über den Umgang mit Vielrednern

Was uns den Spaß am Smalltalk rauben kann: wenn wir zum Publikum einer Plaudertasche werden. Vielleicht kennen Sie so eine Situation. Sie stehen im Schwimmbad unter der Dusche. Plötzlich ist sie da: Die Frau im Bademantel, die schon geduscht hat. Sie stellt sich vor Sie und hält einen ermüdenden Vortrag über die Ausbildung von Therapiehunden. Sie hört nicht auf und begleitet Sie schnatternd bis draußen zum Föhn. Nicht weniger in Fahrt ist der Chef, der in Meetings ohne Punkt und Komma redet und andere nicht zu Wort kommen lässt. Im endlosen Redefluss scheint er die Kontrolle zu behalten. Dass irgendwann alle nur noch teilnahmslos schweigen, bemerkt er nicht. Oder auch die Freundin, die jede noch so harmlose Frage mit einem kompletten

Lehrgang beantwortet. Die Kompetenz, wichtige von beiläufigen Fragen zu unterscheiden sowie den eigenen Redeanteil in eine vernünftige Relation zu einer Frage oder einer Situation zu setzen, scheint diesen Vielrednern komplett zu fehlen.

Dauerquassler sind ermüdend. Natürliche Gesprächs- und Atempausen scheinen diese Zeitgenossen nicht zu kennen. Wie können Sie also am besten mit ihnen umgehen? Gibt es einen Trick, wie Sie sie loswerden können? Zunächst sollten Sie wissen: Jemand, der Ihnen nicht zuhört und nur selbst redet, ist nicht böse, aber hat vielleicht ein Kommunikationsproblem. Ihm fehlt das Gefühl für den Rhythmus von Erzählen und Zuhören. Ermuntern Sie ihn nicht mit immer neuen Fragen. Wenn er ausschweifend wird, sagen Sie: „Ich möchte zum Thema xy zurückkehren.“ Fassen Sie bei Arbeitsbesprechungen Gesagtes noch einmal paraphrasierend zusammen und markieren Sie das Ende des Gesprächs: „Ein letzter Satz noch dazu ...“

> Nicht Sie sind unhöflich, wenn Sie den Vielredner unterbrechen. Er ist es.

Überdeutliche Signale setzen

Wissenschaftler fanden heraus, dass Menschen, die sehr viel reden, nonverbale Zeichen ihres Gegenübers nicht lesen können. Sie bezeichnen das als mangelnde interpersonale Sensitivität. Setzen Sie deshalb freundlich klare Signale. Zeigen Sie mit Ihrer Körpersprache und aufrechten Haltung überdeutlich, dass Sie etwas sagen wollen. Setzen Sie sich durch! Schauen Sie zur Tür, auf Ihre Uhr, treten Sie zur Seite, greifen Sie zu Ihrer Tasche oder Jacke. Berühren Sie den anderen an der Schulter, um ihn zu stoppen. Machen Sie auf sich aufmerksam. Besonders wirksam ist, den Namen des anderen zu nennen. Wer seinen Namen hört, horcht auf. Jemand beim Sprechen zu unterbrechen und auszubremsen ist nicht höflich, aber im Umgang mit Dampfplauderern dürfen Sie es schon mal tun. Es ist nicht rüde, wenn Sie sich auf einer Veranstaltung von einem penetranten Vielredner so verabschieden, um elegant zu entkommen: „Herr Schnackmann, es hat mich gefreut, Sie zu treffen. Ich möchte jetzt noch weitere Gespräche führen und wünsche Ihnen weiterhin einen schönen Abend." Oder: „Ich möchte nicht unhöflich sein, aber ich muss leider aufbrechen. Es hat mich gefreut, mit Ihnen zu sprechen." Das Leben ist kurz, Zeit ist kostbar. Geben Sie sich die Erlaubnis, Vielrednern aus dem Weg zu gehen, wenn Sie sich unwohl fühlen.

Den Anfang machen mit der 5-Sekunden-Regel

Wissen Sie, was passiert, wenn Sie grübeln und alle möglichen Szenarien durchspielen, bevor Sie Ihre Komfortzone verlassen und auf andere Menschen zugehen? Sie verpassen Chancen! Ich erinnere mich an einen Abend, wo zwei Freundinnen bei einer Netzwerkveranstaltung lieber auf einem Sofa klebten, als neue Kontakte zu knüpfen. Ich schlug vor, vorzugehen und für sie einen Smalltalk zu beginnen. Kurz bevor wir zusammen an einem Stehtisch mit vier Geschäftsmännern ankamen, drehten sie um und ließen mich stehen. Das war nicht sehr höflich, aber es machte nichts. Sie hatten offensichtlich im letzten Moment kalte Füße bekommen, mit Fremden zu sprechen. Die vier Herren nahmen mich locker in ihre Runde auf, wir lachten, und so knüpfte ich vier neue Geschäftskontakte.

Was können Sie tun, wenn Sie zu viel grübeln, sich einfach nicht trauen, Ihre Komfortzone zu verlassen, so wie meine Freundinnen? Das menschliche Gehirn liebt Vertrautes und bremst uns daher oft, es findet zig Gründe, die uns davon abhalten, den Anfang zu machen.

> 5 – 4 – 3 – 2 – 1 – und los! Mit der 5-Sekunden-Regel von Mel Robbins stoppen Sie das Grübeln und werden aktiv.

Mit der 5-Sekunden-Regel von Mel Robbins können Sie Ihr Gehirn überlisten und ins Handeln kommen. Die amerikanische Autorin und Motivationsrednerin rät, wie beim Countdown ab fünf rückwärts zu zählen, damit der innere Schweinehund sich gar nicht erst regt. Statt im Kopf erst mal alle Szenarien durchzuspielen, zählen Sie das nächste Mal einfach 5 – 4 – 3 – 2 – 1 – und laufen auf die Zielperson zu. So sind Sie schon mal da, wo Sie hin möchten. Der Smalltalk ergibt sich dann von ganz alleine. Es funktioniert. Versprochen! Sie werden erleben, dass Sie in der Lage sein werden, andere anzusprechen. Das kann eine Kette positiver Reaktionen nach sich ziehen und Ihrem Leben eine ganz neue Wendung geben.

Sprechen Sie mit Fremden

Wenn ich mir überlege, welch interessante Menschen ich schon kennengelernt habe, einfach dadurch, dass ich „Guten Tag" oder „Hallo!" sagte. So viele bezaubernde Menschen in Hotels, bei Veranstaltungen oder auf Reisen. Interessante Gespräche sind die Momente, die uns daran erinnern, dass wir viel öfter mit Fremden sprechen sollten. Es kann eine Bereicherung für unser Leben sein, einen Dialog mit jemandem herzustellen, den wir nicht kennen. Wir erfahren Neues und hören unerwartete, berührende Geschichten. Wir bekommen durch diese Verbindungen das Gefühl, lebendig zu sein und mit unserer Persönlichkeit als Menschen wahrgenommen zu werden.

Wir lernen von klein auf, uns von Fremden fernzuhalten, weil sie gefährlich seien. So vermeiden wir auch später Kontakte und sind misstrauisch. Doch die wenigsten Menschen sind gefährlich. Wie oft wurde mir schon von Fremden geholfen. Sicher geht es Ihnen auch so. Und deshalb: Egal ob im Zug, im Flugzeug oder im Café: Nehmen Sie einfach Blickkontakt auf, starten Sie mit einem „Hallo!". Menschen an öffentlichen Orten Aufmerksamkeit entgegenzubringen, macht uns zu bewussteren Bürgern, wir fühlen uns als Teil einer Gemeinschaft. Mit Freundlichkeit richten wir Menschen auf und auch wir werden aufgerichtet.

> Trauen Sie sich, mit Fremden ins Gespräch zu kommen.

Kio Stark hielt 2016 den wunderbaren TED-Talk „Warum wir mit Fremden sprechen sollten".[21] Sie rät zu folgenden Wegen, mit ihnen ins Gespräch zu kommen: (1) Finden Sie jemand, der Ihren Blickkontakt erwidert. Lächeln Sie. Schauen Sie, was sich daraus ergibt. (2) Die Dreiecks-Methode: Es gibt Sie, den anderen und etwas, das Sie beide sehen. Beginnen Sie ein Gespräch, indem Sie das, was Sie beide sehen, kommentieren. (3) Ein Kompliment machen, zum Beispiel über Schuhe. Denn dazu haben die Menschen immer viel zu erzählen.

Finden Sie heraus, ob Sie den Mut haben, mit Fremden zu interagieren und Beziehungen aufzubauen, statt höflich gleichgültig zu erscheinen. Ich habe festgestellt, dass ich mich immer und in jeder Situation auf Fremde verlassen kann. Überall auf der Welt.

Jetzt sind Sie an der Reihe! Fühlen Sie sich frei loszulegen und entdecken Sie Ihre Möglichkeiten, ins Gespräch zu kommen und freundlich Beziehungen zu anderen Menschen aufzubauen. Es kann Ihr Leben bereichern und sogar verändern. Happy smalltalking!

DARF ICH MENSCHEN FRAGEN WOHER SIE KOMMEN?

Nicht jeder möchte en Detail Auskunft über seine Herkunft oder Familiengeschichte geben. In einem Kommentar in der Süddeutschen Zeitung schrieb Nicolas Richter dazu: „'Woher kommst du?' ist eine der schönsten Fragen, die es gibt. Sie kann Ausdruck menschlicher Neugier sein, von einem offenen Geist und Herzen zeugen, kann am Anfang einer Bekanntschaft, einer Beziehung stehen. Wer einen Fremden trifft, kann damit das Eis brechen. Wer einen anderen Menschen verstehen will, kommt an dieser Frage nicht vorbei. Und wer selbst eine neue Sprache lernt, muss diesen Satz kennen, weil er ihn als Fremder in einem fremden Land selbst oft hören wird. Kaum eine Frage also ist so offen wie diese. Woher kommst du? – darauf gibt es auf dieser Welt unzählige Antworten."[19] Allerdings, so Richter, gäbe es auch unzählige Arten, diese Frage zu stellen. Je nachdem wie wir die Frage stellen, könne sie Offenheit und Interesse ausdrücken, aber auch Taktlosigkeit, Kontrollwahn und sogar Rassismus.

Wenn Sie also die Frage nach der Herkunft eines Menschen stellen, zeigen Sie Feingefühl, um nicht ausgrenzend oder geringschätzend zu erscheinen. Fragen nach meinem Migrationshintergrund werde ich weiterhin gern beantworten. Ich empfinde die Frage in den meisten Fällen nicht als ausgrenzend. Auch ich werde als Weltbürgerin weiterhin fragen, woher jemand kommt, weil ich daran interessiert bin, ob jemand in Hamburg, München, Los Angeles oder Amsterdam zu Hause ist. Menschen, die sehr viel gereist sind, werden mir zustimmen: Aus diesem Interesse ergeben sich immer wieder interessante Gespräche, die zur Verständigung beitragen und sogar zu Freundschaften führen.

Wenn einem Menschen aber das Deutschsein abgesprochen wird, weil er anders aussieht, sind Fragen nach der Herkunft nicht nur unhöflich, sondern rassistisch und damit indiskutabel.[20] Was können wir also alle zusammen tun? Respektieren wir die emotionalen Grenzen von Menschen anderer Kulturkreise. Zeigen wir liebenswertes Interesse, doch seien wir dabei behutsam. Wundern wir uns, staunen wir, fragen wir, aber Ziel sollte nicht neugieriges Ausfragen sein.

KOMMUNIKATION

Haben Sie für jeden ein freundliches Wort übrig!

„Zwei Kugeln Stracciatella bitte!" „Gerne! Ich schenke Ihnen eine dritte Kugel!" „Das ist aber nett, vielen Dank! Dann nehme ich Schokolade." „Verrätst du mir bitte, wie du das machst? Ich bekomme nie eine Kugel geschenkt", sagte daraufhin meine Begleitung. Ich antwortete: „Vielleicht lächelst du nie die Eisverkäuferin an, sondern kommunizierst lieber mit dem Zitroneneis."

In Eisdielen lässt sich das Blick- und Kommunikationsverhalten der Kunden gut beobachten. Achten Sie mal darauf: Nur wenige schauen das Personal an. Ein Eisverkäufer steht viele Stunden am Tag vor seiner Kühltheke. Natürlich bemerkt er es, wenn ihn zwischen Trüffelkeks und Chunky Toffee plötzlich jemand anlächelt. Oder eine Kundin ein nettes Wort für ihn übrig hat. Unbewusst oder extra taucht er seine Kelle tiefer in die Eiscreme. Denken Sie immer daran: Nett sein macht nicht nur Spaß, es zahlt sich auch aus. Dies nennt sich in den Sozialwissenschaften „Reziprozität", die Gegenseitigkeit des sozialen Austausches. Womit hier gemeint ist: Wer freundlich kommuniziert, darf auch eine dementsprechende Reaktion erwarten.

Nun bekommt der Freundliche nicht nur mehr Eis, wie die österreichischen Wirtschaftswissenschaftler Michael Kirchler und Stefan Palan[22] in einer Studie nachweisen konnten, sondern Freundlichkeit macht unser Leben auch in vielen beruflichen Situationen leichter. Sie hebt die Stimmung in einer Sitzung, weckt Neugier am Telefon, überbrückt Hierarchien und kann Türen zu interessanten Kontakten öffnen, die sonst vielleicht verschlossen geblieben wären. Starren Sie nicht nur auf das, was Sie haben wollen. Beginnen Sie stattdessen damit, andere Menschen durch Ihre Art zu kommunizieren in gute Laune zu versetzen. Überall besteht ein Mangel an Freundlichkeit, und Menschen sind positiv überrascht, wenn Sie nett zu ihnen sind.

Es wäre schön, gäbe es eine bombensichere Erfolgsmethode, wie Kommunikation immer funktioniert. Die gibt es leider nicht. Doch es gibt wirksame Komponenten, die uns dabei helfen können, dass der Umgang miteinander klappt. Neben Freundlichkeit und Respekt ist Zuhören fundamental wichtig – sowohl im Job als auch im Privatleben. Wie essentiell diese Fertigkeit ist, kann gar nicht oft genug betont werden. Gerade in einer Zeit, wo sich unsere Kommunikationskultur durch neue Technologien verändert hat und die Arbeitswelt temporeicher geworden ist, ist es immens wichtig, einander wirklich zuzuhören und interaktionsfähig zu sein. Es ist tatsächlich so: Wer nicht zuhören kann, wird nicht ernst genommen.

Freundlichkeit und Aufmerksamkeit machen sich bezahlt.

Verfeinern Sie die Kunst des richtigen Zuhörens

Ist Ihnen schon mal die Lust an einem Gespräch vergangen, weil Sie das Gefühl hatten, Ihr Gegenüber nimmt gar nicht wahr, was Sie erzählen? Würden Sie von sich selbst behaupten, dass Sie gut zuhören können? Seien Sie ehrlich.

Tatsächlich hören viele Menschen nicht richtig zu, sie lassen sich nicht vollständig auf ein Gespräch ein. Dabei ist das so wichtig für gutes Benehmen. Statt zuzuhören, beurteilen sie vorschnell, was der andere sagt, sind auf ihre eigenen Gedanken fixiert und unterbrechen den Gesprächspartner mit ihrem Rededrang. Einige scheinen sogar bei unseren Erlebnissen dabei gewesen zu sein und erzählen unsere

Geschichten zu Ende. Andere sind Pseudozuhörer oder signalisieren, dass sie etwas blitzschnell verstehen. Sie kommentieren alles mit einem routinierten „Mm, hmmm!", um sich als Schnell-Checker hervorzutun. Machen Sie bitte nicht diese Fehler, wenn Sie Sympathien gewinnen und gewandt auftreten wollen! Aktives Zuhören besteht nicht darin zu demonstrieren, dass Sie Blitzmerker sind. Dadurch fühlt sich der Sprecher womöglich gehetzt. Auch wenn Sie im Job vielleicht beweisen müssen, dass Sie schnell und logisch denken – Sie sollten zeigen können, dass Sie fühlen, was Ihr Gesprächspartner sagt.

Deshalb stellen wirklich gute und höfliche Zuhörer Fragen, um ein Thema zu erfassen und ihr Interesse zu bekunden. Es ist erschreckend, wie wenig Fragen gestellt werden, finden Sie nicht? Wenn Sie den Funken überspringen lassen und ein Verhältnis zu Ihrem Gegenüber aufbauen wollen, stellen Sie also ergebnisoffene Fragen.

SO HÖREN SIE AKTIV ZU

- Zustimmen: „Ja, stimmt!", „Hm, verstehe!", „Ich kann Sie verstehen", „Da gebe ich Ihnen recht"
- Konstruktiv nachfragen: „Erklären Sie bitte noch einmal genauer, wie Sie sich das vorstellen?" „Ich höre da heraus ... ist das richtig?"
- Sicherheit geben: „Tolle Geschichte!" „Hochinteressantes Thema!" „Spannend!"
- Die eigene Meinung zunächst zurückstellen
- Den anderen ausreden lassen, nicht dazwischenreden oder übergehen
- Aufmerksamkeit schenken durch Nicken, Blickkontakt und Körperhaltung

So werden Sie besser verstanden

Gerade im Berufsleben ist es manchmal unerlässlich, klare Worte zu finden und ohne Umschweife direkt zum Punkt zu kommen. Um besser verstanden zu werden und Missverständnisse zu verhindern, formulierte der britische Philosoph Paul Grice (1913–1988) das „Kooperationsprinzip". Es lautet: „Gestalte deinen Gesprächsbeitrag so, dass er dem anerkannten Zweck dient, den du gerade zusammen mit deinen Kommunikationspartnern verfolgst."[23] Hierfür stellte er vier Konversations-Maximen auf, die eine Vereinbarung zwischen den Gesprächspartnern darstellen und garantieren sollen, sich besser zu verstehen:

1. „Maxime der Quantität: Sage genug, damit dich dein Gegenüber verseht, aber nicht mehr als nötig, sonst stiftest du Verwirrung.
2. Maxime der Qualität: Sage die Wahrheit, spekuliere nicht, verleite dein Gegenüber nicht dazu, etwas anderes zu glauben.
3. Maxime der Relevanz: Sage nichts, was nichts zur Sache tut, wechsle nicht das Thema.
4. Maxime des Stils: Vermeide Unklarheit, Mehrdeutigkeit, Weitschweifigkeit, Sprunghaftigkeit, und halte dich an eine logische Abfolge."[24]

Paul Grice fasst diese vier Punkte in einem Satz zusammen: „Sage nur, was informativ, wahr und themenbezogen ist, und sage dies klar und deutlich."[25]

Wenn Sie diesem Grundsatz folgen, zeigen Sie nicht nur Haltung und sind höflich, sondern Sie werden garantiert auch besser verstanden.

Extra-Tipp für Fortgeschrittene: Dialoge fließen lassen

Der Begriff „Dialog" geht auf das griechische *diálogos* zurück, das sich wiederum auf die Bestandteile *dia* = „durch" und *logos* = „Wort" zurückführen lässt. Ein Dialog bezeichnet das Fließen von Worten bzw. von Sinn über das Zwiegespräch. Ein Dialog ermöglicht es, Ideen, Überzeugungen, Annahmen und Gefühlen anderer Menschen auf den Grund zu gehen. Nach Sokrates geht es dabei „um das direkte

Gespräch, in dem das Wissen des Gesprächspartners an die Oberfläche zu holen ist“[26].

Hier wird deutlich, welches Potenzial in Dialogen steckt. Welche Chancen – die wir auch vergeuden können. Nämlich dann, wenn wir einen Dialog nicht fließen lassen, sondern mit Floskeln kontern wie „Darum sage ich immer: Vertrauen ist gut, Kontrolle ist besser“ oder „Darum sage ich immer: regelmäßig ein Back-up machen“. Mit solchen Allgemeinplätzen würgen wir einen lebendigen Dialog ab, wiederholen nur Bekanntes und sind wenig progressiv.

> Ohne Vorurteile die Ideen und Gedanken von anderen erkunden. Das ist Dialog.

Befassen Sie sich mit den Ideen des anderen, statt immer nur Ihre eigenen Sichtweisen zu wiederholen oder sich trotzig auf Ihre Position zurückzuziehen. So haben Sie die Chance auf echten Austausch, den Ihnen eine fließende Unterhaltung bieten kann. Treten Sie vorurteilsfrei, tolerant und ohne den Zwang, sich einig zu werden, in Dialog mit anderen. Gerade in Zeiten von massiven Abwertungen anderer Menschen auf Online-Plattformen ist diese Kunst gefragter denn je.

Bei vertraulichen Gesprächen suchen Sie sich einen passenden Ort. So müssen Sie nicht unhöflich verstummen, wenn andere in das Zimmer treten.

Höflich widersprechen

Manchmal haben unsere Gesprächspartner eine andere Meinung als wir. Und das ist auch gut so. Doch wie können Sie höflich widersprechen, ohne pampig zu klingen oder einen Eiertanz hinzulegen? Machen Sie es sich damit nicht zu schwer, zeigen Sie einfach, dass Sie die Sichtweise oder Meinung des anderen verstehen und ihn ernst nehmen. Formulieren Sie positiv, ohne Geringschätzung, so schaffen Sie eine Basis für eine Lösung. Es hilft, wenn Sie sich entschuldigen, bevor Sie Ihren Widerspruch präsentieren und Ihre Position verteidigen. So wirken Sie nicht nur professionell, sondern vermeiden auch Streit. Hier einige Beispiele, wie Sie Ihren Widerspruch formulieren können:

- Es tut mir leid, aber da kann ich Ihnen nicht zustimmen ...
- Ich respektiere Ihren Punkt, doch aus meiner Perspektive ...
- Ich sehe es etwas anders ...
- Ich verstehe, wie Sie sich fühlen, aber ...

Um effektiv und lösungsorientiert zu argumentieren, bieten Sie im nächsten Schritt eine Alternative an oder machen Sie einen Vorschlag. Sie könnten sagen:

- Mein Vorschlag wäre, dass wir ...
- Ich glaube, anstatt ... könnten wir ....
- Was halten Sie davon, wenn wir ...

Wenig hilfreich ist es hingegen, wenn Sie versuchen sich durchzusetzen und rechthaberisch auf Ihrer Position beharren. Auch schmollen, beleidigend werden oder weglaufen ist kein guter Stil. Allerdings gebe ich zu, dass ich großes Verständnis für jeden habe, der auch mal überkocht, einen Wutausbruch hat oder aus dem Raum stürmt. Emotionen sind menschlich. Ohne sie wäre es ja auch langweilig.

FREUNDLICH UND CHARMANT DIE MEINUNG VERPACKEN

Sie können Ihre gegenteilige Meinung schroff oder freundlich äußern. Sie wissen sicher selbst, welche Version bei Ihrem Gegenüber besser ankommen wird. Hier drei Beispiele, wie Sie Ihre Meinung charmant verpacken können.

Schroff: „Sie haben mich falsch verstanden!"
Freundlich: „Ich habe mich nicht klar ausgedrückt."

Schroff: „So ein Blödsinn!"
Freundlich: „Ich bin gerade etwas verwirrt."

Schroff: „Woher soll ich das wissen?"
Freundlich: „Dazu habe ich leider aktuell keine Informationen."

Danke: Das wichtigste Wort der Welt

In dem kleinen Wörtchen „Danke!" steckt enorme Kraft. „Danke" ist ein Zauberwort, das wir für jeden übrig haben sollten und das uns leicht über die Lippen kommen sollte. Es erfreut nicht nur den Empfänger, sondern ist auch eine Frage des Anstands. Wenn Sie sich bedanken, erkennen Sie an, was andere für Sie getan haben. Gratulieren Ihnen Freunde zum Firmenjubiläum? Macht die hilfsbereite Sprechstundenhilfe einen Termin für Sie möglich? Denkt jemand zu Weihnachten an Sie? Schenkt Ihnen ein Mitarbeiter zum Abschied ein Olivenbäumchen? Hilft Ihnen eine Unbekannte mit Ihrem Kinderwagen, als Sie in den Zug einsteigen? Für diese Situationen gibt es viele Möglichkeiten, aufrichtig Danke zu sagen.

Danke dir! Danke euch! Ich danke Ihnen! Danke vielmals! Danke schön!

Danke zu sagen heißt, ein nettes Wort für andere zu finden. So mancher unterschätzt die positive Wirkung, die ein Dankeschön haben kann. Dankbar zu sein bedeutet, sich über eine selbstlose Geste, ein Geschenk, den nicht selbstverständlichen Einsatz eines Menschen oder einen besonderen Moment zu freuen und den Wert zu schätzen.

Denkt beispielsweise eine Mitarbeiterin daran, dass Sie WLAN und Strom für Ihren Vortrag benötigen, und hat alles vorbereitet, könnten Sie sagen: „Sie sind klasse. Tausend Dank, dass Sie mitdenken! Mit Ihnen möchte ich für alle Zeiten zusammenarbeiten." Bemerkt ein Mitreisender, dass Sie ein Taschentuch brauchen und gibt Ihnen spontan eines von seinen, sagen Sie: „Danke, das ist nett, Sie sind sehr aufmerksam." Erhalten Sie von einer Unbekannten auf einer Veranstaltung spontan ein Kompliment, können Sie antworten: „Herzlichen Dank! Sie haben meinen Tag gerettet!" Überrascht Ihre Kollegin Sie mit einem doppelten Espresso, sagen Sie: „Das ist eine fabelhafte Idee. Der kommt genau richtig. Danke, dass du an mich gedacht hast!"

> Sich zu bedanken heißt auch, Mühe anzuerkennen und wertzuschätzen, was andere für uns getan haben.

Hat ein Freund für Sie seine Pläne verschoben, um Ihnen bei einem Projekt zu helfen, sagen Sie: „Du bist der Beste! Ich danke dir, dass du mir geholfen hast. Nächstes Mal helfe ich dir!"

In beruflichen Situationen ist häufig eine formellere Sprache gefragt. Wenn Sie einen offiziellen Vortrag in einem festlichen Ambiente halten, ist ein „Hey Leute, danke!" nicht unbedingt passend. Es sei denn, es ist eine eher lockere Gesellschaft. Wenn Sie sich bei jemandem bedanken wollen, der Sie auf einen wichtigen aktuellen Artikel aufmerksam gemacht hat, der perfekt zu dem Vortrag passt, den Sie gerade vorbereiten, könnten Sie Stil zeigen, indem Sie sagen: „Ich bedanke mich von Herzen für deine Inspiration und Unterstützung! Wie kann ich mich dafür bei dir revanchieren?" Vielleicht möchten Sie am Jahresende Ihren Kunden, Dienstleistern und Geschäftspartnern danken. Das ginge beispielsweise so: „Wir bedanken uns herzlich für die vertrauensvolle Zusammenarbeit und freuen uns schon auf den Start unseres neuen, gemeinsamen Projekts."

> „Der größte Killer der Dankbarkeit ist die Selbstverständlichkeit."
> *Hubert Joost*

Ein Geschäftspartner verschafft Ihnen einen Auftrag? Dann könnten Sie schreiben: „Ich bedanke mich für Ihre Hilfe. Sie sollten wissen, dass ich dies sehr zu schätzen weiß und nicht vergessen werde."

Haben Sie geheiratet, so könnten Sie Ihren Gästen mitteilen. „Briefe, Blumen, Geschenke und persönliche Worte haben unsere Hochzeit zu einem unvergesslichen Tag werden lassen. Wir bedanken uns herzlich."

Auch wenn unser Leben immer formloser und schneller wird. Nehmen Sie sich die Zeit, sich zu bedanken. Lassen Sie dabei ein „Danke" nie nackt dastehen, schmücken Sie es immer ein wenig aus und nennen Sie den Grund Ihres Danks. Das macht einen guten Eindruck und verbindet Sie mit Ihrem Gegenüber.

Erlauben Sie sich Variationen in Ihrer Sprache

Alles ist heute „super!“. Die Reise war super, das neue Kleid ist super, die Pizza, Weihnachten und der neue Freund auch. Super toll! Dabei bietet die deutsche Sprache einen kostbaren Schatz an Wörtern, die unser Herz höher schlagen lassen. Etwas kann fesselnd, anregend, elegant, glamourös, geschmeidig, faszinierend, bunt oder ein Blickfang sein. Nicht jeder von uns ist ein Sprachkünstler, doch wir sollten uns alle mehr Phantasie erlauben und nach Variationen suchen, um nicht langweilig zu klingen. „Da nicht für“ als Antwort auf einen Dank ist öde. „Das habe ich gern getan“ klingt schon ganz anders, oder?

Bringen Sie Abwechslung in Ihre Alltagssprache. Warum nicht mal unkonventionelle Wörter hervorkramen und zu neuer Blüte verhelfen? Die Redenschreiberin Nicola Karnick bricht in ihrem wunderbaren Blogbeitrag „Verblühe Wörter“ eine Lanze dafür.[27] Also weg mit zu viel „krass“ und „mega“! Her mit „vorzüglich“, „vortrefflich“, „famos“ „fabelhaft“, „phänomenal“, „hilfreich“, „lebendig“, „lustig“, „raffiniert“ und „mittelwitzig“!

Viele Unternehmen arbeiten inzwischen mit Richtlinien für ihre Unternehmenssprache, an die sich jeder Mitarbeiter halten muss. Dieser Sprach-Knigge soll nicht nur für einen einheitlichen Marken-Auftritt sorgen, sondern auch für gute Stimmung. Beim Technologieunternehmen Apple, das den Mythos perfekter Produkte pflegt, werden Mitarbeiter dazu angehalten, im Kundengespräch kritische Reizwörter wie „Problem“ oder „Absturz“ zu vermeiden und dafür Umschreibungen zu verwenden. Durch eine einfühlsame, empathische Sprache sollen die Kunden positiv beeinflusst und glücklich gemacht werden.[28]

Vermeiden Sie nichtssagende Wörter

Sprache sollte gut klingen und herzlich wirken. Vermeiden Sie deshalb auch eine blutleere, stumpfe Beratersprache. Mit Begriffen wie „Struktur“ oder „Prozess“ reißen Sie niemanden vom Hocker, sondern lullen Ihre Zuhörer allenfalls ein. Streichen Sie auch „ehrlich gesagt“ aus

Ihrem Wortschatz. Sagen Sie besser: „Offen gestanden" oder auch „meine Antwort wird Ihnen nicht gefallen". Alternativ könnten Sie bei unangenehmen Dingen auch fragen: „Darf ich offen zu Ihnen sein?" oder „Darf ich offen mit Ihnen sprechen?" Löschen Sie das Füllwort „sozusagen". Es sagt nichts, genauso wenig wie „praktisch". Weg damit! Wenn Sie von sich sprechen, haben Sie den Mut, „ich" zu sagen. Sagen Sie nicht distanziert „man". „Man müsste mal wieder ..." Kommen Sie aus der Deckung. Werden Sie konkret.

Entrümpeln Sie Ihren Wortschatz. Füllwörter, nichtssagende Begriffe können weg.

Achten Sie auf Ihre Wortwahl. Mit Sprache können wir Menschen beleidigen, diskriminieren und verletzen. Fremden- und frauenfeindliche Sprüche oder sexistisches Vokabular sind ein absolutes No-Go. Der gute Eindruck ist auch dahin, wenn Sie bei einem Empfang nach dem „Klo", „Lokus" oder der „Porzellanabteilung" fragen. Besser: „Bad" oder „Waschraum". Eine derbe, rohe Sprache ist selten klangschön. Hochgestochenes Schwurbeldeutsch aber auch nicht. Manchmal sind einfache, alltagssprachliche Worte am besten, um anderen Menschen etwas zu veranschaulichen. Super, oder?

„Hörn se mal!" – Deutlich sprechen

Redetempo und Lautstärke bestimmen, wie kompetent wir wirken. In Seminaren erlebe ich immer wieder Schnellsprecher, Flüsterer oder Teilnehmer, die undeutlich sprechen. Das kostet die Zuhörer viel Energie und kommt nicht gut an. Wenn Sie nicht monoton klingen wollen, wählen Sie ein angemessenes Sprechtempo. Setzen Sie Pausen ein, so erhöhen Sie die Spannung. Achten Sie beim Sprechen darauf, keine Silben zu verschlucken, wie bei „Ham se das?". Sprechen Sie bewusst und bedeutungsvoll. Es klingt weniger hingerüpelt und freundlicher. Wechseln Sie das Redetempo und die Lautstärke, so als wären Sie begeistert von dem, was Sie sagen. Jeder hört gern jemandem zu, der in enthusiastischem Tonfall von etwas redet.

Wie Ihr Körper kommuniziert

Der eine verschränkt die Arme. Der andere gestikuliert wild. Ein weiterer zeigt ein Pokerface, schwer zu deuten, was er denkt. Der nächste steht selbstbewusst und sicher da. Und ein weiterer bewegt sich automatenhaft. Wir alle kommunizieren unterschiedlich, doch wir alle möchten richtig verstanden werden.

Fest steht: Unsere Körpersprache und Mimik strahlt eine bestimmte Energie aus, die uns vorstellt, bevor wir überhaupt sprechen. Unser Körper transportiert nach außen, was im Inneren ist, sagen die Experten für Körpersprache. Wenn wir also einen Raum am liebsten verlassen würden, wird unser Körper diesen inneren Drang verraten. Wir werden unruhig und schauen öfter zum Ausgang. Bei der Deutung kommt es natürlich immer auf das Zusammenspiel aller Signale und auf den Kontext an. Es gibt zu viele Variablen, als dass Körpersprache immer einfach und eindeutig zu decodieren wäre.

> Unsere Körperhaltung und Mimik verrät viel über uns, noch bevor wir ein Wort gesagt haben.

Dennoch gibt es verschiedene hilfreiche Anhaltspunkte, die es uns erlauben, die Körpersprache zu deuten. Im Folgenden gebe ich Ihnen einige Tipps, die Ihnen bei der Reflexion Ihres eigenen stilvollen, körpersprachlichen Auftretens helfen sollen.

Körperhaltung

Ihre Körperhaltung bestimmt Ihre gesamte Erscheinung und ist ein wichtiges Signal für andere. Ist sie wertschätzend, gerade und offen, machen Sie es anderen leicht, Ihnen zu begegnen. Was wissen Sie über Ihre Körperhaltung? Stehen, sitzen und gehen Sie aufrecht und selbstbewusst? Zappeln Sie viel herum? Verschränken Sie oft Ihre Arme?

Der Pantomime und Experte für Körpersprache Samy Molcho sagt: „Das Misstrauen gegenüber der Welt führt zur Unbeweglichkeit des Körpers und Geistes. Gewöhne ich mich bewusst an offene

Bewegungen, gewinne ich eine größere Freiheit des Denkens. Offene Bewegungen machen empfangsbereit für die Informationen, die nur die Umwelt anbietet. Geschlossene Bewegungen schotten mich von der Welt ab.“[29]

Wenn Sie sich eine aufrechte Haltung wünschen, stellen Sie sich eine Eins vor, die durch Ihren Körper geht und an der Sie sich aufrichten. Tun Sie das immer, wenn Sie sich bei einer schlechten Körperhaltung ertappen. Ein wirkungsvoller Tipp fürs nächste Meeting: Wenden Sie stets Ihren ganzen Oberkörper zum jeweils Sprechenden hin, statt nur ihren Kopf zu drehen. So wird der Sprecher bei Ihnen „ankern“ und den Blickkontakt zu Ihnen suchen.

Arme und Hände

Ist Ihnen klar, dass Sie Ihre Persönlichkeit verstecken, wenn Sie Ihre Hände nicht zeigen oder sich keine Gesten erlauben? Mit einer einladenden, lebendigen Gestik vermitteln Sie, dass Sie anderen Menschen Freundlichkeit und Offenheit entgegenbringen. Beachten Sie: Mit Aufwärtsbewegungen Ihrer Arme und Hände bringen Sie positive Energie in einen Raum. Abwärtsbewegungen hingegen können abwertend wirken und die Stimmung nach unten drücken. Ihre Gestik sollte insgesamt stimmig sein, zum Thema und auch zu Ihnen passen. Wie tot herabhängende Arme können befremdlich wirken. Achten Sie darauf, Gegenstände, die Sie greifen oder ablegen, beispielsweise einen kostbaren Hut, mit Gefühl „anzufassen“. Wenn Sie alle Dinge mit Respekt und achtsam berühren, gerade auch wenn Sie Ihnen nicht gehören, zeigen Sie damit Wertschätzung.

Bei Vorstellungsgesprächen, in Sitzungen oder beim Date: Setzen Sie Ihre Hände ein! Als positive, selbstbewusste und vertrauenswürdige Handposition gilt, wenn sich die Hände offen und sichtbar vor oder neben dem Körper befinden. Verstecken Sie deshalb in Konferenzen oder bei Verhandlungen Ihre Hände nicht. Legen Sie Ihre Hände lieber ineinander oder leicht gefaltet auf dem Tisch ab. Bei Nervosität oder Unsicherheit nehmen Sie einen Stift in die Hand. Für Auftritte verwenden Sie lieber Kärtchen als Papier, es „flattert" weniger, wenn Sie nervös sind. Bei meinen ersten Moderationen wusste ich das nicht. Ich stand mit tanzendem Papier in meinen zittrigen Händen vor meinem Publikum auf der Bühne und dachte bei mir: ein Königreich für Kartonpapier, das nicht raschelt.

Anständig sitzen

„Uff! Endlich ein Stuhl. Erst mal Platz nehmen, Beine abspreizen und in die bequeme Stuhlrutsche-Position gehen." Das sehe ich sehr oft – ganz unabhängig von Alter, Rang oder Geschlecht. Bitte tun Sie das nicht! Ein Stuhl ist kein Bett und auch kein Sofa. Sitzen Sie in der Öffentlichkeit aufrecht. Liegen Sie auf dem Stuhl, zeigt es, dass Sie es sich gern bequem machen. Elegant und höflich wirken Sie so nicht.

> „Das Es-sich-bequem-Machen ist der eigentliche Todfeind der Manieren."
>
> *Asfa-Wossen Asserate*[30]

Kürzlich saß ich in einem Café und sah am Nebentisch zwei junge Frauen Anfang zwanzig, die ihre Beine auf dem Stuhl abgestellt hatten. Ihre Knie befanden sich über dem Tisch. Ich überlegte, ob ich wohl zu konservativ bin, weil ich das unangemessen fand, und fragte den etwa zwanzigjährigen Mann, der in dem Café bediente, diskret, wie er als Servicekraft das finde. Er lachte und gestand: „Ehrlich gesagt, nicht sehr respektvoll und höflich!"

UNART „MANSPREADING"

- Nimmt ein Mann durch übermäßiges Spreizen seiner Beine viel Platz ein, nennt man es „Manspreading". In einigen Städten gibt es bereits Hinweisschilder in öffentlichen Verkehrsmitteln, nicht übermäßig breitbeinig zu sitzen. Am besten sollte sich niemand breit machen: Jeder bleibt in seinem Revier, egal ob mit Beinen, Einkaufstüten oder Rucksäcken.
- Wenn die Beine nicht übereinandergeschlagen werden, dann gilt als Richtlinie für die richtige Sitzposition, die Beine schulterbreit zu stellen.

Lächeln

Ein Lächeln kann zum Niederknien schön sein, finden Sie nicht auch? Es wirkt attraktiv, anziehend und ist ein Mittel, um soziale Übereinkunft zu erreichen. Eigentlich ist es die stärkste Waffe, die wir Menschen haben. Ein Lächeln zeigt, dass wir keine Angst haben. Mit einem ehrlichen Lächeln können Sie beim anderen etwas verändern, sich miteinander verbinden. Sie zeigen, dass Sie wach sind und klar registrieren, was in Ihrer Umwelt los ist: bei Ihrem Gegenüber und im Raum. Wenn Sie einen enthusiastischen Gesichtsausdruck haben, signalisieren Sie Wohlwollen. Und was gibt es Schöneres als Wohlwollen? Kaum jemand wird widerstehen können, Sie ebenfalls anzulächeln. Mit einem lebendigen Minenspiel können Sie anderen das Gefühl geben, etwas Besonderes zu sein. In dem Film „Magnolien aus Stahl“ sagt die Schauspielerin und Sängerin Dolly Parton sogar: „Ein Lächeln steigert den Wert Ihres Gesichts!“[31]

> Lächeln Sie und die Menschen werden zurücklächeln.

Es geht dabei nicht darum, mit einem falschen Lachen durch die Welt zu laufen. Doch erlauben Sie Ihren Mundwinkeln einfach öfter, nach oben zu gehen, statt Ihre Mimik versteinern zu lassen. Kleben Sie sich mal aus Spaß einen großen Smiley auf Ihren Koffer, wenn Sie das nächste Mal verreisen, und schauen Sie, wer zurücklächelt.

„Wenn Sie Spaß haben, sagen Sie es Ihrem Gesicht!“ – Dieses Zitat entdeckte eine Seminarteilnehmerin in einem Café in Emden und erzählte mir davon. Lächeln ist also auch in Ostfriesland eine Königsdisziplin. Natürlich sollen Sie nicht ab sofort alles mit einem Zahnpastagrinsen weglächeln, nur um ein Sympathieträger zu sein. Wenn Sie am Konferenztisch sitzen, dosieren Sie es. Eine coole Mimik kann durchaus mal angebracht sein. Was nicht heißt, dass Sie jeglichen Charme zu Hause lassen sollten.

Augen- und Blickkontakt

Welche mächtige Wirkung es hat, einander in die Augen zu blicken, zeigte 2010 die Performancekünstlerin Marina Abramovic, als sie im New Yorker Museum of Modern Art elf Wochen lang Tag für Tag auf einem Stuhl saß und nichts anderes tat, als denen in die Augen zu schauen, die ihr gegenüber Platz nahmen. Besucher warteten Stunden für eine Minute Blickkontakt. Die Erfahrung, allein über die Augen einen wortlosen Dialog und eine Verbindung zu einem Menschen aufzubauen, brachte viele zum Weinen. Auch die Künstlerin selbst, vor allem, als ihr plötzlich ihre ehemalige Liebe Ulay gegenübersaß.[32]

Suchen Sie Blickkontakt, schauen Sie den Menschen in die Augen. So fühlen sie sich von Ihnen angesprochen und wahrgenommen. Geben Sie Ihrem Gegenüber nicht das Gefühl, dass Sie bereits an den nächsten Termin denken. Wenn Ihr Blick ausweicht oder nur kurz auffliegt und dann abschweift, können Sie keine Verbindung aufbauen und nicht wirken. Schauen Sie weniger weg und anderen mehr in die Augen. Halten Sie Blickkontakt. Wenn Sie einen freundlichen Blick mit der Kassiererin, dem Schaffner oder einer Kollegin wechseln, auch von weitem, wirken Sie präsent. Ein freundlicher, offener Blick ist ein Beleg für Ihre Aufmerksamkeit, erhöht Ihre Ausstrahlung und stimmt Ihre Mitmenschen und Zuhörer positiv.

> Interessierter Blickkontakt bedeutet nicht, den Gesprächspartner mit starrem Blick zu fixieren. Glotzer nerven!

Nähe und Abstand

Wie weit kann ich mich eigentlich jemandem nähern, ohne sein Distanzbedürfnis zu verletzen? Der amerikanische Anthropologe Edward Twitchell Hall ermittelte Mitte der 1960er-Jahre vier Distanzbereiche, nach denen die meisten Menschen im westeuropäischen Kulturkreis ihr soziales Verhalten ausrichten.[33]

Die intime Distanzzone beträgt 50 Zentimeter. Das entspricht ungefähr dem Abstand um Sie herum, den ein Hula-Hoop-Reifen markiert, in dem Sie stehen. Innerhalb dieser Zone dulden wir problemlos vertraute Personen, wie Freunde, Familie oder den Partner.

Die persönliche Distanzzone umfasst den Radius von einer Armlänge, etwa 60 bis 120 Zentimeter. Es ist die perfekte Distanz für Konversationen und Begrüßungen per Handschlag.

Die soziale Distanzzone liegt bei 1,20 bis 3,60 Metern. Diesen Abstand bringen wir Fremden entgegen, wenn wir zum Beispiel unpersönliche Gespräche führen.

Als öffentliche Distanzzone gilt alles mit einem Abstand von mehr als 4 Metern. Aus dieser Entfernung beobachten wir andere Menschen, hören Vorträgen zu und fühlen uns sicher.

Achten Sie in der Öffentlichkeit darauf, nicht in die Wohlfühlzone von anderen Menschen einzudringen. Entschuldigen Sie sich, wenn sich zum Beispiel im Fahrstuhl, im Bus oder im überfüllten Shoppingcenter eine Berührung nicht vermeiden lässt. Sie zeigen damit, dass Sie wissen, welcher Abstand zu anderen Menschen angebracht ist. Distanzzonen sind wichtig, um sich sicher zu fühlen. Respektieren Sie dieses Bedürfnis und beherzigen Sie die Abstandsregeln.

> Nicht jeder möchte gleich umarmt werden. Beachten und respektieren Sie die Distanzzonen Ihrer Mitmenschen.

Bedenken Sie auch, dass sich die Wahrnehmungen von Nähe und Distanz kulturell stark unterscheiden. So kann in anderen Ländern die intime Distanzzone deutlich größer sein – oder auch kleiner.

Noch ein ganz praktischer Tipp: Wenn Sie an der Supermarktkasse so dicht hinter jemandem stehen, dass Sie ihm in das Portemonnaie schauen können, stimmt Ihr Abstand nicht.

GUTE TEXTE

Moderne schriftliche Korrespondenz

Die E-Mail ist das am weitesten verbreitete Kommunikationsmittel. Täglich werden weltweit über 347 Milliarden Mails verschickt. Im Jahr 2020 waren es noch 306,4 Milliarden – und bis 2025 wird die Zahl der Emails auf mehr als 376 Milliarden täglich anwachsen.[34] Wer gute und höfliche E-Mails verfassen kann, ist im Vorteil. Freundlich und adressatengerecht schreiben zu können ist eine Fähigkeit, die leider oft unterschätzt wird. Dabei ist sie so wichtig für das berufliche Image und den Erfolg. Die Unternehmerin Tina Roth Eisenhardt, Initiatorin von monatlichen Frühstücksvorträgen für Kreative auf der ganzen Welt (www.creativemornings.com), schrieb bei Twitter, sie vermittele ihrer Tochter, dass die Hälfte des beruflichen Erfolges darauf beruhe, wirklich gute E-Mails schreiben zu können: präzise, klar und auf den Punkt formuliert, freundlich und respektvoll im Ton.[35]

> E-Mails sind Briefe in digitaler Form. Dessen sollten Sie sich beim Schreiben bewusst sein.

Manchmal darf es natürlich auch witzig sein. Ein Biologieprofessor schrieb meinem ehemaligen Chef eine E-Mail und beschwerte sich über etwas. Es ging eine Weile hin und her. Schließlich beendete mein Chef den Schriftwechsel so: „Um bei der Biologie zu bleiben: Sie sind ein toller Hecht!“ Da der Professor auch Humor hatte, war die Sache geklärt.

Wenn Sie sich bei Ihrer schriftlichen Korrespondenz mit Geschäftspartnern und Kollegen Mühe geben, machen Sie einen professionellen Eindruck. Menschen möchten sich geachtet und respektiert fühlen. Auch wenn Sie in Kleinanzeigen-Portalen unterwegs sind, kann es Ihnen helfen, den Zuschlag zu bekommen, wenn Sie den Schriftverkehr angenehm und höflich gestalten. Wollen Sie wissen, wie Sie mehr aus Ihren E-Mails machen können? Dann lesen Sie weiter!

Digitale Etikette – E-Mails schreiben, die gelesen werden

Was Sie beim Verfassen von E-Mails immer berücksichtigen sollten: Die Menschen bekommen heutzutage Massen digitaler Post und die Mails werden meistens auf dem kleinen Display von Smartphones gelesen und nicht am Bildschirm. Die Empfänger scannen und überfliegen den Text, deshalb muss er kürzer, präziser und strukturierter sein als früher, wo noch nicht alle ein Smartphone hatten. Sonst sind Ihre Leser weg oder antworten Ihnen nicht.

Was bedeutet das konkret? Machen Sie es Ihren Lesern leicht, Ihre Mails zu scannen. Anstatt jede Menge Text zu liefern, der zu einer großen Bleiwüste wird, bieten Sie visuelle Hilfe an. Verwenden Sie Aufzählungen, fetten oder kursiven Text und Überschriften, an denen sich das Auge orientieren kann. Folgende Hilfsmittel können Sie für eine bessere Gestaltung einsetzen:

- Hervorgehobene Schlüsselwörter
- Sinnvolle Zwischenüberschriften (z. B. bei der Planung von Events: „Ihre Anreise", „Das Catering", „Die Technik")
- Gliederungen, z. B. Listen mit Aufzählungszeichen
- Eine Idee oder Kernbotschaft pro Absatz
- Verständlichkeit
- Kürze

Schauen wir uns jetzt einige Regeln an, denen Sie folgen sollten, wenn Sie möchten, dass auch sehr beschäftige Menschen Ihre Mails lesen und beantworten.

Welchen Umfang sollte eine E-Mail haben?

Was nicht in fünf Sätze passt, gehört nicht in E-Mails, so lautet die Fünf-Sätze-Regel des Webdesigners Mike Davidson. Er legte im Jahr 2007 die Website http://five.sentenc.es an, die diesen Kommunikationskodex erklärt. Nach dieser Richtlinie gilt jeder Satz zu viel als Zeitverschwendung. Die Vorteile dieser Regel: Sie können E-Mails schnell beantworten, reduzieren den Inhalt Ihrer Nachrichten auf das Wesentliche, Empfänger können Ihre Nachrichten schneller lesen.

Auch Apple-Mitbegründer Steve Jobs war ein Fan von kurzen Mails. Der Blog https://stevemail.tumblr.com belegt das eindrucksvoll. Leider können so gestraffte E-Mails unpersönlich wirken. Entscheiden Sie selbst, ob Sie sich an diese Fünf-Sätze-Regel halten möchten oder nicht. Fest steht: Die E-Mail-Flut überfordert viele Menschen. Geschäftliche E-Mails sollten deshalb schnell auf den Punkt kommen und Inhalte klar und effizient übermitteln. Idealerweise kann der Leser die komplette Nachricht auf seinem Laptopbildschirm sehen, ohne dass er nach unten scrollen muss. Komplexere Zusammenhänge sollten Sie am Telefon oder persönlich klären.

> Als Beileidsschreiben ist eine E-Mail nicht sehr gut geeignet.

Die Betreffzeile

Die Betreffzeile sieht der Empfänger zuerst. Versuchen Sie den Betreff interessant und aussagekräftig zu formulieren. Der Adressat möchte auf einen Blick Thema und Dringlichkeit einer Nachricht einschätzen können, deshalb ist es hilfreich, wenn sich der Kern Ihrer Mail hier widerspiegelt. Auch Effizienz in der Kommunikation ist eine Frage der

Höflichkeit. Bringen Sie Ihr Anliegen gut und schnell verständlich auf den Punkt. So steigt die Chance, dass Ihre E-Mail als lesenswert eingestuft wird. Personalisieren Sie Ihren Betreff. Setzen Sie die wichtigsten Informationen an den Anfang. Wecken Sie Neugier und bieten Sie Exklusivität an. Vermeiden Sie Spam-Trigger im Betreff und entrümpeln Sie Rattenschwanz-Betreffzeilen wie „Fw: Re: Re: Re: Fw: Fw: Re: Wie Sie den Betreff bereinigen“.

- Nicht gut: Am 21. Mai Seminar „Die Kunst, freundlich zu sein“, exklusiv
- Gut: Exklusiv-Seminar „Die Kunst, freundlich zu sein“ am 21. Mai

Die richtige Anrede

Mit einer korrekten Anrede zeigen Sie Wertschätzung und sorgen beim Empfänger für gute Laune. Wie Sie jemanden anschreiben hängt davon ab, wie gut Sie die Person kennen. Je vertrauter Ihnen der Adressat ist, desto kreativer und lockerer können Sie werden. Duzen Sie nur Personen, die Sie auch vis-a-vis duzen würden. Enge Kollegen können Sie informell mit „Hey“, „Hi“ oder regionalen Grüßen wie „Moin“ oder „Servus“ anschreiben. Auch die saloppe Anrede „Hallo“ eignet sich zwischen Gleichrangigen, Gleichaltrigen und Kollegen, mit denen man per Du ist, bzw. in lockeren Kreisen. Für Geschäftspartner oder Kunden wären diese Einstiege eher unpassend.

Mit der klassischen Anrede „Sehr geehrte Frau Fröhlich“ machen Sie bei einem Erstkontakt nichts falsch. Ewas informeller, aber ebenfalls höflich und gebräuchlich ist „Guten Tag Frau Fröhlich“. Vertrauter und im lockeren Kontakt üblich ist die Anrede „Liebe Frau Fröhlich“. Verwenden Sie im Erstkontakt am besten „Sehr geehrte/r“ in einem konservativen Umfeld und steigen dann um auf „Liebe/r ...“, wenn Sie sich bereits mehrmals geschrieben haben.

Die richtige Anrede bei mehr als einem Empfänger

Bei zwei Empfängern einer E-Mail gilt für die Reihenfolge der Namensnennung im privaten Umfeld die Regel: Damen vor Herren, Ältere vor Jüngeren. Im beruflichen Umfeld wird die ranghöhere Person zuerst genannt.

Gibt es mehrere Empfänger, haben Sie verschiedene Möglichkeiten: Sie sprechen nur Ihren Hauptansprechpartner an, die anderen Adressaten setzen Sie in Kopie. Sind alle Empfänger gleichermaßen wichtig, ist das jedoch nicht möglich. In diesem Fall sprechen Sie die Empfänger als Gruppe an, zum Beispiel „Liebe Kolleginnen, liebe Kollegen" oder „Liebe Workshop-Teilnehmerinnen, Liebe Workshop-Teilnehmer" oder auch „Liebes Projektteam" oder „Sehr geehrte Verbandsmitglieder".

THEMA „GENDERSENSIBILITÄT": KOMPLEX UND POLARISIEREND

- Für die Befürworter einer gendersensiblen Sprache ist es nur fair, eine geschlechtergerechte Sprache zu verwenden, die Vielfalt sichtbar macht und niemanden diskriminiert. Für die Gegner leidet die Lesbarkeit. Doch mehr und mehr Menschen zeigen sich heute aufgeschlossen gegenüber einer gendersensiblen Sprache. Auch eine steigende Zahl von Unternehmen entscheidet sich dafür, sie in Wort und Bild abzubilden. Ich möchte Sie dazu ermuntern, sich näher mit der Verwendung einer geschlechtergerechten Sprache zu beschäftigen, falls Sie es nicht sowieso schon tun. Hier einige Tipps, wo Sie sich ausführlich informieren können:
- Eine ehrenamtlich betriebene Webseite, die Ihnen hilft, gendergerechte Texte zu verfassen, ist „Geschickt gendern – das Genderwörterbuch" von Johanna Usinger: https://geschicktgendern.de.
- Auf dem vom Bundesministerium für Familie, Senioren, Frauen und Jugend geförderten Portal www.genderleicht.de finden Sie nützliche Tipps und Tools, wie Sie diskriminierungsfrei schreiben und sprechen.

- Den Standpunkt der Gesellschaft für Deutsche Sprache (GfdS) zu einer geschlechtergerechten Sprache finden Sie hier: https://gfds.de (Suchbegriff: „gendergerechte Sprache").
- Meinungsbeiträge und vier unterschiedliche Standpunkte zur Debatte „Sprache und Geschlecht" finden Sie bei der Bundeszentrale für politische Bildung (bpb): http://m.bpb.de (Suchbegriff: „Debatte: Sprache und Geschlecht").

Umgang mit akademischen Graden, Amtsbezeichnungen und Titeln

In Deutschland werden akademische Titel erst ab dem Doktor angeführt. Besitzt jemand mehrere Grade, wählen Sie für die schriftliche Anrede in der Mail nur den höchsten akademischen Grad. Bei der Anschrift auf dem Briefumschlag nennen Sie alle Titel.

- Anrede: „Sehr geehrter Herr Professor Lau"
- Briefumschlag: „Herrn Prof. Dr. Michael Lau"

Den Doktortitel kürzen Sie in der schriftlichen Anrede mit „Dr." ab, „Professor" schreiben Sie aus. So heißt es „Sehr geehrter Herr Dr. Müller" oder „Sehr geehrte Frau Professorin Schmidt". Wer sich weiter in das Thema vertiefen möchte: Im Protokoll-Ratgeber des Innenministeriums finden Sie alle denkbaren Fälle zu Anschriften und Anreden aufgeführt.[36]

So klingt die Schlussformel gut

Die Schlussformel spiegelt Ihr Verhältnis zum Empfänger wider, weshalb Sie vorsichtig sein sollten mit unpersönlichen Standardfloskeln, die mit der Signatur verknüpft sind und automatisch unter dem Text stehen. Ich rate Ihnen davon ab – vor allem bei privaten Mails. Es signalisiert, dass Sie sich keine Zeit für einen individuellen Gruß nehmen.

Bei der Gestaltung von Grußformeln kommt es darauf an, ob es sich um offizielle Schreiben handelt oder ob Sie eine persönliche Beziehung zum Empfänger haben.

Die klassische Grußformel beim Erstkontakt lautet „Mit freundlichen Grüßen“ oder etwas zeitgemäßer „Freundliche Grüße“. Eine gute Variante sind „Beste Grüße“. Beim wiederholten Kontakt sind auch „Viele Grüße“ passend. Hat sich eine herzliche, persönliche Verbindung aufgebaut, sind „Herzliche Grüße“ nett. Für neue Kontakte ist diese Grußformel nicht geeignet, weil sie zu vertraulich wirken könnte. Auch „Liebe Grüße“ sind schon etwas persönlicher. Sie bieten sich erst an, wenn Sie bereits zusammengearbeitet haben. „Grüße nach Hamburg“ oder „Grüße aus Bremen“ sind nicht verkehrt. Stellen Sie am besten zunächst den Ort des Empfängers in den Fokus.

Sie dürfen auch Grüße mit Hinweisen auf das Wetter senden, also zum Beispiel „Sonnige Grüße aus Berlin“ oder „Herzliche Grüße aus dem frühlingshaften München“. Ihre E-Mail wirkt so weniger geschäftlich und vermittelt mehr Wärme. Eine schöne Variante ist „Herzlichst“ und der Name. Einen guten letzten Eindruck hinterlassen Sie, wenn Sie E-Mails mit einem netten Wunsch abschließen. Also: „Ein schönes Wochenende!“ Oder: „Für Sie alles Gute und weiterhin viel Erfolg!“ Der Wunsch sollte vor die Grußformel gesetzt werden.

Die E-Mail-Signatur steht am Ende des Textes unter der Grußformel und enthält die Kontaktdaten des Absenders.

Eine Unsitte in offizieller Korrespondenz sind Abkürzungen wie „MfG“, „LG“ oder „VG“. Diese Kürzel dürfen Sie bei eiligen Terminabsprachen via SMS nutzen, in einer E-Mail wirken sie aber nicht wertschätzend. Altmodisch und out ist „Hochachtungsvoll“. Grüße im Singular, wie „Mit freundlichem Gruß“, eignen sich eher für Mahnbriefe.

E-MAIL-SIGNATUR

Mit diesen kostenlosen Service-Portalen erstellen Sie im Handumdrehen eine professionelle E-Mail-Signatur:

- https://www.hubspot.de/email-signature-generator
- https://www.wisestamp.com/de
- https://free-email-signature.exclaimer.com

Das richtige Timing

Wir leben im Zeitalter von Echtzeitkommunikation. Antworten Sie zeitnah. Es empfiehlt sich, innerhalb von 24 Stunden nach dem Eingang einer E-Mail darauf zu reagieren. Sie zeigen damit nicht nur Stil, sondern auch, dass Sie Ihr Zeitmanagement im Griff haben.

Leserorientiert schreiben

Leserorientiert zu schreiben bedeutet, Sie denken mit. Sie werden exzellent schreiben, wenn Sie sich auf Ihren Leser fokussieren: auf das „Du", nicht auf das „ich". Es mag hart klingen, aber niemand interessiert sich direkt für Ihr Geschäft, Ihre Produkte oder Dienstleistungen. Die Menschen interessiert vielmehr, ob Sie ihnen helfen können, ihr Leben zu verbessern. Beschreiben Sie deshalb nicht, wie großartig Sie und Ihr Angebot sind. Beschreiben Sie, welche Vorteile für den Empfänger drin sind. Schlüpfen Sie in seine Rolle. Fragen Sie sich, welche Informationen er von Ihnen wirklich braucht. Bürden Sie nicht Ihrem Leser die ganze Kommunikationsarbeit auf, wie nachstehende Interessentin: „Hi Frau Meyer. Ich würde gern mal ein Seminar von Ihnen besuchen. Viele Grüße, Lisa M." Die Interessentin nennt ihren Namen nicht, gibt keine Auskunft darüber, für welches Thema, welchen Ort und welche Zeit sie sich interessiert. Das muss alles erfragt werden.

Denken Sie in Ihren E-Mails mit, minimieren Sie den Aufwand für Ihre Leser und bieten Sie ihm Nutzen an. So wirken Sie professionell und nehmen die andere Seite für sich ein.

Stil-Booster, die Ihre geschäftlichen E-Mails noch besser machen

Grundsätzliche Regeln

Am besten managen Sie Ihre E-Mails, wenn Sie locker bleiben bei dem, was Sie an Nachrichten erhalten, und klassisch bei dem, was Sie selbst versenden. Vermeiden Sie, stets die halbe Firma oder die Großfamilie in Kopie zu setzen. Senden Sie Ihre Mails nur an wirklich relevante Empfänger, die Ihre Nachricht aktiv betrifft. Sie möchten schließlich nicht so wirken, als wollten Sie sich irgendwie absichern oder profilieren. Verzichten Sie auch darauf, eine Lesebestätigung anzufordern. Es könnte Misstrauen oder Kontrolle signalisieren. Ein weiteres Tabu sind Versalien. In E-Mails mit Großbuchstaben zu schreien, gilt in geschäftlicher Korrespondenz als unseriös.

Umgang mit Emojis

Auf Facebook werden täglich mehr als 700 Millionen Emojis eingesetzt.[37] Wir tunen unsere Texte mit Grinse-Smileys, Konfettibomben, angespanntem Bizeps oder Sternschnuppen und drücken so dem Empfänger unsere Gefühle aus. So mancher wünscht sich bereits Emojis als Betreff bei Überweisungen. In der privaten Kommunikation können Emojis durchaus eine Bereicherung sein und Nachrichten einen individuellen Charakter verleihen oder schmücken. Sie helfen manchmal, spricht man nicht die gleiche Sprache. In Ihrer geschäftlichen Korrespondenz sollten Sie Emojis jedoch weglassen, vor allem wenn Sie Ihren Geschäftspartner nicht persönlich kennen. Die Symbole können schon mal einen kindischen oder distanzlosen Eindruck machen. Überdenken Sie auch firmenintern, ob ein Smiley am Ende einer Nachricht wirklich die Funktion eines lustigen Weichzeichners erfüllt: „Liebe Kollegen, fantastisch, dass Sie auch in diesem Jahr zu Weihnachten wieder unbezahlte Überstunden machen. ☺"

> In der geschäftlichen Kommunikation sind Emojis fehl am Platz.

Die Auswahl ist inzwischen riesig, es gibt für jeden Anlass ein Bildchen. Sie haben einen Partyhut als Emoji erhalten und wissen nicht, was er bedeutet? Ich empfehle Ihnen das englischsprachige Online-Nachschlagewerk „Emojipedia", hier finden Sie alle Emojis mit Bedeutung aufgelistet: https://emojipedia.org.

Schreibstil

Kompliziert ist nicht besser. Darum: besser simpel schreiben. Weg mit Bürokratendeutsch, Schachtelsätzen und Fachtermini. Schreiben Sie auch lieber aktiv. Also statt „Um Antwort wird gebeten" besser „Antworten Sie bitte bis ..." Verleihen Sie Ihrem Text mit Satzzeichen Abwechslung, Rhythmik und Dynamik. Formulieren Sie positiv und so, dass es den Empfänger in eine gute Stimmung versetzt. Also statt „Ich danke Ihnen für Ihre Mühe" besser „Für Ihr Engagement danke ich Ihnen".

Natürlich lesen Sie jede E-Mail noch mal gründlich durch, bevor Sie sie losschicken. Fragen Sie sich dabei: Beantworte ich alle Fragen ausreichend? Sind diese Details notwendig? Je mehr Redundanzen, unwichtige Details und Füllwörter Sie streichen, desto besser wird Ihre Nachricht. Weniger ist mehr, sonst wird Ihr Text anstrengend.

Freundlichkeit

Nehmen Sie sich unbedingt immer Zeit für eine freundliche Tonalität. Ein unterkühlter Sachbearbeiterton sollte nicht Ihr Ziel sein, er ist nicht beziehungsfördernd. Sie geben anderen das Gefühl, etwas Besonderes zu sein, wenn Sie persönlich schreiben. Bedanken Sie sich: zum

Beispiel für eine Anfrage, für Interesse oder Informationen. Schreiben Sie unaufgeregt, aber auch humorvoll, persönlich und höflich zugewandt. Ihr Stil sollte dabei zu Ihnen und Ihrer Branche passen.

Wenn Sie eine E-Mail als unfreundlich oder missgelaunt empfinden, schreiben Sie umso freundlicher zurück. Haben Sie es mit jemandem zu tun, der enttäuscht ist oder sich beschwert, schießen Sie nicht gleich zurück. Widerstand erzeugt Widerstand. Antworten Sie konstruktiv, zeigen Sie Verständnis („Ich verstehe Sie …“) und geben Sie dem anderen die Gelegenheit, sich abzureagieren. Manchmal hilft es auch, seine persönliche Betroffenheit ehrlich zu äußern: „Ich bin traurig über …“ Überprüfen Sie den Ton Ihrer E-Mail, indem Sie sie vor dem Verstand stets noch einmal laut lesen.

E-MAIL-CHECKLISTE

- Betreff richtig wählen (kurz, beschreibend, auffordernd)
- Richtiger Adressat bzw. korrekter E-Mail-Verteiler
- Passende und höfliche Anrede
- Relevanz für den Empfänger deutlich machen
- Handlungsaufforderung ist eingebaut
- Die E-Mail ist gut strukturiert und gut verständlich formuliert
- Redundante Informationen wurden entfernt
- Einheitliche Schrift und ausreichend Absätze
- Keine Emojis in geschäftlichen E-Mails
- Korrekte Rechtschreibung und Grammatik
- Passende Grußformel
- Signatur
- Anhänge
- Passender Zeitpunkt für den Versand

Moderne Weihnachtspost: Persönliches zum Fest

Jedes Jahr im Dezember ist es wieder so weit: Es wird Zeit, Geschäftspartnern, Mitarbeitern und Freunden Weihnachtsgrüße zu schicken. So manchen Karten sieht man an, dass sie wohl eher als lästige Pflicht betrachtet werden, denn als Möglichkeit, die besondere Stimmung der Weihnachtszeit zu nutzen, um Wertschätzung auszudrücken und Danke zu sagen. Traditionelle Weihnachtspost ist mit dem Zeitalter des Internets vielfach verloren gegangen. Doch sollte es uns genügen, unsere Unterschrift flüchtig unter einen Standardtext auf eine Karte zu setzen, die nach Akquise aussieht? Oder schnöde, animierte Sammel-E-Mails zu verschicken? Nein! Wir leben in einer zunehmend technischen Welt, gerade deshalb ist Personalisierung und unsere Kreativität gefragt.

Individualisierte, persönlich abgestimmte Karten sind es, die Beziehungen zu Geschäftspartnern stärken und Kunden binden. Mit Massenkarten fallen Sie nicht positiv auf. Gestalten Sie Ihre Weihnachtskarten passend zum Fest mit Liebe. Nehmen Sie sich Zeit dafür. So wird sie zum Eyecatcher. Es gibt viele Online-Druckereien, wo Sie exklusive Weihnachtskarten ganz leicht selbst gestalten und konfigurieren können. (Meine persönlichen Favoriten sind: www.sendmoments.de und www.kartenmacherei.de.) Setzen Sie neben der Optik immer auf hochwertiges Papier.

> Ein handschriftlicher, persönlicher Weihnachtsgruß zeigt dem Empfänger, dass Sie ihn schätzen.

Eine Idee kann auch sein, mit Illustratoren zusammenzuarbeiten. Sie finden heute viele außergewöhnliche Künstler bei Instagram und können dort über eine Direktnachricht Kontakt aufnehmen. Warum nicht mal gute Kunden oder Freunde zu Weihnachten mit gezeichneten Porträts überraschen? Ganz wichtig für die persönliche Note: Eine Unterschrift alleine wird den Empfänger nicht begeistern. Fügen Sie

Ihrer Karte handschriftlich einige persönlichen Worte hinzu. Schreiben Sie von Mensch zu Mensch. Werbung oder Selbstdarstellung hat in Weihnachtspost nichts zu suchen. Unterschreiben Sie mit Vor- und Zunamen, am besten mit Ihrem Füller. Inspiration für Texte finden Sie im Netz. Ansonsten legen Sie sich Ihre Lieblings-Weihnachtssongs auf, trinken einen Glühwein und beginnen Ihren Text mit einem „Dankeschön", von dort aus fahren Sie dann fort.

Einige Unternehmen verzichten inzwischen ganz auf Weihnachtskarten und versenden lieber Neujahrsgrüße. Andere verschenken zusammen mit der Weihnachtskarte eine kleine Aufmerksamkeit. Wiederum andere spenden das Weihnachtskarten-Versand-Budget für einen guten Zweck. Auch das sind interessante Varianten.

Wichtiger Zusatz-Etikette-Tipp: Menschen, die sich Zeit genommen haben, uns eine liebevoll gestaltete Weihnachtskarte zu schreiben, freuen sich darüber, wenn wir uns bei ihnen bedanken. Doch wir selbst sollten keine zu großen Erwartungen haben, eine Reaktion zu bekommen. Grußpost ist für viele keine Korrespondenz, auf die sie reagieren. Gehen Sie deshalb von stiller Freude aus. Auch wenn es eigentlich eine Frage des Anstandes sein sollte, sich für etwas zu bedanken, was jemand für uns mit Liebe gemacht hat.

Die E-Mail-Abwesenheitsnotiz gekonnt formulieren

Endlich Urlaub! Zwei Wochen Karibik – aber wie formuliere ich meine berufliche Abwesenheitsnotiz? In jedem Fall nicht gedankenlos. Die automatische E-Mail-Antwort informiert den Empfänger darüber, wann Sie wieder erreichbar sind bzw. wer sich in der Zwischenzeit um sein Anliegen kümmert. Seien Sie nicht zu mitteilsam, liefern Sie alle notwendigen Informationen und formulieren Sie die wenigen Zeilen in einem freundlichen Ton. Alles andere macht keinen guten Eindruck.

Hier einige unpassende Formulierungsbeispiele:

- „Während Sie das lesen, trinke ich Ramazotti in Rom. Ciao! Bis ...“
- „Ich bin wegen der Ferien nicht erreichbar.“
- „Und tschüss! Ihr könnt mich mal feierlich bis KW 37.“

Vermeiden Sie es, witzig, desinteressiert oder besonders originell klingen zu wollen. Sie wollen Ihre Leser schließlich ernst nehmen und nicht vergraulen. Wertschätzend, professionell und klassisch bauen Sie Ihre Abwesenheitsnotiz so auf:

> Den Grund für Ihre Abwesenheit müssen Sie nicht angeben.

- Bedanken Sie sich in Ihrer Nachricht beim Empfänger: „Guten Tag. Vielen Dank für Ihre Nachricht.“
- Geben Sie an, wann Sie wieder persönlich erreichbar sind: „Sie erreichen mich wieder am ...“ oder: „Ab dem ... bin ich wieder erreichbar und werde mich dann schnellstmöglich bei Ihnen melden.“
- Informieren Sie darüber, wer Sie in dringenden Angelegenheiten vertritt bzw. ob die E-Mail automatisch weitergeleitet wird: „In dringenden Fällen kontaktieren Sie bitte meinen Kollegen ... erreichbar unter ... Er hilft Ihnen gern weiter.“
- An den Schluss setzen Sie eine Grußformel: „Bis dahin herzliche Grüße“ oder: „Vorerst freundliche Grüße.“
- Im internationalen Geschäftsverkehr sollten Sie Ihre Nachricht zweisprachig verfassen, also auch auf Englisch.

Sie dürfen selbstverständlich auch eine persönliche Note in Ihren Text hineinbringen, so lange Sie dabei höflich, klar und positiv schreiben. Arbeiten Sie in einer kreativen Branche und sind beispielsweise Texter, dürfen Sie sich etwas Originelles oder weniger Formelles einfallen lassen. Und was machen wir Selbständigen? Wir sind meistens selbst und ständig erreichbar.

BÜRO UND COWORKING SPACES

Gut benehmen im Job

Im Büro wimmelt es nur so von Benimmschnitzern und egoistischen Verhaltensweisen. Wir sehen Flipflops bei Jubiläumsveranstaltungen, zu kurze Hosen und Farbkombis, die Karl Lagerfeld niemals freigegeben hätte. Es gibt Büros, die nach einer Mischung aus Ingwertee, alten Turnschuhen und Döner duften. Da ist die Chefin, die mehrere Küchenschubladen für sich reserviert hat, um dort ihren Gummibärchenvorrat zu bunkern. Dort lauschen Sie Managern, die bei einer Rede selbst die Begrüßung vom Manuskript ablesen und trotzdem mit tosendem Applaus belohnt werden. Und kennen Sie auch diese Kollegen, die es Sommer wie Winter schaffen, ihren Zug zu erwischen, nur wenn es um das Tragen von Wasserkisten geht, leider immer zu spät sind? Manche haben in zehn Jahren Betriebszugehörigkeit noch nie den Kühlschrank gereinigt, doch heben stets als erste ihr Glas, sobald Geburtstagschardonnay serviert wird. Auch schön: Kollegen, die die Contenance verlieren, trinkt jemand aus ihrem Bugs-Bunny-Becher. Glücklicherweise trudeln zwischendurch „Letter from the Leadership“ mit Einladungen zu Dialogforen ein und bringen alle zusammen wieder zum Lachen.

Finden Sie es nicht auch verblüffend, welche Nachlässigkeiten sich manche Zeitgenossen im modernen Büroalltag gestatten und wie egoistisch sie sich verhalten? Dabei entwickelt sich eine gute

Zusammenarbeit nur, wenn alle menschlich und achtsam miteinander umgehen. Wenn Sie positiv auffallen und karrieremäßig die Nase vorn haben möchten, verkneifen Sie sich solche Schnitzer, wie sie eingangs beschrieben wurden. Durch einen wertschätzenden Umgang und respektvolles Miteinander sorgen Sie für Teamspirit und damit für bessere Leistungen der gesamten Abteilung.

Wertschätzender Umgang mit Mitarbeitern und Kollegen

„Mein Arbeitgeber stellt jedem von uns jeden Montag einen frischen Blumenstrauß auf den Schreibtisch", erzählte mir eine Seminarteilnehmerin freudestrahlend. Eine zauberhafte Idee, Freude in den Arbeitsalltag zu bringen. In den Genuss dieser Art von Wertschätzung kommt nicht jeder. Als Volontärin hatte ich eine Vorgesetzte, die ausschließlich über kleine Post-Its mit ihrem Team kommunizierte. Wir klebten die kleinen Klebezettel mit unseren Fragen auf eine bestimmte Ecke auf ihren Schreibtisch und warteten. Wenn es gut lief, bekamen wir eine Antwort oder eine Uhrzeit, wann wir sie ansprechen durften. Ansonsten hieß es warten, bis sich ihre Laune besserte. Das konnte schon mal dauern.

Autoritäres Führungsverhalten ist kontraproduktiv

Anderen die Kommunikation zu verweigern, ist schlechter Stil und Schikane. Ein autoritäres Führungsverhalten, das auf Angst oder Geringschätzung basiert, sorgt für ein schlechtes Betriebsklima. Es ist erwiesen, dass es sich negativ auf die Leistung auswirkt, Mitarbeiter in ihrer Kreativität und Motivation blockiert und damit den Erfolg eines Unternehmens gefährdet. Insbesondere in stressigen Arbeitssituationen, wenn der Druck groß ist, geht es darum, offen, freundlich und respektvoll miteinander umzugehen. Machen Sie es sich zur

Gewohnheit, anderen zu helfen, zu fragen, wie es ihnen geht, und auch selbst um Hilfe zu bitten.

Arbeitsbeziehungen angenehm gestalten

Sehr viele Unternehmen arbeiten inzwischen mit agilen Methoden. Vielleicht werden sie auch in Ihrer Firma gerade eingeführt? Probiert man in Ihrem Haus Techniken wie Desing Thinking, Scrum oder Kanban aus? Dann haben Sie sicherlich die Erfahrung gemacht, dass in immer neuen Teams projektbezogen und selbstorganisiert gearbeitet wird. Und dass Sie viel häufiger als früher mit neuen und auch fachfremden Kollegen interagieren. Damit steigt die Wichtigkeit, Arbeitsbeziehungen so angenehm und empathisch wie möglich zu gestalten. Gefragt sind Flexibilität, Wertschätzung, Sozialkompetenz, Lernbereitschaft, Gerechtigkeit, Kollaboration und interkulturelle Kompetenz. Sie sind Führungskraft? Dann wird von Ihnen erwartet, dass Sie zu allen gleichbleibend freundlich sind, vom Hausmeister über den Azubi bis zum Aufsichtsrat, und mit unterschiedlichsten Persönlichkeiten zurechtkommen.

> Ein freundlicher und respektvoller Umgang miteinander schafft ein gutes Betriebsklima und fördert eine kreative Arbeitsatmosphäre.

Es gibt keinen ultimativen Etikette-Leitfaden für den Job, der für jede Situation eine Antwort hat. Doch es gibt eine Reihe von Empfehlungen, die dabei helfen, dass eine menschliche und moderne Zusammenarbeit gelingt.

Tipps für eine gute Zusammenarbeit

- Halten Sie sich an Absprachen.
- Gehen Sie freundlich und respektvoll miteinander um.
- Üben Sie Kritik stets unter vier Augen, nicht vor dem Team.
- Bleiben Sie bei Konflikten fair, finden Sie eine gemeinsame Lösung.

- Loben Sie gute Leistungen. Geizen Sie nie mit Lob.
- Nutzen Sie Ihre Position oder Ihren Rang nicht aus.
- Halten Sie Sitzungen kurz.
- Sprechen Sie offen Themen an.
- Verbreiten Sie keine schlechte Laune.
- Pflegen Sie den Kontakt zu Ihren Kollegen.
- Klären Sie Unstimmigkeiten direkt und sofort.
- Vermeiden Sie abstraktes Herumreden.
- Seien Sie als Führungskraft Vorbild.
- Schreiben Sie wohlwollende Zeugnisse.
- Informieren Sie transparent.
- Zeigen Sie Feingefühl im Umgang mit introvertierten Menschen.
- Sorgen Sie für moderne Technik, Tools und Arbeitsinstrumente.
- Leben Sie moderne Arbeitsmethoden vor.
- Unternehmen Sie etwas mit Mitarbeitern und Kollegen.
- Fördern Sie Kreativität, Ideen und Weiterbildung.
- Nutzen Sie Wertschätzung nicht nur als Maßnahme zur Produktivitätssteigerung.
- Teilen Sie Ihre Zimtschnecke.

SO GELINGT DER EINSTAND IM NEUEN JOB

Ein Einstand ist eine kleine Feier, eine nette Geste, die dazu dient, persönliche Gespräche mit neuen Kollegen zu führen, sich kennenzulernen und im neuen Team zu integrieren. Orientieren Sie sich dabei an der Unternehmenskultur. Mit Kaffee und Kuchen liegen Sie immer richtig, als Führungskraft darf es üppiger sein. Seien Sie vorsichtig mit Alkohol. Fragen Sie am besten nach. Bereiten Sie ein paar nette Worte vor, um etwas über sich zu erzählen für einen guten Start im neuen Job.

Was Sie im Büro nicht tun sollten

Rücksichtnahme ist das A und O in der Bürogemeinschaft oder auf Geschäftsreise. Haben Sie Ihren inneren, liebevollen Beobachter in jeder Situation mit dabei. Seien Sie Kollegen gegenüber zugewandt, verhalten Sie sich auch neuen Mitarbeitern gegenüber nicht gleichgültig. Es kostet nicht viel Zeit, ist nicht aufwendig, sorgt aber für gute Stimmung. No-Gos am Arbeitsplatz sind: Sexismus, Lästereien, Klatsch und Tratsch, intime Privatgespräche, Mobbing, ironische Kommentare, sich besserwisserisch aufplustern, kindische Verhaltensweisen und schlechte Witze. Was Sie noch vermeiden sollten, um es sich nicht mit den Kollegen zu verscherzen:

- Alles mit Knoblauch
- Kaffee nehmen, aber keinen kochen
- Kollegen anhusten
- Den Kühlschrank plündern
- Nach oben buckeln, nach unten treten
- Das Büro zur Müllhalde machen
- Schlechte Laune verbreiten
- Trittbrettfahren
- Gerüchte verbreiten
- Andere zuparken
- „Du schuldest mir etwas“-Mine
- Prollige Sprüche, Zoten, Altherrenwitze
- Grußmuffel sein
- Informationen nicht weitergeben
- Brüske Ehrlichkeit und Ignoranz
- Stimmungskanonen-Humor, wo es nicht passt
- Papierstaus im Kopierer verursachen und verschwinden
- In Yoga-Pose und Strümpfen Ihr Team zum Meeting empfangen
- Andere verhöhnen, die eine „Knigge-Regel“ nicht kennen

Telefonieren am Arbeitsplatz

Übers Telefon gewinnen wir oft den ersten entscheidenden Eindruck von einem Betrieb oder einer Person. Wie reagiert man auf meinen Anruf? Nimmt sich mein Gegenüber am anderen Ende der Leitung Zeit für mich und mein Anliegen? Ist ihm die Kommunikation mit mir willkommen oder nur lästige Pflicht? Deshalb ist es wichtig, dass auch Sie selbst einen freundlichen und engagierten Eindruck vermitteln. Telefonieren Sie mit dieser positiven inneren Einstellung, wirkt Ihre Stimme einladend, zumal beim Telefonieren das visuelle Feedback fehlt.

Zu Beginn eines Telefongesprächs nennen Sie den Firmennamen, gefolgt von Ihrem eigenen Namen, sofern es keine besonderen betrieblichen Vorgaben gibt. Professionell ist es, wenn Sie Ihren Vor- und Nachnamen nennen. Sprechen Sie nicht zu schnell, sprechen Sie deutlich, im respektvollen Ton und mit positiver Energie. Das gelingt am besten mit einem leichten Lächeln. Die Gesprächspartner sehen es zwar nicht, aber hören es.

Jeder hat mal schlechte Laune oder einen stressigen Tag. Es ist menschlich. Doch vermeiden Sie, genervt zu klingen. Lassen Sie sich nicht anmerken, dass Sie diesen Job schon lange machen, alle Abläufe Routine sind oder Sie gleich nach Hause wollen: Bewahren Sie sich immer Ihren Anfängergeist, statt anderen das Gefühl zu vermitteln, sie seien lästig. Behandeln Sie alle Anrufer respektvoll und charmant, nicht belehrend oder wie Dummköpfe.

> Auch wenn Sie mal keine gute Laune haben sollten, vergessen Sie nicht: Mit einem Lächeln beim Telefonieren gewinnen Sie.

Als Anrufer fragen Sie zu Beginn eines Gesprächs, ob Ihr Gegenüber gerade Zeit für Sie hat. Vielleicht war der andere gerade im Aufbruch oder steckt in einer komplizierten Excel-Tabelle fest. Sprechen Sie die andere Person mit Namen an. Gute Telefonierer zeichnen sich durch die Fähigkeit aus, auf den Punkt zu kommen, Inhalte zu strukturieren und sich gleichzeitig zu Beginn eines Gesprächs die Zeit für einen kurzen Smalltalk zu nehmen. Es kann stoffelig und unhöflich wirken, wenn Sie direkt Ihr Anliegen vortragen. Fallen Sie auch nicht gleich mit „Ich will den Chef sprechen!" ins Haus. Es lohnt sich, zu Assistenten in Vorzimmern und Telefonzentralen nett und freundlich zu sein. Nicht nur zu Entscheidungsträgern.

Natürliche Rückmeldungen wie „richtig", „ah!" oder „ich verstehe" sind im Telefonat wie verbales Nicken. Werfen Sie diese in das Gespräch ein, so signalisieren Sie, dass Sie noch zuhören.

Wenn Sie Gespräche weiterleiten, stellen Sie sie nicht einfach durch, sondern teilen Sie beiden Seiten mit, wen Sie am anderen Ende haben und worum es geht. Versprechen Sie einen Rückruf, so halten Sie diesen zu dem angekündigten Zeitpunkt ein.

Es ist verzopft, es Anrufern schwer zu machen, einen bestimmten Mitarbeiter oder den Chef zu erreichen. Wir leben im Zeitalter von Echtzeitkommunikation. Es ist altes Denken, sich abzuschotten. Heute können wir Vorstände, Manager oder Journalisten sofort antwittern. Die meisten sind über soziale Netzwerke direkt erreichbar. Seien Sie deshalb für Ihre Kunden, Dienstleister und Geschäftspartner ansprechbar und sichtbar. Machen Sie nach Möglichkeit kein Geheimnis aus Ihrer Durchwahl und fragen Sie sich, ob Sie viele der alten Zäune wirklich noch brauchen.

Absolute Tabus beim Telefonieren: essen, trinken, Kaugummi kauen, rauchen oder auf der Computertastatur herumtippen.

Wenn Sie vermitteln, stellen Sie Gespräche möglichst intern durch, anstatt den Anrufenden neu wählen zu lassen. Erklären Sie ihm, mit wem Sie ihn verbinden. Unhöflich ist es, jemanden, der es offensichtlich eilig hat und nur kurz eine Information weitergeben möchte, unnötig lange in der Leitung zu halten. Vielleicht können Sie das Anliegen des Anrufers ja auch selbst erledigen.

Zum Schluss verabschieden Sie sich auf eine nette Weise („Vielen Dank, Sie haben mir sehr geholfen!"). Bedanken Sie sich, wünschen Sie dem anderen einen schönen Urlaub, eine schöne Woche oder ein erholsames Wochenende.

RICHTIG REAGIEREN AM TELEFON

Destruktive Reaktionen

- „Rufen Sie später noch mal an."
- „Die Dame, die dafür zuständig ist, ist nicht da."
- „Ich darf niemanden durchstellen."
- „Das müssen Sie uns schriftlich reinreichen."
- Bitte auf jeden Fall vermeiden, vor allem mit genervtem Ton: „Keine Zeit!", „Weiß ich nicht!", „Das ist nicht mein Problem!", „Kann ich auch nicht ändern!", „Gute Dame!", „Das machen wir immer so!", „Mich brauchen Sie das nicht fragen!"

Konstruktive Reaktionen

- Statt „Meine Kollegin ist in einer wichtigen Sitzung" sagen Sie „Augenblicklich ist meine Kollegin nicht erreichbar, kann ich Ihnen weiterhelfen?".
- Statt „Ich kann Sie nicht verbinden" sagen Sie „Im Moment meldet sich niemand, können wir Sie später zurückrufen?".
- Statt „Es sind alle weg, es ist keiner mehr im Büro" sagen Sie „Morgen ab 9 Uhr sind wieder alle da".
- Statt „Frau Laut ist im Urlaub in Dänemark" sagen Sie „Frau Klang vertritt die Kollegin".

Freundlicher Umgang mit Kunden

„Hast du etwa die Krabben nicht gezählt?" Ein ehemaliger Chef legte großen Wert darauf, dass ich jedes Essen selbst probierte und kontrollierte, bevor es Kunden vorgesetzt wurde. War in einer Suppe zu wenig Einlage, gab es Ärger. Vor einem Kundenbesuch musste ich jeden Produktionskittel reinigen lassen und mit Namen beschriften. Alle Bilder und jede Urkunde im Besucherraum ließ er mich auf der Rückseite minutiös beschriften, sollte ein Kunde spontan auf die total naheliegende Idee kommen, ein Bild von der Wand zu nehmen. Hatten wir Kunden im Haus, hieß das immer auch, hunderte von Fruchtsäften auszutauschen, um das neueste Mindesthaltbarkeitsdatum im Regal zu präsentieren.

Sie müssen es nicht so übertreiben wie dieser Fabrikant, der seinen Betrieb inzwischen eingestellt hat. Doch fest steht: Kunden bestimmen die Zukunft eines Unternehmens und sind heute in Zeiten zunehmender Austauschbarkeit von Produkten und Dienstleistungen sehr viel anspruchsvoller als früher. Erfolgreich ist, wer die Bedürfnisse des Kunden in den Mittelpunkt stellt. Folgende Stilregeln im Umgang mit Kunden sollten Sie beachten:

> Ohne Kunden geht nichts! Lassen Sie Ihre Kunden nicht warten, hören Sie ihnen zu und gehen Sie immer freundlich mit ihnen um.

- Kunden sind keine Störenfriede, sondern Gäste. Sie dürfen Sie auch als Freunde sehen. Geben Sie ihnen ein gutes Gefühl. Gehen Sie ihnen zur Begrüßung herzlich entgegen, bieten Sie ihnen einen Platz an. Auch das Anbieten von Snacks und Getränken sollte selbstverständlich sein. Es sorgt für eine gute Gesprächsatmosphäre.
- In Gesprächen sollte sich der Kunde stets positiv angenommen fühlen. Nehmen Sie Kundeneinwände, Wünsche und Reklamationen ernst, entschuldigen Sie sich höflich, wenn sich jemand beschwert, auch wenn Sie persönlich nicht dafür verantwortlich sind. Suchen Sie nach Lösungen. Fast 75 Prozent aller unzufriedenen Kunden kann man zurückgewinnen. Hören Sie den Kunden zu, auch den mürrischen und denen, die an allem etwas zu meckern haben. Zeigen Sie Verständnis statt Desinteresse. Fragen Sie: „Wie kann ich Ihnen helfen?“ Oder sagen Sie: „Ich prüfe das für Sie.“ Sätze wie „Das ist nicht mein Problem“, „Da kann ich auch nichts dafür“ nimmt Kunden nicht für Sie ein. Übernehmen Sie Verantwortung.
- Warten Ihre Kunden in einem geschlossenen Raum, klopfen Sie an, bevor Sie hineingehen. Sollten Sie zu einer Besprechung stoßen, klopfen Sie nicht an, um nicht zu unterbrechen. Öffnen Sie die Tür leise. Kommen Sie später in eine bereits laufende Kundenbe-

sprechung, verzichten Sie darauf, die Gründe Ihrer Verspätung im Detail darzulegen.
- Lassen Sie Kunden (und Besuchern) in Ihren Räumen den Vortritt, auch beim Betreten eines Aufzugs und wenn Sie durch eine Tür gehen. Generell gilt: Sie lassen erst jemand aus einem Raum oder Gebäude raus, bevor Sie selbst durch die Tür gehen. Der Ranghöhere (Ihr Kunde ist König) geht zuerst die Treppe hinauf, egal ob Mann oder Frau, und er geht hinter dem Rangniederen die Treppe hinunter.
- Bei einem Werksrundgang, in einem Gelände, das nur sie kennen, oder in einem gut besuchten Restaurant übernehmen Sie im angemessenen Schritttempo die Führung oder gehen vorweg. Sie als Gastgeber haben eine Beschützerfunktion.

> Wenn der Rang keine Rolle spielt, gehen Männer hinter Frauen die Treppe hinauf und vor ihnen wieder runter.

Meeting-Etikette

Kennen Sie diese Meetings des Grauens, wo leider nichts auch nur im Geringsten komisch ist und Sie beginnen, Cartoons zu kritzeln? Fünf endlose Stunden bei 30 Grad, keine Kaltgetränke und nur einer redet. Sie wollen eigentlich arbeiten und produktiv sein, dürfen aber nicht. Im besten Fall haben Sie einen Assistenten, der Sie unter einem Vorwand rausholt. Doch auch wenn es noch so langweilig oder ineffizient sein mag, es gibt einige Unhöflichkeiten, die Sie vermeiden sollten, wenn Sie keinen schlechten Eindruck machen wollen.

No-Gos bei einem Meeting

- Einen Apfel oder ein Brötchen essend in den Raum kommen
- Unpünktlichkeit
- Dösen oder mittendrin einschlafen

- Mit Kollegen tuscheln
- Anderen ins Wort fallen
- Anrufe annehmen
- Immer wieder auf dem Smartphone tippen
- Sich den Teller mit Schnittchen vollladen
- Demonstrativ den Kaffee umrühren
- Mit den Haaren, dem Schmuck oder dem Kuli spielen
- Anderen alle Schokokekse wegessen

So machen Meetings Spaß

Halten Sie Besprechungen so kurz wie möglich. Mehrstündige Sitzungen ohne Getränke und Snacks oder Lunchpause sind ein No-Go! Bieten Sie Ihren Gästen einen kleinen Imbiss an. Sollten Sie selbst ein Meeting organisieren, achten Sie darauf, dass es gut vorbereitet ist, pünktlich beginnt und nach Möglichkeit einer Agenda folgt. So ist es effizient und alle fühlen sich wohl. Wenn Sie als Teilnehmer etwas früher gehen müssen, sagen Sie das am Anfang und verschwinden nicht abrupt.

> Kommen Sie zu spät zu einem formellen Meeting, betreten Sie den Raum leise mit einem dezenten „Entschuldigung" – wenn überhaupt und nehmen ohne viel Aufhebens Platz.

Hier einige Tipps für Meetings, die Spaß machen:

- Erlauben Sie Perspektivenwechsel.
- Spielen Sie nicht den Alleswisser.
- Arbeiten Sie nicht parallel an anderen Sachen.
- Kündigen Sie eine Verspätung an, wenn sie absehbar ist.
- Fassen Sie sich kurz. Seien Sie keine Wortwalze.
- Visualisieren Sie komplizierte Sachverhalte.
- Gehen Sie diskret mit Informationen um.
- Helfen Sie anderen, ihr Gesicht zu wahren.
- Unterbrechen Sie andere nicht permanent.
- Halten Sie freundlich Blickkontakt zum jeweils Sprechenden.

- Lässt Sie jemand nicht zu Wort kommen, setzen Sie sich durch.
- Bieten Sie etwas zu essen an.
- KISS: Keep it short and simple!

EMPFEHLUNGEN FÜR DIE VIDEOKONFERENZ

Die Bedeutung von Videokonferenzen hat weltweit stark zugenommen. Sie sind mittlerweile in unserem beruflichen Alltag zur Routine geworden. Auch Seminare, Beratungen und Bewerbungsgespräche finden virtuell statt. Wenn Sie mit anderen Menschen per Video konferieren, sollten Sie einige Regeln beachten:

- Achten Sie darauf, dass Sie gut im Bild sichtbar sind.
- Ihre Umgebung sollte hell und gut ausgeleuchtet sein.
- Begrüßen Sie die anderen Teilnehmer.
- Fragen Sie am Anfang in die Runde, ob alle gut zu hören sind.
- Konzentrieren Sie sich, sobald die Technik steht.
- Schalten Sie Ihr eigenes Mikro stumm, solange Sie nicht das Wort haben.
- Während der Konferenz ist Ihr Smartphone tabu.
- Sie sind sichtbar: Achten Sie auf Ihre Haltung, Mimik und Gestik.
- Vermeiden Sie Neben- oder Störgeräusche.
- Vermeiden Sie ausschweifende Erklärungen.
- Lassen Sie andere ausreden.
- Als Gastgeber erscheinen Sie einige Minuten vorher, um die Technik einzurichten.
- Informieren Sie die Runde vorab über die Inhalte der Konferenz.

Professioneller Umgang mit Dienstleistern

Verschiedenste Handwerker berichten mir in Seminaren immer wieder, dass sich Kunden einen Klappstuhl nehmen und direkt hinter sie setzen, um jeden Arbeitsschritt zu verfolgen und zu kontrollieren. Ehepaare würden sogar abwechselnd „Wache halten“. Von Freiberuflern höre ich, dass Unternehmen manchmal realitätsferne Erwartungen haben oder sehr fordernd auftreten. Beide Beispiele zeigen menschlich und geschäftlich schlechten Stil. Hinter diesem Verhalten steckt oftmals die Einstellung, dass Menschen „zu kaufen“ sind. Natürlich braucht es gerade bei einer erstmaligen Zusammenarbeit einige Zeit, bis sich die Leistung und Kompetenz eines Dienstleisters erfassen lässt. Um das notwendige Vertrauen aufzubauen, informieren Sie sich über Referenzkunden, schauen sich das Angebot an und prüfen im Gespräch, ob die Chemie stimmt. Eine große Auswahl an Freelancern finden Sie übrigens auf dieser Plattform: https://www.freelance.de.

> Sie zeigen guten Stil, wenn Sie mit Dienstleistern professionell Hand in Hand arbeiten.

Die IHK Frankfurt hat einen Kodex zum Umgang mit kreativen Dienstleistungen formuliert.[38] Die New Yorker Grafikdesignerin Bonnie Siegler hat über dieses Thema ein Buch verfasst mit dem Titel: „Dear Client: This book will teach you how to get what you want from creative people.“ Es ist eine lesenswerte Anleitung zum erfolgreichen Umgang mit Kreativen.

Es werden immer mehr Jobs ausgelagert, wir werden zukünftig immer häufiger mit externen Dienstleistern zu tun haben. Darum möchte ich Ihnen einige Empfehlungen für eine reibungslose Zusammenarbeit mit Handwerkern, Grafikern, Eventmanagern, Webdesignern, Textern und Künstlern an die Hand geben:

- Wenn Sie mehrere Angebote von Dienstleistern eingeholt haben, sollten Sie nach Ihrer Entscheidung aus Höflichkeit allen anderen absagen.
- Haben Sie realistische Erwartungen. Ihr Briefing sollte klar und detailliert sein.
- Halten Sie sich an Absprachen und Termine.
- Lassen Sie die Leute ihre Arbeit machen.
- Vertrauen Sie auf das Know-how des Dienstleisters. Lassen Sie sich ein auf Empfehlungen und kreative Ideen.
- Verteidigen Sie nicht Altes, gestalten Sie zusammen Neues.
- Räumen Sie Arbeitsbereiche für Handwerker frei oder auf.

- Bieten Sie Handwerken auf einem Selbstbedienungstablett etwas zu trinken an, wenn sie länger bei Ihnen beschäftigt sind.
- Bedanken Sie sich, wenn Sie mit einem Auftrag zufrieden waren.
- Behandeln Sie Dienstleister immer respektvoll und wertschätzend.
- Begleichen Sie Rechnungen zügig.

Mit Stil abtreten

Egal, was war oder warum auch immer Sie gehen und den Arbeitgeber wechseln: Gehen Sie selbstbewusst und mit Stil. Der Profi schleicht sich nicht wie ein getretener Hund oder wie ein schlechter Verlierer vom Platz, sondern er verlässt die Arena so, wie er gekommen ist: höflich, freundlich, sachlich. Auch wenn Ihre Chefin immer die Schublade aus Ihrem Schreibtisch zog und ihren Fuß darauf abstellte, wenn sie mit Ihnen sprach. Sehen Sie es als Ihre Erfolgsgeschichte, dass Sie es überstanden haben, oder witzig als Balanceübung einer Führungskraft. Kurz: Nehmen Sie es mit Humor und schließen Sie damit ab!

Stil zeigen Sie, wenn Sie gewissenhaft bis zum letzten Tag arbeiten und sich dann freundlich und korrekt verabschieden. Wenn Sie über den Dingen stehen und keinen Unmut ausstrahlen, machen Sie alles richtig. Laden Sie zu einem Umtrunk ein. Reichen Sie zum Abschied Ihren Kollegen und Vorgesetzten großherzig die Hand. Mit diesem professionellen Abgang beweisen Sie, dass Sie Standing haben, und das ist gut für Ihren Ruf. Verzichten Sie auf eine letzte zynische E-Mail. Reißen Sie nie alle Brücken ab, hinterlassen Sie Ihre neuen Kontaktdaten. Mit etwas Abstand sehen die Dinge später oft ein wenig anders aus. Menschen verändern sich. Schenken Sie Ihrem Chef oder Ihrer Chefin ein Olivenbäumchen – auch wenn er oder sie in Ihren Augen vielleicht nicht besonders kompetent, ehrlich oder fleißig war. Bedanken Sie sich bei Ihrem Chef und Ihren Kollegen für das, was Sie gelernt haben, selbst wenn es nicht besonders viel war.

Mitarbeiter richtig verabschieden

Wenn ein Mitarbeiter die Firma verlässt, der über eine lange Zeit gute Leistung gebracht hat und dem Unternehmen treu war, verdient er eine Würdigung. Vorgesetzte, die sich davor drücken, langjährige Mitarbeiter gebührend zu verabschieden, sind schwache Führungsvorbilder. Sie senden damit ein Signal von mangelndem Respekt an die gesamte Belegschaft. Geschmack und gute Manieren beweist, wer seinen Mitarbeitern oder Kollegen nach guter Zusammenarbeit zum Abschied Blumen überreicht, die Hand gibt, sich für die Mitarbeit zu bedanken weiß und für die Zukunft alles Gute, Glück und Gesundheit wünscht. Zollen Sie Menschen Anerkennung!

> Auch wenn nicht alles gut war: Brechen Sie nicht alle Brücken hinter sich ab und gehen Sie nicht im Streit.

Modernes Atmosphere-Design im Büro

Heute die Konferenz in Frankfurt, morgen ins Büro, dann wieder zwei Tage Home-Office. Unsere Arbeitskultur wird immer mobiler. Es gibt neue Lebensentwürfe, Jobs werden öfter gewechselt, Arbeit und Freizeit verschmelzen. Beim „Work-Life-Blending" wählen Mitarbeiter selbstständig den Rhythmus, in dem sie arbeiten, das heißt, sie arbeiten zu selbst gewählten Zeiten in der Firma, im Home-Office, auch mal abends oder am Wochenende. Im Gegenzug können sie während der Arbeitszeit private Dinge erledigen und die Firma bietet ihnen ein entsprechendes Wohlfühlklima. Sonst sind gerade jüngere Mitarbeiter schnell wieder weg. Erfreulicherweise gibt es in immer mehr Firmen inzwischen Angebote für eine gute Atmosphäre: Rückzugsorte (die wichtig sind für uns Menschen), Kommunikationsinseln, Begegnungszonen, fröhliche Farben und natürliches Licht.

Machen Sie es wie diese Unternehmen: Schaffen auch Sie eine einladende, freundliche Atmosphäre, in der sich Mitarbeiter und Kunden wohlfühlen, Chef und Lagerist mittags gemeinsam essen. Vergessen Sie sachliche Zurückhaltung. Bringen Sie Farbe und Abwechslung in Ihre Büroräumlichkeiten. Beziehen Sie Mitarbeiter und deren Bedürfnisse wertschätzend in die Gestaltung mit ein. Sie müssen dafür nicht gleich Wände versetzen. Wie wäre es mit einer farbig gestrichenen Wand, einer überdimensionalen Fototapete oder einem hübschen Teppich im Eingangsbereich, mit dessen Kauf Sie ein Kinderheim unterstützen?

> Trauen Sie sich – bringen Sie frische Farben und Licht in Ihre Büroräume. Sie, Ihre Mitarbeiter und Ihre Kunden dürfen sich wohlfühlen!

Glauben Sie, ich weiß, wovon ich spreche: Als Trainerin erlebe ich oft klinische Räume mit wenig Wärme, Witz und Atmosphäre. Ganz abgesehen von den dunklen Bädern mit unvorteilhaftem Licht. Es ist kaum möglich, sich in einem solchen Raum zurechtzumachen und hübsch zu finden. Sorgen Sie für eine gute, sanfte Beleuchtung im Bad. Sparen Sie nicht bei Handtüchern. Stellen Sie grundlegende Utensilien bereit, wie Deo, Haarspray oder eine Handcreme.

Für gute Laune sorgen auch neue Kaffeetassen, eine moderne Kaffeemaschine (die auch Cappuccino und Espresso zubereiten kann) oder Tavernen-Stühle für ein bisschen Sommer-Feeling. Kleine Tische mit Büchern, schöne Vorhänge, Blumen, Bonbon- oder Obstschalen können ebenfalls Akzente setzen und ein freundliches Ambiente für Mitarbeiter und Kunden kreieren.

Verhalten im Coworking Space

Coworking Spaces stellen ihren Kunden flexible Arbeitsplätze und die dafür notwendige Infrastruktur, wie Besprechungsräume, Internet, Drucker, Telefon und auch Kaffee zur Verfügung. Eine Texterin teilt sich den Arbeitsplatz mit einem Webdesigner und einem Programmierer, jeder arbeitet frei, ist unternehmerisch tätig und doch mit anderen an einem Ort. Niemand meckert, schleichen wir uns erst mittags rein.

In jeder größeren Stadt gibt es heute Coworking Spaces, wo sich zeitlich befristet ein Arbeitsplatz mieten lässt. Es ist eine interessante Alternative zum Home-Office und eignet sich für Menschen, die sich lieber mit anderen Menschen austauschen, als allein zu Hause zu arbeiten.

> Auch als Freiberufler machen Sie einen Coworking Space zu einem besseren Ort für sich selbst und für alle, wenn Sie gutes Miteinander vorleben.

Sie arbeiten zum ersten Mal in einem Gemeinschaftsbüro und sind unsicher, wie Sie sich gegenüber den Kollegen auf Zeit verhalten sollen? Hier einige Benimm-Tipps, damit das produktive Miteinander klappt:

- Der Umgangston ist locker. Es gilt das Du. Stellen Sie sich mit Ihrem Vornamen vor.
- Stören Sie im Open-Space-Bereich die anderen nicht durch laute Telefonate oder Smalltalks.
- Der Besitz anderer Coworker ist tabu.
- Hinterlassen Sie in Küche und Besprechungsräumen kein Chaos
- Gehen Sie offen auf andere zu. Stellen Sie Fragen. Nutzen Sie die Möglichkeiten zum Austausch, es können sich geschäftliche Synergien daraus ergeben.
- Schotten Sie sich nicht ab, besuchen Sie die Events im Coworking Space.

VERANSTALTUNGEN

Verhaltensempfehlungen für Organisatoren und Besucher

Ein Bremer Hoteldirektor lud mich vor einigen Jahren ein, ihn zu einem Vortrag von Moritz Freiherr Knigge zu begleiten. Nach dem Vortrag zum Thema Wertschätzung bildete sich in der Pause eine Traube von Menschen um den Referenten. Jeder hatte eine Frage oder wollte sein Buch signiert bekommen. Moritz Freiherr Knigge wurde förmlich von dem Publikum verschluckt. Plötzlich beobachtete ich, wie mein Hoteldirektor zu ihm schlenderte und ganz zwanglos fragte: „Ich hole uns jetzt etwas zu trinken, kann ich Ihnen etwas mitbringen?" Moritz Freiherr Knigge reagierte freudig überrascht: „Sehr gerne, vielen Dank, ein Mineralwasser wäre klasse!" Der Hoteldirektor besorgte das Getränk und überreicht es ihm mit den Worten: „Wir gehen jetzt ein bisschen auf dem Balkon, frische Luft schnuppern, wollen Sie mit?" Das musste er nicht zweimal fragen. Moritz Freiherr Knigge folgte uns. Es war ein sympathisches Gespräch.

> Die Bedürfnisse eines anderen zu erkennen und darauf einzugehen, ist eine wichtige Fähigkeit im Miteinander.

Der erfahrene Hoteldirektor zeigte mit seinem Verhalten die Fähigkeit, die Bedürfnisse eines Redners zu erkennen. Er bot etwas an. So baute er gleichzeitig auf nette Art einen Kontakt auf – von Mensch zu Mensch. In jüngster Zeit habe ich auf Veranstaltungen oft den

Eindruck, dass die Kompetenz, sich in andere einfühlen zu können, etwas verloren gegangen ist. Viele scheinen geübter darin zu sein, hübsche Fotos von sich selbst zu machen, als Grundbedürfnisse anderer Menschen zu erkennen. In Zeiten von Selbstverwirklichung und „Ich komme zuerst!" als Lebensgefühl, scheint Fürsorge für das Gegenüber etwas in Vergessenheit geraten zu sein. Nach dem Psychologen Abraham Maslow sind bekanntermaßen die wichtigsten Bedürfnisse des Menschen Trinken, Essen, Wärme und Schlaf. Erst wenn diese körperlichen Bedürfnisse in der Realität – und nicht nur als hübsch inszenierte Fotos auf Instagram – wirklich abgedeckt sind, trachtet man nach den nächsten.

Ein Beispiel, wie es laufen kann, wenn die Antennen für den Gesprächspartner auf einer Veranstaltung fehlen: Eine Freundin besuchte eine Konferenz. Dort sah sie in der Programmpause eine Autorin ganz alleine an einem Tisch stehen. Sie nahm ihren Mut zusammen und sprach sie beherzt an. Sie wollte ihr sagen, wie lesenswert sie ihr letztes Buch fand. Doch sie kam nicht zu Wort. Die Frau bückte sich noch während der Begrüßung nach unten auf den Boden zu ihrer Tasche und zog einen Zettel aus einem großen Stapel hervor: eine Liste ihrer Bücher. Diese Werbung für ihr Gesamtwerk übergab sie in Vertriebsmanier meiner Freundin und wendete sich dann ab. Für sie war das Gespräch offensichtlich zu Ende. Meine Freundin war total enttäuscht.

Ein Event organisieren

Absolut verehrungswürdig sind Gastgeber, die die Interessen ihrer Gäste und Kunden an die erste Stelle setzen. Deren Präsenz sich nicht darauf beschränkt, am Rande der Veranstaltung neben dem Feuerlöscher einen Joghurt zu löffeln und sonst auf ihr Smartphone zu starren. Zeigen Sie sich. Sprechen Sie

> Essen Sie als Veranstalter vor einer Veranstaltung etwas, so haben Sie mehr Ruhe und Zeit für Gespräche.

nicht nur mit den Kollegen, Referenten oder VIPs, sondern auch mit Ihren anderen Gästen. So gewinnen Sie Sympathien, bleiben auf dem Laufenden und erweitern Ihr Netzwerk.

Achten Sie darauf, dass niemand begrüßt wird mit: „Wasser ist nicht in unserem Budget und WLAN gibt es nicht." Sorgen Sie dafür, dass immer Zeit dafür da ist, wichtige Dinge zu erkennen und zu organisieren. Schalten Sie Ihre Antennen für die Bedürfnisse Ihrer Gäste auf Empfang.

Auf die Atmosphäre kommt es an

Die Namensschilder liegen alphabetisch sortiert auf den Tischen. Check! Die Parkplätze sind gekennzeichnet. Check! Konferenz-Getränke. Check! Goody Bags. Jawohl! Die Logistik ist perfekt. Die Gäste können kommen. Sie kennen bestimmt auch diese Art von Veranstaltungen: Alles perfekt, aber irgendwie fehlt etwas. Es sind viele Menschen vor Ort, doch echte Verbindungen kommen nicht zustande. In ihrem Buch „The art of gathering" schreibt Priya Parker[39], dass wir uns bei Konferenzen und Partys zu sehr auf die Routine und Konventionen verlassen. Die Gespräche zwischen den Menschen, die Stimmung und das Zugehörigkeitsgefühl – das sei es, was Events einzigartig mache. Der Fokus müsse wieder mehr auf die Menschen gerückt werden, nicht auf Dinge.

Mit steifer Konferenzetikette oder Regeln wie „Bitte tragen Sie keine High Heels, unser Parkettboden wurde gerade gereinigt", die schon mit der Einladung versendet werden, kann dieses Ziel kaum erreicht werden. Ein verheißungsvolles Programm, adrett gekleidete Gastgeber und Kanapees reichen nicht, damit sich Gäste willkommen fühlen. Veranstaltungen müssen nicht nur ein strategisches Ziel haben und professionell organisiert sein, sie müssen eben auch Emotionen bieten und Wärme.

Ich habe selbst viele Jahre lang kleine und große Veranstaltungen organisiert und gebe Ihnen im Folgenden einige Tipps, worauf Sie bei Business-Veranstaltungen achten sollten.

Zielgruppengerecht und modern einladen

Überlegen Sie, wer Ihre Zielgruppe ist und wie man sie am besten anspricht. Wenn es passt, warum nicht mal wieder eine mit Füller geschriebene Einladung versenden? Laden Luxusmodehäuser wie Christian Dior, Chanel, Prada oder Hermès zur Präsentation ihrer neuen Kollektion ein, so engagieren sie den Pariser Kalligrafen Nicolas Ouchenir, der alle Einladungskarten und Umschläge von Hand anfertigt.[40]

Natürlich müssen Sie nicht hunderte von Einladungen für Ihre Jahrestagung, Ihre Konferenz oder Ihr Firmenjubiläum per Hand schreiben und managen. Wenn Sie digital einladen und vielleicht eine animierte Webseite für Ihre Veranstaltung anlegen, achten Sie stets auf ansprechende Texte und Fotos. Ihre Empfänger sollen beim Lesen Ihrer Einladung Lust bekommen, die Veranstaltung zu besuchen. Gestalten Sie Ihre Einladung immer mit Blick auf Ihre Zielgruppen.

Sie können auch fortschrittliche Online-Anbieter für digitale, papierlose Einladungen nutzen und gleichzeitig etwas für die Umwelt tun. Ein Dienst wie zum Beispiel https://www.greenvelope.com hilft Ihnen dabei, den bestmöglichen Eindruck mit Ihrer Einladung zu hinterlassen und gleichzeitig Ihre Veranstaltung zu verwalten. Sie haben hier die Möglichkeit, Designs zu personalisieren oder eigene exklusive Vorlagen hochzuladen. Eine Rückmeldungsverfolgung ist gleich mit dabei. Oder suchen Sie einfach weitere Anbieter im Web über die Berliner Suchmaschine www.ecosia.org und unterstützen so gleichzeitig den Anbau von Bäumen.

> Klassische Einladung per Post? Animierter, digitaler Boardingpass? Die Form Ihrer Einladung hängt immer von Ihren Zielgruppen und Ihrer Veranstaltung ab.

Wählen Sie eine passende Location

Der Ort ist essentiell für das Veranstaltungserlebnis. Schöne Räume, genügend Platz und eine angenehme Atmosphäre im Haus regt die Besucher an, aufregende Ideen zu entwickeln. Es sollte überall gut riechen. Die Räume sollten sauber, gelüftet und warm genug sein, aber nicht stickig.

Legen Sie Wert auf einen einladenden Eingangsbereich

Als guter Gastgeber stehen Sie dort, wo die Gäste ankommen. Falls Sie verhindert sind, platzieren Sie dort einen charmanten Stellvertreter. Alle Gäste – nicht nur Bekannte und Freunde – sollten heiter und herzlich begrüßt werden. Ja, das geht auch bei mehreren Hundert Gästen – wenn Sie sich die Zeit dafür nehmen können und die ganze andere Arbeit vorher erledigt haben. Ein genervtes „Und Sie sind ...?" mit nach unten gerichtetem Blick auf die Excelliste ist keine passende Begrüßung. Für den Besucher ist es schließlich der erste sinnliche Kontakt zur Veranstaltung.

Frische Blumen sind ein Blickfang, auch mit gutem Licht und etwas Musik machen Sie nichts verkehrt. Sie können Ihre Gäste mit einem Cocktail begrüßen oder einen alten Schwarz-Weiß-Film laufen lassen. Ist ein Hingucker und sorgt garantiert für gute Stimmung! Sie sparen sich viel Arbeit, wenn Sie im Eingangsbereich alle relevanten Hinweise für Ihre Gäste klar kommunizieren.

Inszenieren Sie den Anfang und das Ende einer Veranstaltung charmant

Es ist das, was sich Ihre Gäste lange merken werden. Beginnen und beenden Sie eine Veranstaltung nie mit logistischen Hinweisen, wie „Schön, dass Sie da sind. Die Toiletten sind links um die Ecke!" Oder: „Danke für Ihren Besuch. Taxis warten draußen. Ihre Jacken holten

Sie bitte im Nebengebäude ab." Geben Sie diese Hinweise, falls nötig. Aber bitte nicht gleich am Anfang oder als letzten Punkt zum Abschied.

Legen Sie einen Hashtag für die Konferenz fest

Denken Sie bei Business-Konferenzen daran, einen aussagekräftigen Hashtag festzulegen und bekannt zu machen. So haben Ihre Besucher die Chance, über Plattformen wie Twitter oder Instagram miteinander in Kontakt zu treten und sich auch digital über Inhalte auszutauschen. Es ist eine kostenfreie Werbung für Ihr Event.

Beleben Sie den Austausch zwischen Ihren Gästen

Lassen Sie sich etwas einfallen, damit Ihre Gäste leichter miteinander ins Gespräch kommen. Eine schöne Idee hatte Michel Laprise, Direktor des Cirque Du Soleil[41]: Er ließ sich vor einer Feier zum Jahresende von jedem seiner Gäste zwei Fotos mit glücklichen Momenten des vergangenen Jahres senden. Als die Gäste ankamen, empfing sie ein zauberhaft geschmückter Weihnachtsbaum mit ihren Fotos. Der Begrüßungscocktail wurde am Baum serviert. Die Gäste tauschten sich über ihre Erlebnisse miteinander aus, und plötzlich waren sich alle gar nicht mehr so fremd.

> Sorgen Sie für ein stabiles WLAN-Netz. Lassen Sie Ihre Gäste nicht durch das Haus irren auf der Suche nach einer Internetverbindung.

Bei Business-Veranstaltungen können Sie sich zum Beispiel Unterstützung holen: Informieren Sie sich über die Gäste und instruieren Sie im Vorfeld ein paar Mitarbeiter oder Kollegen, die sich dann unter die Gäste mischen und Gespräche anstoßen, Gäste einander vorstellen etc.

Bei kleineren Veranstaltungen können Sie mit Fragekarten arbeiten, die die Gäste miteinander ins Gespräch bringen. Oder stellen Sie eine Visitenkarten- bzw. Teilnehmerwand auf. Das führt immer zu

Gesprächen und sorgt dafür, dass Gäste ein Zusammengehörigkeitsgefühl entwickeln.

Was sorgt für bessere Stimmung als Musik

Sie haben keinen DJ? Kein Problem. Stellen Sie passende Playlisten für Ihr Event zusammen: für das Abendessen, für die Wine-and-Dine Party oder zum Entspannen nach einem Business-Talk. Heute haben Sie dank Spotify und Co. Zugriff auf Millionen von Songs. Mit Musik geht alles leichter. Wählen Sie immer auch einige bekannte Stücke zum Mitswingen. Sie sollten beachten: Die Musik definiert Ihre Marke. Ich habe für Sie eine Playlist zusammengestellt mit Soundtracks, die ich zum Start eines Abendevents im Eingangsbereich spielen würde. Lassen Sie sich von meinen Musikstücken inspirieren zu Ihrer eigenen Veranstaltungsplaylist. Natürlich dürfen Sie auch auf Stille oder Vogelgezwitscher setzen.

MEINE FEEL-WELCOME-PLAYLIST

Lenny Ibbzarre: Smooth Temptation | The Neville Brothers: Yellow Moon | Black Eyed Peas: Be nice | Macaco: Mama Tierra | Floyd Lee Band: Hard working woman | Mel Tormé: Comin' Home Baby | Grace Jones: La Vie en Rose | Dennis Llyod: Nevermind | The Dramatics: Whatcha See is whatcha get | Nina Simone: Baltimore | Nu: Man-O-To (Original Mix) | Sophie Hunger: Let me go | Grace Jones: Pull Up to The Bumper | Northern Lite: I see a darkness | Alicia Keys: Empire State of Mind | Michael Kiwanuka: Love And Hate | Filippos Pliatsikas + Nits: In the Dutch Mountains | Haris Alexiou: To Tango tis Nefelis | Yukno: Die Wahrheit (liebt die Phantasie) | Macaco: Con la mano levanta' | Parov Stelar: The Sun

Empfehlungen für den Besuch von Veranstaltungen

Grüßen Sie die Gastgeber, die Garderobenfrau und die Mitarbeiter – übersehen Sie nicht die fleißigen Menschen, die auf einer Veranstaltung arbeiten. Wenn Sie viel zu früh da sind, ist es eine gute Idee, noch mal um den Block zu laufen oder einen Kaffee trinken zu gehen. Sie möchten schließlich höflich sein und anderen nicht zu viele Umstände machen.

Besuchen Sie ein Event, dann wollen Sie sicher eine Verbindung zu anderen Menschen aufbauen und sich nicht mit einer Zeitung in die Ecke setzen. Sonst hätten Sie ja zu Hause bleiben können. Das gelingt ganz einfach, wenn Sie sich fragen: Worüber könnte sich mein Gegenüber freuen? Was könnte die Person brauchen? Möchte sie sich vielleicht setzen? Dann könnten Sie einen Stuhl organisieren.

> Bedanken Sie sich im Anschluss bei den Veranstaltern, auch gerne über Ihre digitalen Kanäle. Vergessen Sie das nicht.

Wenn Sie auf Veranstaltungen aufmerksam und wach unterwegs sind, durchbrechen Sie bei sich und anderen den Gewohnheitsmodus. Gehen Sie nicht wortlos an Menschen vorbei. Lassen Sie sich auf Gespräche ein. Wenn Sie angesprochen werden, unterhalten Sie sich und lernen sich kennen – wie das geht, haben Sie im Kapitel „Moderner Smalltalk“ gelesen.

Elegant in Stuhlreihen an anderen vorbeigehen

Kennen Sie das? Sie sitzen bei einer Tagung auf Ihrem Stuhl in irgendeiner Reihe und andere Besucher quetschen sich rücksichtslos an Ihnen vorbei, um an ihren Platz zu kommen und halten Ihnen ihren Allerwertesten entgegen. Manchmal bleiben sie sogar vor Ihnen stehen, weil sie gerade einen Bekannten getroffen haben und quatschen. Wenn Sie Pech haben, haben Sie einen tropfenden Regenschirm oder eine nasse Jacke vor Ihrem Gesicht. Das ist schlechter Stil, darüber sind wir uns einig.

Wie geht es also eleganter? Wenn Sie durch eine Reihe gehen, drehen Sie sich so, dass Sie den anderen das Gesicht zuwenden. Umgekehrt können die Sitzenden helfen, indem sie höflich von ihrem Platz aufstehen, um Nachzüglern Platz zu machen.

Prinzipiell ist es rücksichtsvoll, möglichst pünktlich zu erscheinen und sperrige Dinge wie Mantel oder Handgepäck an der Garderobe abzugeben.

Professioneller Umgang mit Rednern bei Veranstaltungen

Begrüßen Sie Redner und Akteure, wenn sie ankommen. Sie haben meistens eine längere Fahrt hinter sich und freuen sich über einen gastfreundlichen Empfang. Zeigen Sie ihnen die Räumlichkeiten, fragen Sie, ob sie noch etwas brauchen, vielleicht ein Flipchart.

Stellen Sie für die Redner Wasser und Kaffee bereit. Ich erlebe es häufig, dass es nichts zu trinken gibt – zumindest eine Flasche Wasser sollte Standard sein. Auch ein Glas darf nicht fehlen, da der Speaker sonst gezwungen ist, vor dem Publikum aus der Flasche zu trinken. Unhöflich ist, wer offen seine Lustlosigkeit zeigt, Getränkenachschub zu holen. Zählen Sie auch keine Kekse einzeln ab! Beides ist peinlich.

Es wertet eine Veranstaltung und einen Gastgeber auf, wenn er am Ende aufsteht und sich freundlich für den Vortrag bedankt. Besonders charmante Gastgeber überreichen Rednern ein Blümchen oder eine kleine Aufmerksamkeit als Dank.

Wie Sie Redner stilvoll vorstellen und Veranstaltungen abmoderieren

„Hi Leute, so dann wollen wir mal. Herr Müller, von mir aus können Sie jetzt anfangen mit Ihrem Vortrag!“ Das ist kein lustvoller

Start – weder für die Gäste noch für den, der spricht. Eine erfolgreiche Anmoderation macht neugierig und baut Spannung auf. Sollten Sie dazu bestimmt sein, einen externen Redner oder einen Kollegen auf einer Veranstaltung anzumoderieren, dann verrate ich Ihnen jetzt in vier Schritten, wie Sie das ganz einfach hinkriegen. Und zwar so, dass Sie freundlich, sympathisch und wie ein Profi wirken.

1. Sich mit dem Redner abstimmen

Besprechen Sie vorab mit dem Redner, wie Sie die Begrüßung und den Abschied gestalten wollen. Oft stellen sich Redner gern selbst vor. Dann sollten Sie zumindest die offizielle Begrüßung Ihres Publikums und des Redners übernehmen. Lassen Sie sich auf Empfehlungen des Redners für das Intro ein, falls Sie unsicher sind. Die sind meistens erfahren und wissen genau, was beim Publikum ankommt. Nennen Sie das Vortragsthema und den Namen des Referenten. Notieren Sie beides zur Sicherheit auf einer Moderationskarte.

2. Charmant anmoderieren

Die Anmoderation hat die Funktion, eine positive Erwartungshaltung bei Ihrem Publikum aufzubauen. Wenn Sie es schaffen, Ihr Publikum neugierig zu machen, wertet es Ihre Veranstaltung auf. Und Sie gleich mit. Wie gehen Sie also am besten vor?

Podcast-Empfehlung: Falls Sie Lampenfieber haben, vor anderen zu sprechen, und gern lernen möchten, es besser zu machen, hören Sie mal in „Stagediving" von Michael Praetorius und Hannah Klose hinein. Hier gibt es klasse Tipps!

Stehen Sie zur Begrüßung auf, treten Sie vor das Auditorium. Auch in einem kleineren Sitzungsraum wirkt dies professioneller, als sitzen zu bleiben. Bitten Sie den Redner nach Ihrer ersten Begrüßung und Ihrem Intro zu sich nach vorne. Dann überlassen Sie Ihrem Gast dezent die Bühne und setzen sich wieder auf Ihren Platz oder verabschieden sich.

Drücken Sie bei Ihren einleitenden Worten Wertschätzung und Freude aus. Lassen Sie Ihren Gast glänzen. Gibt es mehrere Redner, behandeln Sie alle gleichwertig, heben Sie keinen hervor. Leider erlebe ich es oft, dass Text bei der Begrüßung automatenhaft heruntergerattert wird. Tun Sie das nicht! Sie könnten sagen: „Wir freuen uns sehr, dass Frau Meyer heute bei uns ist und uns zeigen wird, was wir über Etikette wissen sollten." Oder: „Es ist eine große Ehre für uns, dass wir Herrn Steif für einen Vortrag zu ‚Krawatten im Wandel der Zeit' gewinnen konnten und er sich die Zeit für uns genommen hat." Sie werten so nicht nur Ihre Redner auf, sondern auch sich selbst und Ihre Firma gleich mit. Ganz einfach, oder?

3. Das Thema mit Fingerspitzengefühl einführen

Es ist wichtig, ein Thema richtig und mit Geschmack einzuführen. Sie laufen in die Anstandsfalle, wenn Sie sagen: „Frau Meyer wird Ihnen heute mal zeigen, wie man richtig mit Messer und Gabel isst." Das klingt beleidigend für das Publikum.

Suchen Sie eine unterhaltsame, sympathische Verbindung von sich zum Thema oder Redner. Je lockerer der Anlass ist, desto lässiger dürfen Sie das Intro gestalten. In unserem Bespiel könnten Sie mit einer kleinen Geschichte starten: „Ich habe die Szene in ‚Pretty Woman' geliebt, wo Julia Roberts im Sternerestaurant versucht, Schnecken zu essen, woraufhin eine durch die Luft fliegt und von einem Kellner aufgefangen wird. Damit uns das nicht passiert ..." Nun verknüpfen Sie die Geschichte mit dem Thema. Versetzen Sie sich immer in die Lage Ihres Publikums, Sie wollen es neugierig machen.

Achten Sie auf Ihre Redezeit. Wenn Sie kein Ende finden, zerstören Sie damit die Vorfreude und Spannung. Verzichten Sie darauf, zu viel über sich selbst zu erzählen, auch übertriebenes Name- und Titeldropping sind von vorgestern.

4. Charmant abmoderieren

Nach der Präsentation geben Sie dem Applaus Zeit. Es ist der Dank für den Redner. Treten Sie dann wieder nach vorne. Alternativ starten Sie mit dem Klatschen oder klopfen auf den Tisch.

Zum Abschluss bedanken Sie sich herzlich bei dem Redner. Es ist nicht Ihre Aufgabe, den Vortragenden zu bewerten. Verabschieden Sie auch das Publikum herzlich.

ELEGANT SELFIES AUF VERANSTALTUNGEN MACHEN

Es gibt einige Regeln, die Sie beachten sollten, wenn Sie auf einer Veranstaltung ein Selfie machen wollen.

Darauf bitte achten

- Privatsphäre anderer Menschen schützen
- Hintergrund und Umgebung checken vor dem Abdrücken
- Fotografieren Sie nur sich und Ihre Begleiter
- Beim Gruppenselfie niemanden vergessen
- Beim Upload eines Gruppenselfies andere markieren
- Niemanden beim Fotografieren stören
- Sind andere auf dem Bild? Genehmigung einholen
- Safety first! Sicherheitsaspekte beachten
- Respekt vor der Umgebung zeigen
- Ist unklar, ob Fotografieren erlaubt ist? Nachfragen!
- Das Bild vor dem Veröffentlichen prüfen

Das geht gar nicht

- Respektloser Selfieholic sein
- Unpassende Selfies machen, z. B. auf der Toilette
- Mega-Fotoshooting aus einem Selfie machen
- Wild mit Selfiestange herumgestikulieren (Verletzungsgefahr)
- Andere ohne deren Erlaubnis mit aufs Foto bringen
- Intime Aufnahmen in der Öffentlichkeit
- Narzissmus: Nur das eigene digitale Make-up optimieren

WLAN gehört zur Gastfreundschaft

Heute reicht es nicht mehr, nur analog gastfreundlich zu sein. Die Gäste möchten auch digital zufriedengestellt werden. Nicht nur im Hotel erwartet der Gast kostenloses WLAN, dieser Service gehört heute überall zur Gastfreundschaft und an jeden Ort, wo es Kundenverkehr und Mitarbeiter gibt. Die Verbindung ins Internet sollte schnell und stabil sein sowie über ein einfaches, wiedererkennbares Login verfügen.

Lassen Sie Ihre Gäste nicht nach einem Netz suchen. Seien Sie ein nettes, modernes Unternehmen, eine nette Marke, nette Gastgeber: Bieten Sie Internetzugang proaktiv an, so haben Sie glückliche Gäste. Dabei spielt es keine Rolle, wofür das WLAN gebraucht wird. Ob die Menschen mobil arbeiten, spielen oder die sozialen Medien nutzen. Es liegt nicht an uns, das zu kommentieren oder zu reglementieren.

Moderner Umgang mit Veranstaltungstechnik

Unsere Welt verändert sich in einem rasanten Tempo. Unter anderem werden ständig neue technische Geräte entwickelt. Eine Sprachassistentin wie „Alexa“ ist nur ein Beispiel dafür. Zu den Facetten moderner Umgangsformen gehört inzwischen auch, neue Denkanreize zuzulassen, um sich angemessen verhalten und mit dem digitalen Wandel Schritt halten zu können. Kai Oppel schreibt in seinem Buch „Die Knigge Kur“[42]: „Businessknigge 2020 heißt: wieder mündig zu sein.“ Darunter versteht er, Herr(in) über die Dinge zu werden, Herr(in) über die Zeit zu sein, Herr(in) über die eigenen Daten zu sein und schließlich Herr(in) über sich selbst zu sein.

Als Trainerin erlebe ich allerlei analogen Wahnsinn. Fast immer werde ich gefragt, ob ich womöglich einen Mac habe. Wenn ich das bejahe, geht die Stimmung meistens nach unten, da per se technische Probleme vermutet werden. Der Beamer scheint für viele eine Art Hightech-Gerät zu sein, das nur (männliche) IT-Fachleute bedienen können. (Nein, Frauen können das auch!) Um ihn zu erhöhen und richtig auszurichten, werden vielerorts noch Bücher oder Kartons gestapelt, weil nicht in moderne Konferenztechnik investiert wird. Ich habe schon erlebt, dass ein Thema kurzfristig umgebucht wurde, weil es kein Zugang zum Netz gab. „Die Geschäftsführung möchte hier kein Internet. Auch nicht für die Mitarbeiter." WLAN-Passwörter sind manchmal so lang und kompliziert, als handle es sich um den Code für den Zugang zur Weltherrschaft.

Meine Empfehlungen für den Umgang mit Veranstaltungstechnik

Meine nachfolgenden Empfehlungen basieren auf Vorkommnissen, dir mir bei meinen Einsätzen immer wieder aufgefallen sind.

- Es ist nicht zeitgemäß, bei dem kleinsten Problem nach einem „Mann von der IT" zu rufen, und es ist unhöflich, eine Frau per se als Techniktrotteline einzustufen. Legen Sie das Vorurteil ab, dass eine Frau keinen Beamer bedienen oder nicht mit einem Computer umgehen kann. Sie wird von alleine fragen, wenn sie Hilfe braucht. Der Kommentar „Frauen und Technik!" ist ein No-Go.
- Treten Sie nicht einfach an einen Laptop heran und fangen an, ihn zu bedienen, ohne vorher die Besitzerin oder den Eigentümer zu fragen. Es ist maximal übergriffig.
- Seien Sie diskret beim Betrachten fremder Bildschirme.
- Befreien Sie sich von dem Mythos, dass ein Mac im Zusammenspiel mit Beamern per se Probleme macht. Jeder Macbesitzer hat in der Regel alle am Markt verfügbaren Beamer-Adapter dabei.
- Investieren Sie in moderne Konferenztechnik. Kartons und Bücher als Unterlage für einen Beamer sind keine langfristige Lösung und machen einen unprofessionellen Eindruck.
- Ihr Laptop ist von 2013, furchtbar langsam und kostet Sie viel Zeit? Die Technik hat sich seither rasant weiterentwickelt. Vielleicht ziehen Sie in Betracht, sich ein neues Gerät zuzulegen.

Messe-Knigge: Besucherorientiertes Verhalten führt zum Erfolg

Einige Jahre lang war ich mit einem Bulli in ganz Deutschland unterwegs und besuchte verschiedene große Handelsmessen. Ich weiß, wie anstrengend es ist, mehrere Tage auf einer Messe zu arbeiten. Man kann trotzdem freundlich sein und Dienstbereitschaft zeigen. Standpersonal, das plaudernd in Grüppchen zusammensteht, isst oder auf das Smartphone starrt, signalisiert Besuchern: „Ich bin beschäftigt. Stör mich nicht!“ Vielleicht kennen Sie das auch? Oft werden Interessierte ignoriert, gar nicht wahrgenommen oder erstmal gesprächsunwillig taxiert, um zu schauen, ob sich eine Unterhaltung überhaupt lohnt. So werden Erfolgschancen verschenkt.

> Im digitalen Zeitalter ist eine Messe viel mehr als nur eine Plattform, um Produkte zu präsentieren.

Machen Sie es anders! Eine Messe ist heute vor allem ein Ort für Gespräche und Networking, und keine reine Produktinformationsplattform mehr. Das Messeteam sollte über Dialoge Beziehungen zu den Standbesuchern aufbauen. Beherzigen Sie die folgenden Empfehlungen. So können Sie sicher sein, dass Sie am Stand attraktiv aussehen und erfolgreich sind.

- Demonstrieren Sie Dienstbereitschaft.
- Stehen Sie nicht in Grüppchen mit Kollegen zusammen.
- Seien Sie aufmerksam, hilfsbereit und ansprechbar.
- Der Messestand ist keine Bar, stützen Sie sich nicht darauf ab.
- Kauen Sie kein Kaugummi.
- Benutzen Sie Ihr Handy nicht demonstrativ vor Besuchern.
- Achten Sie auf Ihre passive Ausstrahlung,
- Seien Sie nicht zu aufdringlich in Gesprächen.
- Taxieren Sie Ihre Gäste nicht.
- Achten Sie auf ein gepflegtes Äußeres.

Powerpoint-Etikette – Wie Sie Ihre Zuhörer begeistern

In der modernen Arbeitswelt sind Powerpoint-Präsentationen ein weit verbreitetes Medium, um Projekte zu präsentieren, und oft der erste Eindruck, den jemand über sich und sein Unternehmen vermittelt. Die Folien sind eine Möglichkeit, Ihre Professionalität, Persönlichkeit und Ihren Stil zu zeigen. Unterhaltsam und überzeugend präsentieren zu können, ist inzwischen eine gefragte Qualifikation. Geben Sie sich daher Mühe, wenn Sie eine Präsentation vorbereiten. Machen Sie sich mit der grundlegenden Etikette für Powerpoint-Präsentationen vertraut, um eine positive Wirkung zu erzielen.

Hand aufs Herz. Haben Sie auch schon mal in einem nervenaufreibend langweiligen Vortrag gesessen, wo stundenlang lieblos zusammengeschusterte, überladene Folien gezeigt wurden? Manche von uns werden von Albträumen in Comic Sans verfolgt. Einige Jahre lang verantwortete ich eine öffentliche Vortragsreihe. Ich redigierte Tausende von Folien von Rednern und sorgte dafür, dass die Präsentationen in einem Konzertsaal gut zur Geltung kamen und vor allem lesbar waren. Mathematiker, Physiker, Biologen und Sozialwissenschaftler hatte ich davon zu überzeugen, die Schrift von 12 auf 40 Punkt zu vergrößern, Fachbegriffe zu streichen, englischsprachige Folien für das deutsche Publikum zu übersetzen und verzerrte Logos oder pixelige Bilder auszutauschen. Ich sah Folien, für die ich Operngläser an das Publikum hätte verteilen müssen.

Folien sollen eigentlich nur Gesagtes über Bilder im Kopf verankern. Die entscheidenden Informationen müssen vom Redner kommen. Vor allem anderen wollen Zuschauer beeindruckt werden. Die Unterhaltung folgt an zweiter Stelle, an dritter Stelle die Anregung. Erst an vierter und letzter Stelle wünschen sich Zuhörer, informiert zu werden. Das ist das Ergebnis einer Studie – und wichtig zu wissen für diejenigen, die Powerpoint-Präsentationen vorbereiten.[43]

Welche Regeln zum erfolgreichen Präsentieren mit Powerpoint sollten Sie kennen? Wie schaffen Sie es, Ihr Publikum zu packen, zu begeistern und nicht in Tiefschlaf zu versetzen? Wie können Sie Ihre Darbietung aufpeppen? Wie fühlen auch Sie sich wohl und sicher bei der Präsentation? Keine Sorge, es ist gar nicht so schwer. Ich gebe Ihnen die wichtigsten Empfehlungen, die Ihnen helfen werden, ab sofort Ihren Vortrag zu einem Erlebnis für Ihre Zuschauer zu machen.

> Es sind die Details, die Ihre Präsentation zu etwas Besonderem und zu einem Erfolg machen.

Die freundliche Begrüßung stellt die Weichen

Starten Sie immer mit einer Begrüßung und einem Dank an Ihr Publikum fürs Kommen. Zelebrieren Sie die Begrüßung ein wenig, huschen Sie nicht schnell drüber weg. Machen Sie sich klar: Ist Ihr Willkommen herzlich, stimmt die Energie, fühlt sich Ihr Auditorium wohl. Sie vermitteln so Kompetenz und Themensicherheit. Wenn Sie dann noch irgendwie verblüffend starten – mit einem verheißungsvollen Versprechen, einer Frage oder einer Geschichte aus Ihrem Leben –, dann haben Sie schon halb gewonnen. Der Funke springt hingegen nicht über, wenn Sie gleich nach einer Begrüßungsfloskel ohne Vorspann direkt in Ihr Thema einsteigen.

Geben Sie sich nicht cool, geben Sie sich menschlich. Sie beeindrucken und entzünden Ihre Zuhörer, wenn Sie Leidenschaft für Ihre Sache mitbringen. Begrüßen Sie Ihr Publikum nie unhöflich beiläufig beim Laufen oder Ausziehen Ihrer Jacke. Halten Sie immer Augenkontakt, so beteiligen Sie jeden im Raum. Drehen Sie Ihrem Publikum nicht den Rücken zu, das ist unhöflich. Seien Sie immer auf Störgeräusche oder Probleme mit der Technik vorbereitet und verkneifen Sie sich in einem solchen Fall besser: „So ein Mist! Diese bekloppte Technik!“

Moderne Textgestaltung

Wenn Sie sich eine Sache merken sollten, dann diese Minimalismus-Regel: Präsentieren Sie pro Folie eine Botschaft. Es sollten nicht mehr als sechs Zeilen Text sein. Jede dieser Zeilen darf maximal sechs Wörter umfassen. Je weniger Text, desto größer ist die Wirkung. Verzichten Sie auf lange, ausformulierte Sätze. Damit alles auch in den hinteren Reihen lesbar ist, wählen Sie je nach Raumgröße eine Schriftgröße von 26 bis 40 Punkt.

Bauen Sie auch Fragen für Ihr Publikum ein. Das macht neugierig. Strukturieren Sie Ihren Inhalt klug, sodass die Abfolge für Ihre Zuhörer nachvollziehbar bleibt. Rechtschreibfehler sind peinlich. Lesen Sie Ihren Text gründlich Korrektur. Oder lassen Sie lesen.

Schriftgestaltung für Profis

Eine leserfreundliche, eher nüchterne Schrift ist Ihr bester Freund. Mixen Sie nie mehr als zwei bis drei Schriftarten, sonst wirkt Ihre Präsentation unruhig. Setzen Sie keine reine Großschreibung ein. Es stört den Lesefluss und ist nicht hübsch. Bitte keine Experimente bei der Farbenwahl. Am besten lesbar ist eine dunkle Schrift auf hellem Hintergrund. Verschonen Sie Ihre Zuschauer mit verspielten Kombinationen wie dunkler Schrift auf kräftigem Hintergrund.

Plopp! – Pling! – Bäm!

Wenn Sie nicht gerade das Programm für Halloween im Kindergarten vorstellen wollen, binden Sie keine Animationseffekte und -geräusche ein. Es wirkt altbacken. Sie könnten stattdessen kurze Filmsequenzen zeigen. Verzichten Sie auf Übergangseffekte zwischen Folien. Es lenkt Ihre Zuhörer von Ihnen ab.

AUF DEM FLIPCHART PRÄSENTIEREN

Sie nutzen ein Flipchart, um etwas Abstraktes leichter begreifbar zu machen? Dann habe ich folgende Tipps für Sie:

- Stellen Sie das Flipchart nie in die Mitte. Das ist Ihre Position, Sie sind der Mittelpunkt.
- Achten Sie beim Schreiben darauf, nichts zu verdecken.
- Arbeiten Sie mit möglichst neuen Stiften, die nicht schon in der dritten Zeile ihr Leben aushauchen.
- Drehen Sie kariertes Papier für bessere Leserlichkeit um, so ist das Karomuster nur noch dezent sichtbar.
- Um das Zeichnen von Symbolen oder gestalterische Kniffe zu lernen, besuchen Sie einfach mal einen Flipchart-Kurs. Es macht Spaß!

Mit Pfiff visualisieren

Visualisieren Sie komplizierte Sachverhalte, um Ihr Publikum zu begeistern und von sich zu überzeugen. Nutzen Sie gute Fotos, Illustrationen, Videos und Grafiken zum Veranschaulichen. Vermeiden Sie ungewollte Mehrdeutigkeiten bei Bildern. Das kann peinlich werden. Sollten Sie keine eigenen Fotos parat haben, recherchieren Sie in lizenzfreien Online-Bilddatenbanken. Wählen Sie klare Diagramme, damit Sie verstanden werden.

Lassen Sie Hasen Motorrad fahren

Langweilen Sie Ihre Zuhörer nicht mit Sachinformationen, sondern inspirieren Sie sie auch. Doch wie wecken Sie die Sinne Ihres Publikums, sodass der Inhalt haften bleibt und Ihr Auftritt nachwirkt? Lernen Sie von den alten Griechen. Für sie war das Zusammenspiel aus Pathos, Ethos und Logos gute Rhetorik. Nutzen Sie also ab sofort mehr „Pathos“. Eine emotionale Geschichte, die Gefühle weckt und berührt, wird immer erfolgreicher sein als die trockene Präsentation von Daten und Fakten. Steigen Sie mit etwas Unvorhersehbarem, Amüsantem oder einem persönlichen Erlebnis ein. Sie müssen nicht verkrampft witzig auftreten, aber Sie dürfen ein ungewöhnliches Anschauungsobjekt herumgeben, um bildhaft in Ihr Thema einzuführen. So platzieren Sie Ihre Kernbotschaften ganz leicht. Lassen Sie die Leute etwas fühlen, herausfinden oder probieren. Sorgen Sie für Abwechslung und Erstaunen. Lassen Sie sich etwas einfallen zu Ihrem Thema, eine Anekdote, Frage oder eine animierte Grafik. Warum nicht mal einen Hasen auf einem Motorrad durch die Wüste fahren lassen?

INTERESSANT PRÄSENTIEREN

- Sie sind unsicher, wenn Sie vor einer Gruppe sprechen? Gute Vorbereitung ist das A und O. Um erfolgreich zu präsentieren, sollten Sie sich zunächst einen Überblick verschaffen und sich fragen: Wer sind meine Zuhörer? Was wissen sie schon? Was könnte sie interessieren? An welchem Ort findet mein Vortrag statt? Wieviel Zeit habe ich?
- Um Ihr Thema souverän zu präsentieren, beantworten Sie sich die Fragen: Was erzähle ich zu meinem Thema? Welche Aspekte sind relevant für mein Publikum? Wie argumentiere ich? Überlegen Sie sich, wie Sie Ihr Thema erzählen und Sie Ihren Vortrag aufbauen. Denken Sie dabei auch an twitterbare Aussagen.
- Schließlich legen Sie fest, welche Medien Sie einsetzen, wie Sie Ihr Redemanuskript gestalten und natürlich auch, wie Sie sich kleiden möchten.
- Wenn alles steht und Sie noch etwas mehr Sicherheit für Ihre Präsentation gewinnen möchten, schnappen Sie sich Ihr Handy und filmen Sie sich. Das übt und spiegelt Ihnen Ihr Sprechtempo oder auch Ihren Umgang mit Pausen. Alternativ ziehen Sie dafür Kollegen oder Freunde als Sparringspartner zu Rate.

Viel Erfolg!

Humor gehört dazu

Zu einem erfolgreichen, guten Vortrag gehört Unterhaltung und Humor dazu. Sie müssen keine Comedyshow abliefern. Doch wenn Sie sich selbst auf die Schippe nehmen können, ist Ihnen die Aufmerksamkeit sicher. Es hat Unterhaltungswert. Sie gewinnen Sympathien, denn Sie zeigen, dass Sie über sich selbst lachen können. So sind alle entspannt, aufnahmefähiger und bekommen viel mehr vom Inhalt mit. Sollte es mit der Präsentation mal nicht rund laufen, nicht schlimm. „Viele“, so resümiert der für seine witzigen Keynotes bekannte Mathematiker und Autor Gunter Dueck, „kaufen ein konferenzpräsentiertes Produkt dann doch, weil sie die abgrundschlechten Powerpoints längst beim Huhn-Fisch-Ravioli-Einheitscatering-Fraß vergessen haben.“[44]

> Am besten ist es übrigens, auch ganz ohne Folien frei sprechen zu können.

REISEN

Souverän unterwegs sein von Rom bis Rio

Die Welt ist klein geworden. Was früher sehr exotisch war und fremd, wirkt heute vertraut oder sogar beliebig. Ostasien ist in zwölf Flugstunden zu erreichen, Berichte über einst so ferne Länder können wir jederzeit auf unseren Smartphones abrufen oder im Fernsehen anschauen. Doch aus einer anderen Perspektive betrachtet, ist die Welt sehr groß geworden: Zu groß, als dass der Einzelne sie wirklich erfahren könnte. Ein Menschenleben reicht kaum aus. Zur Zeit der Postkutsche war das Reiseziel meist nicht weit entfernt, auch wenn man stundenlang unterwegs war. Die jeweiligen Benimmregeln des Reiseziels zu kennen, war sicher einfacher als in unserer heutigen globalisierten Welt.

Heute reisen wir geschäftlich oder als Tourist in weit entfernte Länder, begegnen dort Einheimischen, sind mit fremden Kulturen konfrontiert. Im günstigen Fall tragen unsere Reisen zu Völkerverständigung und kulturellem Austausch bei und erweitern unseren Horizont. Doch manchmal flüchten wir lieber in die eigene, vertraute und „richtige" Lebenswelt, statt uns dem Neuen zu öffnen. „Das Fremdartige hat kaum eine Chance, sich zu erkennen zu geben, wenn es uns Betrachtern letztendlich nur um die Bewahrung des Altvertrauten geht", schreibt dazu treffend Klaus Bergmann.[45] Wie Sie beim Reisen gute Manieren zeigen, erfahren Sie in diesem Kapitel.

Gutes Benehmen an Bord

Es war kurz vor Weihnachten, ich hatte Bereitschaftsdienst. Da klingelte das Telefon: „Guten Tag! Hier ist der Lufthansa-Dispatch. Gute Nachrichten. Wir haben einen Sonderflug für Sie. Sie gehören zur ersten Crew, die nach Leipzig fliegen darf." Wow! So ging es los. Ohne Passagiere, aber mit 350 Weihnachtstüten als Sonderbeladung in einer B747 von Frankfurt. Beim Boarding in Leipzig fielen sich fremde Menschen weinend in die Arme. Die Mauer war gefallen. Die Passagiere küssten und beschenkten uns mit selbst gebackenen Weihnachtsplätzchen. So viel Freude. Als die Reiseflughöhe erreicht war und der Service begann, griff plötzlich ein Mann zum Mikro des Pursers und stimmte ein Lied an. Jeder von uns an Bord kannte es: „Die Gedanken sind frei, wer kann sie erraten? Sie fliehen vorbei wie nächtliche Schatten. Kein Mensch kann sie wissen, kein Jäger erschießen." Alle Passagiere und die komplette Besatzung sangen weinend mit.

Dieser geschichtsträchtige, unvergessliche Flug mit seiner menschlichen Solidarität steht im Kontrast zu dem Verhalten, das ich sonst weltweit auf Flügen als Flugbegleiterin erlebt habe. Nie wieder habe ich Weihnachtsplätzchen von Passagieren geschenkt bekommen. Egal ob auf dem Weg nach Delhi, Düsseldorf oder Helsinki – Fluggäste verhalten sich oft fordernd gegenüber dem Flug- und Bodenpersonal und gehen auch untereinander nicht immer rücksichtsvoll miteinander um. Manche steigen wie Tarzan über andere Passagiere hinweg, entern auf Langstreckenflügen schon mal den Ruhebereich der Crew und ziehen einem die Schlafmaske vom Gesicht, um einen Whiskey zu ordern. Andere feilen sich an Bord die Kunstfingernägel oder schwitzen im Sommer in bikiniartigen Oberteilen in die Sitze. Ich erinnere mich an einen Passagier, der direkt neben einer Wiederbelebungsmaßnahme insistierte, zuerst bedient zu werden. „Ach, so schnell stirbt man nicht. Bringen Sie mir jetzt erst mal einen Gin Tonic!" Dieses Verhalten ist leider kein

> Viele Fluggäste verhalten sich fordernd und sind wenig sozial. Machen Sie es besser!

Einzelfall. Es gibt einen Instagram-Account der ehemaligen Flugbegleiterin Shawn Kathleen, der geschmackloses Verhalten von Passagieren in Flugzeugen dokumentiert: https://www.instagram.com/passengershaming.

Auch Geld und Prominenz sind keine Garantie für gutes Benehmen oder Weltbürgertum. So mancher Promi legt seine nackten Füße auf das First-Class-Tischchen ab und lässt sich in dieser Haltung Getränke servieren. Natürlich gibt es auch liebenswerte, reizende Passagiere und VIPs mit exzellenten Manieren. Ich sah die flugängstlichen Bee Gees in der First Class Händchen halten, bediente bescheidene, liebenswert freundliche Stars wie Tina Turner oder Herbert Grönemeyer. Sie zeigten keine Starallüren, säuberten ihre Sitze nicht in Handschuhen mit Desinfektionstüchern und filmten sich dabei mit dem Smartphone – so wie es Naomi Campbell für ihren Youtube-Kanal macht und dafür Likes kassiert. Ich kann mir nur vorstellen, wie sich die Flugbegleiter als Gastgeber auf ihrer Maschine fühlen müssen, die übrigens ohne Handschuhe arbeiten.

> Auf Langstreckenflügen verbringen Sie mehrere Stunden mit fremden Menschen auf engstem Raum. Gute Manieren machen es für alle einfacher.

Anleitung für kultiviertes Fliegen

Im Flugzeug ist angemessenes Verhalten immer auch eine Frage der Flugsicherheit. An Bord bildet sich eine Zwangsgemeinschaft auf Zeit. Alle wollen sicher und heil ans Ziel kommen. Sie sind in einer Flughöhe von bis zu 10 000 Metern auf engstem Raum über Stunden „gefangen“. Wenn die Passagiere aufeinander Rücksicht nehmen und sich manierlich benehmen, schont jeder seine eigenen Nerven und die der anderen. Gute Manieren sind sehr nützlich, um die unnatürliche Situation souverän hinter sich zu bringen. Worauf müssen Sie also achten?

- Grüßen Sie beim Betreten des Flugzeugs die Besatzung und gehen Sie zügig vorwärts.

- Spendieren Sie beim Platznehmen Ihren Sitznachbarn ein freundliches „Guten Tag“. Sie verbringen einige Zeit nebeneinander.
- Verstauen Sie Ihr hoffentlich kleines Handgepäck vorsichtig, sodass es niemandem auf den Kopf fällt.
- Stellen Sie Ihre Kopfhörer leise.
- Stützen Sie sich beim Aufstehen nicht auf die Rückenlehne Ihres Vordermanns.
- Behalten Sie Ihre Schuhe an, zumindest auf Kurzstrecke.
- Breiten Sie nicht Ihre Yogamatte im Gang aus.
- Verstellen Sie Ihren Sitz vorsichtig. Noch höflicher: Fragen Sie Ihren Hintermann, ob es okay ist.
- Laufen Sie nicht mit nacktem Oberkörper durch die Kabine.
- Überlassen Sie Ihrem Sitznachbarn in der Mitte die Armlehne. Alternative: Verwenden Sie zum Abstützen Ihres Ellenbogens den vorderen Teil der Armlehne, der andere bekommt das hintere Teil.
- Legen Sie Ihre Füße nicht auf die Kopfstütze des Vordersitzes.
- Sprechen Sie nicht über andere Fluggäste hinweg.
- Drängen Sie Sitznachbarn keine Gespräche auf.
- Steigen Sie nicht über Passagiere hinweg. Sie zeigen gutes Benehmen, wenn Sie andere freundlich bitten, kurz aufzustehen.
- Stören Sie Mitreisende nicht durch laute Gespräche oder zu lautes Lachen, vor allem nicht auf Langstreckenflügen in der Nacht.
- Laufen Sie nicht mit offenem Gürtel durch die Kabine.
- Legen Sie Baby, Kleinkind und Hund nicht im Gepäckfach ab.
- Folgen Sie immer den Anordnungen der Crew. Sie haben Sicherheitsvorschriften einzuhalten.
- Warten Sie nach Möglichkeit mit Extrawünschen oder dem Gang zum WC, bis der Ess- und Getränkeservice erfolgt ist.
- Ohrfeigen Sie nicht Ihre Ehefrau und auch sonst niemanden.
- Wenn Sie Streckübungen im Gang machen, dann halten Sie Ihren nackten Bauch nicht direkt vor das Gesicht anderer Passagiere.
- Werfen Sie Abfall nicht auf den Boden.
- Sitzen Sie plötzlich neben einem Star, vermeiden Sie Fanverhalten.

- Springen Sie nicht gleich nach der Landung auf. Bleiben Sie angeschnallt sitzen, bis die Anschnallzeichen erloschen sind.
- Seien Sie besonders vorsichtig (vor allem auch während des Fluges), wenn Sie Taschen oder schwere Gegenstände aus dem Gepäckfach über den Sitzen herausholen und darunter Passagiere sitzen. Hier passieren viele Unfälle.
- Übergeben Sie volle Windeln an Flugbegleiter nicht direkt über Passagiere, die gerade essen.
- Sollten Sie Flugangst oder sonstige Probleme haben, informieren Sie die Flugbegleiter.
- Wenn Sie auf Kurzstrecke eine Tupperdose mit Broten oder Kekse dabeihaben, bieten Sie Ihrem Sitznachbarn auch etwas an.
- Verabschieden Sie sich von Ihren Sitznachbarn.
- Bedanken Sie sich bei der Crew für den Service beim Verlassen des Flugzeugs und verabschieden Sie sich.
- Protipp: Fragen Sie die Crew nach einem Langstreckenflug nicht, ob sie jetzt direkt wieder zurückfliegen.

WAS SIE SAGEN KÖNNEN, WENN DER PASSAGIER NEBEN IHNEN SIE VOLLQUATSCHT

„Das klingt alles sehr interessant." „Danke für die Einblicke." „Ich führe leider kein so aufregendes Leben und muss mich jetzt wieder in meine trockenen XY-Unterlagen/die gedankliche Vorbereitung meiner XY versenken." „Sie entschuldigen."

Wie ich den Dalai-Lama auf einer Boeing 727 traf, was ich falsch machte und Sie daraus lernen können

Eine meiner liebsten Anekdoten passierte auf einem innereuropäischen Flug mit der B727 nach Rom. Plötzlich war der Dalai Lama an Bord. In unserer Ausbildung hatten wir gelernt, wie wir Grafen,

Kardinäle oder den Bundespräsidenten ansprechen. Doch nicht, dass das geistige Oberhaupt der Tibeter mit „Eure Heiligkeit“ angesprochen wird. Als es mit dem Getränkeservice losging, fragte ich seine Heiligkeit, den Dalai Lama: „Sir, what would you like to drink?“ – Mein erster Fehler, als Frau sprechen Sie den Dalai-Lama nicht direkt an, schon gar nicht mit „Sir“. Der Dalai Lama wendete sich daraufhin zu seinem Assistenten, der den Gangplatz hatte: „Orange Juice.“ Dieser richtete den Blick zu mir und wiederholte: „Orange Juice!“ So, als hätte ich es nicht gehört. Ich bereitete den Saft vor und reichte dem Dalai Lama das Glas. – Mein zweiter Fehler: Ich hätte es dem Assistenten geben müssen. Der Dalai Lama zögerte. Er schien zu überlegen. Sollte er das Glas von mir einfach so annehmen? Für einen Moment kam ich mir selbst gefährlich vor, gleichzeitig war ich davon überzeugt, er würde zugreifen und so ließ ich los. Leider zu früh: Es flossen 0,2 Liter Orangensaft mit Fruchtfleisch in seinen Schoß. Sie ahnen es, wir kommen zum dritten Fehler: Ich griff zu meiner Stoffserviette und folgte ohne nachzudenken der Flüssigkeit. Ich dachte, es sei höflich, ihn abzutupfen, um mein Missgeschick widergutzumachen. Der Dalai Lama schaut mich entgeistert an, der Leibwächter griff nach meinem Arm und zog ihn ziemlich fest zur Seite. Er riss mir die Stoffserviette aus der Hand – und übernahm es selbst, den Saft wegzutupfen. Das Ganze war mir sehr peinlich und ich sah zu, dass ich meinen Trolley schnell in die nächste Reihe schob.

Was ich daraus gelernt habe und Ihnen empfehle? Sollten Sie mal auf eine Gottheit treffen, sprechen Sie immer erst mit seinem Assistenten!

WAS SIE VON VIELFLIEGERN LERNEN KÖNNEN

- Sie bleiben angeschnallt, bis die Anschnallzeichen erloschen sind.
- Sie bleiben gelassen und entspannt bei Verspätungen.
- Sie beschimpfen Crews und Bodenpersonal nicht.
- Sie haben auf Langstreckenflügen einen Kulturbeutel, Wäsche zum Wechseln bzw. ein frisches Hemd oder T-Shirt im Handgepäck.
- Sie lassen das Rollo zu, wenn es in der Kabine dunkel ist.
- Sie klatschen nicht bei der Landung.
- Sie halten sich beim Alkohol zurück.
- Sie sind passend und nicht freizügig gekleidet.
- Sie bleiben so lange sitzen, bis das Aufstehen sinnvoll ist.
- Sie treten nicht großspurig auf und telefonieren diskret.
- Sie sind bescheiden, nehmen nicht alles, was man ihnen anbietet.
- Sie sind pflegeleicht.
- Sie bedanken sich bei der Crew für den Service.

Stilvoll mit der Bahn reisen

Der Zug war übervoll. Ich kämpfte mich mit Koffer und Handgepäck zum Speisewagen durch. „Könnte ich mich neben Sie setzen?“ fragte ich einen jungen Geschäftsmann. Es war der letzte freie Platz an einem Vierertisch. „Ungern“, antwortete er. Mit der Antwort hatte ich nicht gerechnet. „Warum?“ frage ich überrascht. „Weil meine Beine wesentlich länger sind als Ihre“, entgegnete er. Gerade wollte ich antworten: „Das kann ich verstehen. An Ihrer Stelle hätte ich auch lieber meine Beine“, da mischte sich auch schon ein sympathischer Geschäftsmann ein und sagte zu dem Langbeinigen: „Na, das müssen wir erst mal nachmessen.“ Der traute sich angesichts so viel Schlagfertigkeit gar nichts mehr zu sagen und verstummte. So setzte ich mich. Er hätte als Kavalier

Viele Bahnreisende benehmen sich ignorant und egoistisch. Setzen Sie Freundlichkeit dagegen.

höflich einen Deal vorschlagen können: „Wären Sie einverstanden, am Fenster zu sitzen und ich nehme den Gangplatz?“ Tat er nicht. Dafür zwinkerten mir alle Passagiere aufmunternd zu. Der Langbeinige war unten durch.

Früher gab es für junge Adlige Handbücher, in denen das auf Reisen angemessene Verhalten und korrekte Benehmen beschrieben war, die sogenannten Apodemiken (vom griech. *apodeméo*, „das Haus verlassen“). In diesen Büchern wurden die moralischen und philosophischen Aspekte des Reisens erörtert und sie gaben mit ihren Regeln und Ratschlägen Orientierungshilfe. Manchmal wünschen wir uns, derartige Leitfäden würden heute in der Bahn als Lektüre für alle ausliegen, oder? Fährt ein Zug ein, drängeln sich alle in die Tür und quetschen sich aneinander vorbei ins Abteil. Leider können wir uns unsere Mitreisenden nicht aussuchen und auch die erste Klasse ist kein Garant, dass alles problemlos läuft. Fahrgäste, die mehrere Sitze für sich okkupieren, treffen wir von Kiel bis München. Drängler, Stirnrunzler, Nichtlacher, Sich-Hinter-Zeitungen-Verschanzer – es sind eine Menge missmutiger Leute unterwegs, die nicht auf andere achten wollen und das deutlich zeigen. Vielleicht geht es Ihnen auch so: Selbst mit Platzreservierung traue ich mich manchmal gar nicht mehr zu fragen, ob jemand seine Tasche vielleicht anheben könnte, weil ich mir dieses oft gehörte, genervte Stöhnen ersparen möchte.

> Bieten Sie Ihren Mitreisenden doch mal etwas von Ihren mitgebrachten Snacks an, so wie es in vielen anderen Ländern auch üblich ist.

Der öffentliche Raum im Zug wird von Reisenden zur eigenen Stube umfunktioniert: Es werden Zwiebelmettbrötchen und Nudelgerichte vom Chinesen ausgepackt und verzehrt. Sogar Wasserkocher sind im Einsatz. Einige führen selbstvergessen schrecklich laute Telefonate und missachten das Entspannungsbedürfnis der Mitreisenden. Und nicht zu vergessen laute Schnarcher und kleine Racker, die ihre Süßigkeiten nicht teilen: „Emil! Gib Jasper auch einen Sonnenblumenlutscher!“

Empfehlungen für Bahnreisende

Höflich ist, wer in öffentlichen Verkehrsmitteln Rücksicht nimmt und die Privatsphäre anderer beachtet. Das gilt auch und vor allem für das Reisen mit der Bahn, wo wir auf engstem Raum auf Menschen treffen, die wir uns nicht aussuchen können. Was gilt es zu beachten, damit Bahnreisen für uns alle angenehmer ist?

- Helfen Sie Menschen mit schwerem Gepäck beim Einsteigen. Gerade ältere Menschen und Eltern mit kleinen Kindern freuen sich über Hilfsbereitschaft beim Kofferverstauen.
- Grüßen Sie, wenn Sie ein Abteil betreten bzw. Ihren Platz neben Ihrem Sitznachbarn einnehmen.
- Gehen Sie für Telefonate aus dem Abteil, telefonieren Sie diskret, schalten Sie die Tastentöne Ihrer Geräte aus.
- Gehen Sie verantwortlich mit Daten um, wenn Sie telefonieren.
- Bieten Sie älteren Menschen oder schwangeren Frauen einen Platz an.
- Vermeiden Sie warmes Essen mit unangenehmen Gerüchen.
- Beschallen Sie Mitreisende nicht mit Musik und Filmen.
- Entsorgen Sie Ihren Müll.
- Behalten Sie Ihre Schuhe an, legen Sie Ihre Füße nicht auf die Sitze. Falls Sie alleine sind und Ihre Füße hochlegen, benutzen Sie eine Unterlage wie eine Zeitung oder eine Jacke.
- Im Speisewagen können Sie sich zu anderen Gästen dazusetzen. Fragen Sie netterweise, ob das in Ordnung ist. Grüßen Sie!
- Durchgangsverkehr? Drängeln Sie sich im Gang nicht wie im Nahkampf an Entgegenkommenden vorbei, sondern lassen Sie den anderen zuerst passieren. Bedanken Sie sich, wenn jemand Sie vorlässt.
- Bei gutem Service dürfen Sie im Speisewagen/Bistro Trinkgeld geben.
- Legen Sie im Bistro oder Bordrestaurant Ihren Kopf nicht für ein Nickerchen auf die Tischplatte. Schon gar nicht, wenn noch andere am Tisch sitzen.
- Respektieren Sie die Privatsphäre von Mitreisenden. Auf anderen Bildschirmen mitlesen geht gar nicht.

- Gehen Sie respektvoll mit dem Zugpersonal um.
- Erwidert jemand Ihr Lächeln? Setzen Sie sich daneben!

Gutes Benehmen im Urlaub

Deutsche Touristen haben leider nicht das beste Image. Hartnäckig halten sich Klischees: Als Erkennungszeichen gelten Funktionskleidung, Rucksack, Trinkflaschengürtel und weiße Socken in Sandalen. Sie lesen immer am Strand, warten als einzige an der roten Ampel und sind schon um 18 Uhr beim Abendessen. Planungssicher werden morgens mit Handtüchern Liegen am Pool reserviert. Mieten deutsche Touristen ein Auto, dauert es schon mal etwas länger, weil jeder Zentimeter des Mietwagens misstrauisch inspiziert wird. Auch eine ausgeprägte Knauserigkeit, Pedanterie und getrennte Rechnungen gehören zum Image des deutschen Urlaubers.

> „Zum Reisen gehört Geduld, Mut, guter Humor, Vergessenheit aller häuslichen Sorgen, und daß man sich durch widrige Zufälle, Schwierigkeiten, böses Wetter, schlechte Kost und dergleichen nicht niederschlagen läßt."
>
> *Adolph Freiherr Knigge*

Nach einer repräsentativen Airbnb-Studie[46], die den durchschnittlichen Urlaub der deutschen Reisenden analysiert, bestätigt jedoch nur eine Minderheit Klischees wie „Socken in Sandalen" oder das Reservieren von Sonnenliegen mit einem Handtuch. Die Ergebnisse zeigen darüber hinaus, dass deutsche Urlauber nicht nur offen für andere Kulturen sind, sondern sich bewusst für das Leben der Einheimischen vor Ort interessieren. Das sind schöne Ergebnisse, finden Sie nicht auch?

Ich hoffe, Sie stimmen mir zu: Respekt gegenüber einem Land, seiner Kultur und seinen Werten zeigen wir am besten, wenn wir uns mit den Sitten und Gebräuchen des jeweiligen Landes auseinandersetzen. Informieren Sie sich deshalb vor einer Reise über Ihr Reiseziel. Setzen Sie sich mit den Gepflogenheiten des Landes auseinander. Sie müssen sich nicht zwingen, in Mexiko gegrillte Heuschrecken zu essen, um ein guter Reisender zu sein. Doch klären Sie für sich folgende Punkte: Gibt es Benimmregeln oder Eigenheiten, die von den Regeln in Deutschland abweichen? Gibt es religiöse oder kulturelle Tabus, die Sie beachten müssen? Welche Dresscodes herrschen in dem jeweiligen Land? Was ist die Geschichte des Ortes, zu dem Sie reisen? Wie sehen die aktuellen politischen Verhältnisse aus? Wer sich so vorbereitet und weiß, welches Verhalten im jeweiligen Reiseland akzeptabel ist, kann peinliche oder unangenehme Situationen vermeiden und leichter mit Einheimischen in Kontakt kommen.

> Deutsche Touristen sind viel besser als ihr Ruf!

Spielregeln für Touristen

- Zeigen Sie Interesse für das Land, das Sie bereisen. Preisen und loben Sie das Essen, die Architektur und die Schönheit des Landes.
- Probieren Sie als Gast alles, was Ihnen angeboten wird.
- Legen Sie Wert auf korrekte Kleidung, auch wenn es heiß ist. Laufen Sie nicht mit Badehose oder im Bikini durch die Innenstadt.
- Wenn Sie in einem Restaurant am Strand etwas essen oder in der Strandbar etwas trinken, ziehen Sie sich etwas über! Ziehen Sie sich auch ordentlich an, wenn Sie in Ihrem Hotel zum Essen gehen. Egal, wie heiß es ist.
- Betreten Sie Kirchen angemessen gekleidet. Männer sollten keine Shorts tragen. Frauen sollten Arme und Schultern und am besten auch ihre Beine bedecken. Informieren Sie sich. Manchmal ist eine Kopfbedeckung vorgeschrieben.
- Seien Sie taktvoll beim Fotografieren. Stören Sie keine Gottesdienste, indem Sie sich wie ein Paparazzo verhalten.
- Vermeiden Sie an ruhigen Plätzchen oder Stränden laute Konversationen und Musik. Sie könnten andere Urlauber oder Einheimische stören.

- Sie wollen Federball am Strand spielen? Suchen Sie sich ein passendes, etwas abseits gelegenes Plätzchen.
- Lernen Sie die Wörter „Danke“, „Bitte“ und den Tagesgruß in der Landessprache.
- Machen Sie sich mit den Trinkgeld-Gepflogenheiten vor Ort vertraut. Seien Sie großzügig und nicht knauserig.
- Verlassen Sie Ihren Platz am Strand oder Pool stets sauber. Bringen Sie Ihre Plastikbecher, Flaschen und Zigarettenkippen zum Mülleimer.
- Gehen Sie nicht mit gammeligen Handtüchern oder einer Plastiktüte an den Strand. Eine schöne Strandtasche und ein neues, frisches Handtuch lassen Sie als Urlauber immer gut aussehen. Für zwei Wochen Urlaub ist ein Bikini oder Badeanzug etwas wenig. Wechseln Sie öfter. Sie tragen zu Hause ja auch nicht zwei Wochen den gleichen Pullover.
- Tuch, Mütze, T-Shirt: Ziehen Sie Ihre Kinder am Strand bei gutem Wetter nicht zu dick an. Tatsächlich sind deutsche Kinder leicht an ihrer Kleidung zu erkennen.
- Wenn am Strand alle Liegen frei sind, bis auf eine, dann wählen Sie eine Liege, die von der besetzten etwas entfernt ist.
- Ein freundlicher Gruß wirkt Wunder. Grüßen Sie am Buffet oder beim Frühstück andere Gäste und das Servicepersonal.
- Füllen Sie im All-Inclusive-Hotel kein Essen ab, um es dann im benachbarten Restaurant vom Wirt aufwärmen zu lassen.
- Seien Sie offen. Knüpfen Sie Kontakte zu Einheimischen oder anderen Reisenden.
- Bringen Sie Freunden vor Ort ein kleines Gastgeschenk mit.
- Legen Sie Misstrauen gegenüber Gastfreundschaft ab.
- Mein Zusatztipp: Sie bereisen die Heimat von Freunden? Fragen Sie, ob Sie ihnen etwas aus ihrem Land mitbringen können. Loben Sie nach Rückkehr Land und Leute – nicht den Hotelpool.

Respektvoller Umgang mit anderen Kulturen

Zur interkulturellen Kompetenz gehören vor allem Respekt und eine angemessene Kommunikation. Erklären Sie deshalb einem Italiener nicht, wie man richtig Espresso trinkt. Belehren Sie eine Griechin nach Ihrem ersten Kretaurlaub nicht, wie Bauernsalat gemacht wird. Es ist maximal unsensibel – und kommt doch sehr oft vor. Erklären Sie anderen Menschen nicht ihr Land, schon gar nicht, wenn Sie nicht die Sprache sprechen. Befassen Sie sich mit der Geschichte eines Ortes, bevor Sie auf sozialen Netzwerken etwas posten, das verletzend oder gedankenlos wirkt, auch wenn es natürlich „witzig" gemeint war.

Natürlich machen wir alle mal Fehler im Umgang mit anderen Kulturen. Doch Fehler sind auch nützliche Informationen, von denen wir lernen können. Ich erinnere mich an einen Abend in Athen. Drei Studierende aus München tanzten in einer Taverne mit Livemusik unbefangen eine Art Schuhplattler zu einem profunden griechischen Lied. Sie waren sternhagelvoll, verstanden kein Wort und ahnten nicht, wie taktlos ihr Verhalten war. Sie ließen sich von der Musik mitreißen. Dass der Text tieftraurig war, dechiffrierte sich ihnen nicht. Wir luden sie an unseren Tisch. Die Situation im Lokal entspannte sich. Später tanzten alle Nationalitäten im Lokal zusammen. Nüchtern blieb am Ende keiner.

Wer sich darin schult, ein rücksichtsvoller, interessierter Reisender zu sein, gewinnt an Weltgewandtheit und Sicherheit. Dabei kann jeder von uns dazu beitragen, Vorurteile von weltabgewandten Menschen abzubauen. Frischen wir dafür alle unsere Sprach- und Länderkenntnisse auf. Beschäftigen wir uns intensiv mit Literatur, Musik, Geographie und der Geschichte anderer Länder.

> Sehen wir das Fremde und Ungewohnte als Bereicherung.

HOTEL UND RESTAURANT

Das Einmaleins der guten Manieren

Noble Grandhotels am Meer, mondäne Bergchalets, urbane Designhotels – weltweit sind Hotels nicht nur Unterkunft oder Arbeitsort, sondern auch Treffpunkt der Gesellschaft und Schauplätze von Reichtum und Luxus. Ein Reisender mit guten Manieren wird sich in Hotels stets rücksichtsvoll und freundlich verhalten. Am besten so, wie er es sich von seinen Gäste zu Hause wünschen würde.

Im Hotel ist immer etwas los. Ein Gast braucht ein Bügeleisen, der andere bestellt mitten in der Nacht eine Gänsekeule. Die meisten Häuser haben engagierte Mitarbeiter, die bereit sind, auch den wählerischsten Gast zufriedenzustellen. Nach dem Motto „Zufriedenheit freut uns, Kritik hilft uns weiter" sehen alle guten Hotels gerechtfertigte Beschwerden als Möglichkeit, den Service zu verbessern und aus schwierigen Gästen Freunde zu machen. Doch häufig gibt es eben auch Gäste, die machen es Hoteliers schwer mit ihrem flegelhaften Benehmen: „Bei euch liegt kein Schnee, ich reise nicht an!", „Wir wollten eine Beachparty feiern, darum haben wir den Sand aus den Aschenbechern in das Zimmer gekippt.", „Ich bin im Urlaub, ich ziehe an, was ich will!"

Inzwischen setzen einige Hotels auf „Outrage Marketing", gehen also bewusst satirisch mit Beschwerden, Trollen oder fordernden Influencern um, die kostenlos übernachten wollen. So twitterte zum Beispiel das Charleville Lodge Hotel in Dublin eine Tafel aus dem

Hotel, auf der zu lesen ist: „Wir haben einen neuen Manager für Beschwerden, sie ist aus Fernost und ihr Name ist Wee Don Givafukk.“[47] Hintergrund für diese Art von unkonventionellem Umgang mit Gästen ist sicher, dass viele Kunden heute alles für nichts wollen.

Wie bewegen wir uns sicher und stilvoll in einem Hotel? Wie schaffen wir als Gast ein angenehmes Hotelerlebnis für uns und unsere Mitmenschen? Um auf diese Fragen professionelle Antworten zu erhalten, habe ich mich auf einen Gin Tonic mit Cornelia Meyer, ehemals Hoteldirektorin des Vier-Sterne-Superior-Hotels The Liberty Bremerhaven, getroffen und sie um Tipps gebeten, mit welchen Manieren man ein gern gesehener Hotelgast ist. Frau Meyer leitete zuvor erfolgreich das Romantik-Hotel Bergström in Lüneburg (vielleicht kennen Sie es aus der Telenovela „Rote Rosen“). Befolgen Sie ihre Tipps, wird man Ihnen gern kleine und große Sonderwünsche erfüllen. Sie können damit rechnen, dass das Personal ein offenes Ohr für Sie hat. Was Sie an Freundlichkeit geben, wird zu Ihnen zurückkommen wie ein Bumerang. Sie verdoppeln sozusagen Ihr Aufenthaltserlebnis.

> Alles haben wollen, aber nicht dafür bezahlen – diese Haltung ist heute weit verbreitet.

Die Top-10-Tipps einer Hoteldirektorin – So sind Sie ein gern gesehener Gast

1. Wertschätzung zeigen

Der Ton macht die Musik. Begegnen Sie dem Personal an der Rezeption, den Zimmermädchen und Servicekräften wertschätzend und höflich. Verhalten Sie sich charmant, oft reicht schon ein einfaches „Bitte“ und „Danke“. Tragen Sie Beanstandungen sachlich und in ruhigem Ton vor. Die Mitarbeiter freuen sich. Schreien Sie bei Beschwerden über Garagengebühren, umlaufende Balkone oder den Ehekrach im Nachbarzimmer das Personal nicht an.

2. Hotel-Policies beachten

Beachten Sie die Check-out-Zeiten. Rauchen Sie nicht in Nichtraucherzimmern. Wenn Sie vor offiziellem Beginn des Frühstücks einen Kaffee benötigen, fragen Sie am besten am Vorabend nach. Nehmen Sie Rücksicht auf die Schichten des Personals und erscheinen Sie nicht vor Frühstücksbeginn oder erst in letzter Minute, wenn gerade Auf- oder Abbau-Atmosphäre herrscht. Grundsätzlich gehört es sich auch nicht, sich den Pizzaboten ins Hotel zu bestellen. Sollte es in Ihrem Zimmer keine Küchenzeile geben, ist es nicht gern gesehen, wenn Sie Ihre Supermarkteinkäufe hochtragen. Gegen Kekse oder ein Butterbrot ist hingegen nichts einzuwenden.

3. Stilvoll Ordnung halten und keine langen Finger machen

Es sollte selbstverständlich sein, dass während Ihres Aufenthaltes in Ihrem Zimmer kein wildes Chaos herrscht. Lassen Sie Kleidungsstücke nicht überall verstreut im Raum liegen. Der Koffer wird verstaut. Bei der Abreise sollten Sie Ihr Zimmer aufgeräumt hinterlassen, so wie Sie es auch tun, wenn Sie privat bei Freunden übernachtet haben. Benutzte Handtücher legen Sie auf einen Stapel. Legen Sie das Bettzeug etwas zurecht und lüften Sie Ihr Zimmer. Gehen Sie schonend mit Fußböden, Teppichen, Möbeln, Tisch- und Bettwäsche um. Wer Fön, Handtücher, Tagesdecken, Bücher, Bilder oder Regenschirme mitgehen lässt, begeht handfesten Diebstahl. Diese Dinge sind nicht im Zimmerpreis enthalten. Fragen Sie nach, wenn Sie sich für einen bestimmten Gegenstand begeistern und ihn mitnehmen möchten. Achtung: Immer mehr Hotels setzen sich inzwischen auch gegen Minibar-Betrüger zur Wehr und setzen sensorisch überwachte Minibars ein.

> Bedenken Sie auch das Zimmermädchen: Als Faustregel gelten ca. 2 bis 5 Euro Trinkgeld pro Tag.

4. Rücksichtnahme

Stören Sie andere Gäste nicht. Vermeiden Sie überflüssigen Lärm und lautes Sprechen in Hotelgängen. Schließen Sie vor allem frühmorgens und nachts die Türen leise. Haben Sie auch ein Auge auf Ihre Kinder, die auf Gängen Lärm machen. Lassen Sie im Wellness- und Saunabereich Ihr Handy ausgeschaltet.

5. Sonderwünsche

Melden Sie Sonderwünsche, wie zum Beispiel ein ruhiges Zimmer, bei der Buchung an. Gute Hotels versuchen alles für Sie möglich zu machen und auch die ausgefallendsten Wünsche zu erfüllen. Zeigen Sie Verständnis, wenn etwas trotz aller Bemühungen mal nicht klappt. Es ist kein Problem, zusätzliche Übernachtungsgäste mitzubringen, Sie müssen sie nur anmelden, denn sie werden berechnet.

6. Kosten akzeptieren

Gestehen Sie Hotels die gleichen Rechte zu wie anderen Branchen, die gewinnorientiert arbeiten. Wenn Sie Dienste nutzen möchten, dann sind sie nicht kostenfrei. Es ist normal, dass Parkplätze und Garagen in Hotels Geld kosten, diskutieren Sie nicht über Parkgebühren. Hotels dürfen diese Dienste aus steuerrechtlichen Gründen nicht kostenfrei anbieten.

7. Umgang mit Lebensmitteln

Nehmen Sie keine Lebensmittel aus dem Frühstücksraum mit, ohne um Erlaubnis zu fragen. In der Regel packen Ihnen die Mitarbeiter gern ein Lunchpaket, wenn Sie freundlich danach fragen.

8. Dresscode

Kleiden Sie sich angemessen, ziehen Sie sich etwas an. In einem gebügelten Hemd oder T-Shirt und gekämmt sehen Sie beim Frühstück gepflegt aus. Laufen Sie nicht barfuß, im Bademantel oder nackt durch ein Hotel. Eine Plastiktüte ist keine passende Tasche für die Hotellobby.

9. Social Media

Wenn Sie unzufrieden sind, geben Sie Hotels die Chance, eine Lösung zu finden. Werden Sie nicht Teil einer unfairen Bewertungskultur, die direkt negative Punkte auf Social-Media-Kanälen oder Bewertungsportalen vergibt, ohne zuvor mit dem Hotel gesprochen zu haben. Stören Sie beim Fotografieren oder Selfie-Aufnahmen nicht die anderen Gäste und wahren Sie deren Privatsphäre.

10. Trinkgeld

Das Trinkgeld ist ein Dankeschön für guten Service. Jeder entscheidet selbst, wie viel er geben möchte. Doch es kann auch jeder ein Trinkgeld erwarten, der etwas für Sie tut, also zum Beispiel putzt oder etwas trägt. Angemessen sind 2 Euro pro Gepäckstück. Wer das Auto parkt oder bringt, kann 2 bis 3 Euro erwarten. Viele Gäste lassen 5 bis 10 Euro Trinkgeld für das Zimmermädchen da, je nach Länge des Aufenthaltes. Als Faustregel gelten ca. 2 bis 5 Euro pro Tag. Wenn Sie es besonders nett machen wollen, schreiben Sie dazu eine hübsche Notiz: „Dankeschön!“ 15 Cent Trinkgeld, weil Sie mit Kreditkarte zahlen, sind nicht angemessen, wenn der Service gut war. Geben Sie das Trinkgeld zu Beginn, ist es eine zusätzliche Motivation für den Zimmerservice.

Gute Manieren im Restaurant

Was alle Menschen verbindet, ist das Essen. Kulturübergreifend. Essen ist ein Stück Lebensqualität. Wir sitzen beieinander bei Kartoffelsalat mit Würstchen oder Reistaschen mit Orangensauce. Wir essen, lachen, erzählen, kosten, tauschen uns aus. Essen bringt uns alle zusammen. Ein gemütliches Frühstück, ein Lunch oder ein Abendessen sind untrennbar verbunden mit Geselligkeit und Genuss. Dabei geht es um mehr als nur darum, ein kulinarisches Grundbedürfnis zu erfüllen. Es geht vor allem darum, lustvoll und mit Freude zu genießen. Vielleicht an einem zauberhaft gedeckten Tisch. Oft ist es uns sogar wichtiger, mit wem wir essen, als welche kulinarischen Highlights vor uns stehen.

Ein Essen mit Freunden oder mit Geschäftspartnern oder eine Einladung zu einem festlichen Essen ist ein gesellschaftlicher Anlass. Es ist wichtig, dem Gegenüber ein ästhetisches Bild zu präsentieren. „Sieh mal, Tisch sieben! Der redet mit vollem Mund und leckt sein Messer ab." Ich bin in einem Restaurant aufgewachsen und kann behaupten, ich habe vieles gesehen. Gute Manieren bei Tisch waren bei uns ein Prüfstein für gutes Benehmen.

Nach einer Umfrage des Meinungsforschungsinstituts YouGov speist gut die Hälfte der Bundesbürger (52 Prozent) einmal im Monat im Restaurant. Wollen Sie sich bei Tisch nicht blamieren, sollten Sie einige Benimmregeln beachten. So machen Sie einen kultivierten Eindruck, zeigen dem Gastgeber, dass Sie ihn respektieren und erlauben positive Rückschlüsse auf eine gute Kinderstube. Gute Tischmanieren zu haben ist nicht zuletzt auch wichtig für die Selbstpräsentation. Mit guten Manieren meistern Sie die unterschiedlichsten Anlässe gemeinsamen Essens und andere Menschen fühlen sich in Ihrer Gegenwart wohl. Was gute Manieren ausmacht, erfahren Sie hier.

Guten Manieren sind unerlässlich, wenn Sie einen guten Eindruck machen möchten.

DIE WICHTIGSTE REGEL AM TISCH

Sehen Sie darüber hinweg, wenn jemand keine Tischmanieren hat. Machen Sie es nicht zum Thema und zeigen Sie nicht mit dem Finger auf denjenigen.

Appetitlich essen

Essen Sie so, dass Sie weder Auge noch Ohr der Tischgenossen beleidigen. Stören Sie andere Gäste in einem Restaurant nicht durch laute Geräusche, Sie wollen keine unnötige Aufmerksamkeit erregen. Schmatzen, schlürfen, mit vollem Mund sprechen, herumkleckern – all das ist unappetitlich und kann empfindsamen Menschen die Freude am Essen verderben.

Glasnudelsuppe beim Business-Lunch?

Denken Sie daran, bei einem Geschäftsessen eher ein leichtes Gericht zu wählen, also eines, das Sie einfach und elegant essen können. Es sollte Sie nicht Ihre volle Konzentration kosten, sonst können Sie sich nicht auf die Gespräche fokussieren. Schalentiere sind nicht unbedingt zu empfehlen. Ebenso wenig Burger, halbe Hähnchen, Döner, Wraps oder Glasnudelsuppe. Auch Spaghetti mit Tomatensaue sind eher riskant. Die Sauce kleckert blitzschnell auf die Bluse oder Krawatte. Dann vielleicht doch lieber Risotto oder ein Camembert mit Preiselbeeren.

Ein Restaurant ist keine Männerdomäne mehr

Sie wissen hoffentlich, dass Sie sehr altmodisch wirken, wenn Sie als Mann davon ausgehen, es sei Ihre Aufgabe zu bestellen oder den Wein zu probieren. Nach Absprache mit Ihrer weiblichen Begleitung dürfen Sie als Mann natürlich bestellen. Grundsätzlich gilt heute: Wer einlädt, leitet den Abend – auch wenn es eine Frau ist. Und so sind auch Damenkarten, auf denen keine Preise aufgeführt sind, weitestgehend verschwunden. Schließlich möchten Frauen wissen, was das Essen kostet, wenn sie jemanden einladen.

Umgang mit dem Personal

Das Personal im Restaurant nennt man heute „Servicekräfte", nicht mehr Kellner. Rufen Sie also nicht „Kellnerin, zahlen bitte!" Auch „Herr Ober" (für Oberkellner) ist veraltet. Was nette Gäste fast immer tun: Servicekräfte mit Namen ansprechen. Fehlt das Namensschild, einfach freundlich fragen. Sollte Ihnen die Servicekraft versehentlich Bratensauce in Ihre Handtasche kippen: Flippen Sie nicht aus! Es findet sich eine Lösung.

> Die korrekte Bezeichnung für das Personal im Restaurant ist „Servicekräfte".

Richtig reklamieren

Ihr Essen ist versalzen? Fragen Sie diskret, ob der Koch verliebt ist. Sicherlich bekommen Sie Ersatz. Ihre Spargelcremesuppe ist kalt? Sie könnten sagen, dass sie Ihnen prima schmeckt, doch leider für Ihren persönlichen Geschmack nicht heiß genug ist. Den Teller leer essen und sich dann über das Essen beschweren – „Das war keine Moussaka, das war ein Massaker!" – besser nicht! Bemühen Sie sich um konstruktive Kritik. Stellen Sie am besten immer konkret, sachlich und zeitnah dar, was Sie stört und welche Lösung Sie sich vorstellen, sodass das Personal eine Chance auf Nachbesserung bekommt.

Pssst, nicht so laut!

Jede Servicekraft weiß: Besonders nervig sind die Gäste, die ihre gute Laune mit lautem Gelächter zu beweisen versuchen. Wenn Sie selbst unter viel zu lauten Nachbartischen leiden, können Sie mitlachen, sich beklagen oder gehen. In extremen Fällen hilft es, das Personal diskret darum zu bitten, einzuschreiten, falls es das nicht schon aus Fürsorgepflicht von allein tut. Geben Sie sich natürlich und nehmen Sie sich nicht so wichtig. So gewinnen Sie am meisten Sympathien. Laut müssen Sie dafür nicht werden. Haben Sie immer ein Auge auf die Servicekräfte – an deren Blicken erkennen Sie, ob es vielleicht auch an Ihrem Tisch zu laut ist.

Servicekräfte mit Taktgefühl und gutem Stil

Von Seiten der Servicekräfte ist Taktgefühl wichtig. „Du, der Koch Erwin kam gestern wieder total knülle zur Arbeit und hat in der Küche gespuckt." Au Backe! Unappetitliche Privatgespräche vor dem Gast sind tabu. Und sonst? Lange Haare sollten im Service aus Hygienegründen zusammengebunden werden. Eine Serviceschürze oder einheitliche Arbeitskleidung ist in vielen Restaurants inzwischen Standard. Es wirkt gepflegt und ist gut für die Markenbildung. Wer im Service wie Germanys next Topmodel oder kaugummikauend durch den Laden schreitet, ist in diesem Job verkehrt.

> Was ich neben Unkompliziertheit beim Essen und Genussfähigkeit im Restaurant schätze: Menschen, die Brot weiterreichen.

Öffnungszeiten respektieren

Ein Restaurant zu führen ist nicht romantisch, es ist Knochenarbeit. In der wenigen freien Zeit außerhalb der Öffnungszeiten gibt es schwere Zwiebelsäcke zu tragen, Fleisch und Gemüse zu schneiden und vieles vorzubereiten. Haben Sie Respekt vor den Öffnungs- und Ruhezeiten des Personals. Warum ich Ihnen das erzähle? Hatte meine Mutter Geburtstag, kamen in unser Lokal gerne Cliquen, die sich den Termin fest in ihrem Kalender eingetragen hatten. Bekanntermaßen hat Gastfreundschaft in Griechenland Tradition. Der Gast ist wie ein göttliches Wesen, das nur das Beste bekommt. Und so hofften einige unserer Gäste an dem Tag immer auf eine Einladung zum Essen und Trinken. Sie gingen meist spät nachts und pflegten dann beim Rausgehen zu sagen: „So, Niki, jetzt darfst du auch noch ein bisschen deinen Geburtstag feiern."

Ganze Sätze im Imbiss

Ist Ihnen schon mal aufgefallen, wie einsilbig und kurz angebunden einige Kunden in Schnellrestaurants auf Fragen antworten? „Große Portion für Sie?" „Ja!" „Darf es ein Getränk dazu sein?" „Nein." „Etwas Koriander und Joghurt dazu?" „Ja!" Ein fröhliches „Ja, danke, das wäre nett. Sie sind spitze!" hört man eher selten. Auch wenn Sie nur eine Pizza Margherita abholen möchten: Antworten Sie in vollständigen Sätzen. So klingen Sie charmant und schenken den Leuten, die den ganzen Tag hinter einem Verkaufstresen stehen, etwas Freude. Wer so bestellt, wird nicht nur besser bedient, sondern fröhlich gestimmt macht auch das Essen viel mehr Spaß.

An Wochenenden und Feiertagen immer reservieren

Einmal war ich mit einem Freund in Frankfurt zu Silvester unterwegs. Wir wollten spontan essen gehen, hatten aber keinen Tisch reserviert. Egal wo wir hinkamen: Sobald wir die Frage, ob wir reserviert hätten, mit Nein beantworteten, wurden wir abgewiesen. Als mein Hunger immer größer wurde, sagte ich zu ihm: „Lass mich bitte beim nächsten Mal sprechen, okay?" Zähneknirschend willigte er ein und stellte sich gedanklich schon auf einen Abend bei Mac Donalds ein. Wieder kam die Frage: „Auf welchen Namen haben Sie reserviert?" Funktioniert eine Strategie nicht, muss man eine neue wählen, so antwortete ich: „Meyer!" Mein Begleiter, ein korrekter Lufthansa-Pilot, zuckte zusammen. Natürlich konnten sie uns auf ihrer Liste nicht finden. „Da ist Ihnen vielleicht ein Fehler unterlaufen in dem ganzen Stress", sagte ich. Der Restaurantleiter entschuldigte sich vielmals bei uns, bedankte sich für unsere Gelassenheit und wir bekamen einen wunderbaren

Tisch. Das war Glück! Aber machen Sie das besser nicht nach. Reservieren Sie immer rechtzeitig, sonst kriege ich Ärger.

Ein Restaurant richtig betreten

Die Art, wie Sie ein Lokal betreten, entscheidet darüber, wie Sie vom Service wahrgenommen und bedient werden. Deshalb hier der ultimative Profi-Tipp: Grüßen Sie! Aus jahrelanger Erfahrung weiß ich, dass gut über die Hälfte aller Gäste nicht grüßt. Servicekräfte haben mir das immer wieder bestätigt. Es ist traurig, aber wahr – sehr viele vergessen das. Was gibt es beim Betreten eines Restaurants noch zu beachten? Als Gastgeber – egal ob als Mann oder Frau – führen Sie Regie, deshalb öffnen Sie die Tür und betreten das Lokal zuerst. Sie lassen dann Ihre Gäste eintreten und schließen hinter ihnen die Tür. (Wenn die Gruppe größer ist, werden das Ihre Gäste übernehmen. Bei Feierlichkeiten ist der Gastgeber oft schon vor Ort und wartet auf seine Gäste.) Dann übernehmen Sie im Lokal wieder die Führung. Als Dame gehen Sie durch die von Ihrem Begleiter offen gehaltene Tür und warten auf ihn. Auch wenn „Ladies first!“ nicht mehr als feste Regel im Geschäftsleben gilt, gibt es nicht wenige Kavaliere, die sie weiterhin beachten, und viele Frauen schätzen die Höflichkeitsgeste.

> Grüßen Sie immer das Personal, wenn Sie ein Lokal betreten.

Sie haben freie Platzwahl? Dann gehen Sie als Gastgeber voran, bis Sie einen Tisch gefunden haben. In gehobenen Restaurants gilt das Prinzip „Wait to be seated“, das bedeutet, Sie warten, bis Sie vom Servicepersonal zum Tisch geführt werden. Der Service geht dabei vor, dann folgen die Gäste und zum Schluss der Gastgeber. So sind die Gäste von beiden Seiten gut aufgehoben. Haben Sie eine größere Gruppe Gäste, gehen Sie vor, sodass Sie Ihre Gäste einweisen können.

Gäste platzieren und Sitzordnung

Als Gastgeber haben Sie das Wohlergehen Ihrer Gäste im Auge. Alle sollten sich gut unterhalten können, sodass eine gute Stimmung entsteht. Am Tisch angekommen, erhalten die Gäste die besten Sitzplätze. Die perfekte Sitzordnung zu finden, kann eine echte Herausforderung sein. Fragen Sie Ihre Gäste, wo sie am liebsten sitzen möchten und sich wohlfühlen. In der Regel bekommen Gäste den Platz mit Blick ins Lokal oder dem besten Ausblick. Essen zwei Paare miteinander, sitzen sie jeweils nicht zusammen, sondern sich gegenüber oder über Kreuz. Der Gastgeber setzt sich zuletzt, links von seinem Ehrengast. Als Gastgeber sollten Sie alle Gäste gut im Blick haben. Beliebter Platz für den Gastgeber ist die Stirnseite oder die Mitte der langen Tischseite.

> „Prost!" oder „Hau weg!" rufen Sie nur, wenn Sie mit dem Kegelclub unterwegs sind. Ansonsten heißt es: „Zum Wohl!"

Sind Sie Gast bei einer festlichen Gesellschaft, sollten Sie warten, bis Sie platziert werden oder ein Signal des Gastgebers erhalten, sich zu setzen. Ein „So, wohin?" klingt nicht besonders charmant. In kleineren Runden sind feste Sitzordnungen unüblich. Sie nehmen Platz, wo Sie möchten.

Bei Geschäftsessen ist es strategisch günstig, wenn Sie den für Sie wichtigsten Gast rechts neben sich setzen. Einen wichtigen Kollegen, Mitarbeiter oder Assistenten links von sich. Sollen Hierarchien bei der Sitzordnung eingehalten werden, dann gilt: Je niedriger der Rang des Gastes, desto weiter entfernt vom Gastgeber wird er platziert. Bei wichtigen gesellschaftlichen und geschäftlichen Ereignissen ist die Sitzordnung oft diffizil. Manche Gäste reagieren verstimmt, werden sie an einem vermeintlich „unwichtigen" Tisch platziert. Es geht hier natürlich um Status. Eventmanager wissen, welchen Stress kurzfristige Absagen oft verursachen. Die Sitzordnung ist Chefsache und erfordert viel Fingerspitzengefühl. Sie sollten sich stets ausreichend Zeit dafür nehmen, wenn Sie Befindlichkeiten vermeiden wollen.

Die gute Haltung am Tisch

Lassen Sie sich nicht mit lautem Ächzen in den Stuhl plumpsen. Setzen Sie sich „mit Gefühl". Im Restaurant befinden Sie sich in einem öffentlichen Raum. Manche machen es sich über alle Maße bequem, das sieht nicht manierlich aus. Ihre Haltung sollte aufrecht und entspannt sein. Lassen Sie zwischen Stuhllehne und Rücken etwas Platz. Die Hände liegen mit den Handgelenken an der Tischkante. Auf dem Tisch nichts zu suchen haben die Ellbogen. Es ist unhöflich, seinen Kopf beim Essen abzustützen oder mit dem Stuhl zu wippen. Auch hemmungsloses Kratzen am Kopf oder Körper beim Essen ist ein No-Go.

> Stützen Sie Ihre Ellenbogen nicht auf dem Tisch ab. Auf den Tisch gehören nur Ihre Hände und Handgelenke.

Kürzlich sah ich in einem piekfeinen Bistro Mutter und Sohn beim Lunch. Der Junge im Teenageralter aß und die Mutter lag während der gesamten Zeit mit ihrem Oberkörper auf den Tisch und sah ihm beim Essen zu. Sicher auch nicht die beste Perspektive.

Wohin mit der Handtasche und Herrenaccessoires?

Eine große Handtasche dürfen Sie auf dem sauberen Boden abstellen, falls kein Stuhl frei ist. Eine Riemchentasche können Sie an Ihren Stuhl hängen oder Sie befestigen sie mit einem transportablen Taschenhaken direkt am Tisch. Die weit verbreitete Unsitte, sich krampfhaft an der Handtasche festzuhalten, lässt Frauen extrem unentspannt aussehen. Wenn Sie nicht gerade Ihr gesamtes Erbe in bar bei sich tragen, lösen Sie sich von Ihrer Tasche. Es sei denn, Sie sitzen in Barcelona im Straßencafé, dann halten Sie Ihre Tasche besser richtig gut fest. Eine Clutch oder kleine Handtasche gehört zwischen

> Sie dürfen Lippenstift oder etwas Puder am Tisch auftragen, doch für mehr suchen Sie besser den Waschraum auf.

Rücken und Stuhllehne. Es gehört nichts auf den Tisch, was nicht zum Essen benötigt wird. Utensilien wie Schüssel, Geldbörse, Sonnenbrille und Smartphone lassen Sie besser in der Tasche oder im Sakko.

Speisekartenstudierer

„Ich weiß nicht, was ich nehmen soll" – manche Gäste können sich einfach nicht entscheiden. Für die Servicekräfte ist das eine Herausforderung. Die Gäste stellen immer wieder neue Fragen zu einzelnen Gerichten und zögern so lange, als ginge es darum, giftige Pfeilgiftfrösche zu essen. Dabei verhalten sie sich wie in einer Bibliothek und studieren die Speisekarte wie ein Fachbuch. Gerade wer in einer größeren Runde isst, sollte sich etwas zügiger entscheiden und die anderen nicht zu lange warten lassen. Wenn Sie selbst zur Entscheidungsschwäche neigen, checken Sie doch einfach das Speiseangebot vorab online.

Auswahl und Bestellung von Gerichten

Der Gast sollte auf einen Aperitif verzichten, wenn es der Gastgeber auch tut. Grundsätzlich gilt, dass die Wahl des Gastgebers auch eine Preisorientierung für den Gast sein sollte. Bestellt der Gastgeber ein kleines Schnitzel, sollten wir als sein Gast nicht unbedingt Hummer in Auftrag geben. Als Gastgeber senden Sie Signale aus, die Ihrem Gast bei der Orientierung helfen, zum Beispiel: „Essen Sie gerne Meeresfrüchte? Der Hummer ist hier ein Gedicht, ich kann ihn nur empfehlen." Oder bei einem Low-Budget-Ausflug: „Hätten Sie Lust auf eine Gulaschsuppe?"

Bestellen Sie freundlich, Sie dürfen dabei lächeln, Augenkontakt zur Servicekraft aufnehmen und sich bedanken, wenn Ihre Bestellung aufgenommen wurde. Seien Sie offen für Empfehlungen und Neues. Sie werden eingeladen? Dann überlassen Sie Ihren Gastgebern, das Menü zu ordern. Eine zusammengeklappte Speisekarte signalisiert, dass Sie bereit sind, zu bestellen. Ein Mann ordert heute nicht mehr automatisch für die Dame mit – es sei denn, sie möchte es –, doch er darf sie zuerst bestellen lassen.

Die Serviette

Die Serviette schützt Ihre Kleidung. Legen Sie sie zu Beginn des Essens auf den Schoß. Die Stoffserviette wird dafür so gefaltet, dass die geschlossene Kante auf den Knien liegt, während die offene Seite zu Ihnen zeigt. Bei fettigem Essen tupfen Sie Ihre Lippen ab, bevor Sie trinken. So vermeiden Sie Fettflecken am Glas. Nach dem Essen wird die Serviette lose zusammengefaltet – nicht akkurat zurechtgefaltet – und links neben dem Teller abgelegt (rechts stehen Ihre Gläser). Auch Papierservietten legen Sie links neben den Teller ab. Früher legte man sie auf den Teller, das hat sich mit der Mülltrennung geändert. Wer kurz aufstehen will, parkt die Serviette nicht wie in den USA auf dem Stuhl, sondern links neben seinem Teller. In die Serviette schnäuzen, sie in das Hemd stecken oder eine heruntergefallene Serviette aufheben und weiter benutzen? Bitte nicht!

Bekannte begrüßen

Sie treffen im Restaurant auf Bekannte, die ebenfalls dort essen? Lassen Sie keine allzu langen Gespräche aufkommen, es sei denn, Sie werden ausdrücklich dazu aufgefordert, zu ihnen zu kommen. Menschen wollen in Ruhe essen. Grüßen Sie und sagen Sie, dass Sie nach dem Essen nochmal vorbeikommen: „Bitte bleibt sitzen, ich wollte euch nur eben grüßen und komme später noch mal vorbei.“ Oder: „Wir sehen uns morgen, genießt das Essen und den Abend.“ Vorrang hat Ihre Begleitung, die sich sicher freut, wenn Sie nicht den ganzen Abend am Nebentisch verbringen. Wenn Sie sich für einen Augenblick

> Sie trinken nur etwas und essen selbst nichts? Verlangen Sie nicht, den Ort zu wechseln, wenn Sie nicht gut sitzen können. Warten Sie, bis Ihre Begleitung fertig gegessen hat.

von Ihrem Tisch entfernen, um andere zu begrüßen, tun Sie es nicht wortlos. Sie könnten sagen: „Bitte entschuldigen Sie mich für einen Moment, ich bin gleich wieder zurück."

Sich charmant dazusetzen

Nach einem Kundentermin aß ich in einem Bistro alleine zu Mittag. Ich saß auf einer Bank an einer größeren Tafel, da sonst nichts mehr frei war. Während ich aß, trat plötzlich ein mir unbekannter, etwas fülliger Mann an meinen Tisch, hob ihn an und verschob ihn ein Stück, damit er sich ebenfalls auf die Bank setzen konnte. Danach starrte er auf sein Handy. Ich war Luft für ihn. Ohne wie eine Art Knigge-Llambi klingen zu wollen: Dieses Verhalten bekommt null Knigge-Punkte. Wenn Sie sich dazusetzen, grüßen Sie die Anwesenden zunächst freundlich und fragen Sie, ob Sie sich dazu gesellen können. Verschieben Sie nicht wortlos einen Tisch. Es zeigt, dass Sie sich benehmen können. Wenn Sie nicht gerade in einer Wirtschaft mit langen Holzbänken sind, sollten Sie Verständnis dafür haben, wenn zwei Menschen ihren Tisch auch mal nicht teilen wollen. Vielleicht ist es ihr Hochzeitstag oder sie möchten sich an einem neutralen Ort alleine unterhalten.

Kulinarische Querulanten

Es kann Genießern den Appetit verderben, wenn Tischgenossen immer wieder über das Essen maulen. Für manche scheint es leider geradezu eine Gewohnheit zu sein, mittags in der Kantine Speisen zu kritisieren. Sie würden am liebsten die Tomaten auf den Boden werfen, um zu testen, ob sie wie Flummis wieder hochspringen. Wenn ja, dann wäre es gute Qualität. Um wählerischen Essern und Nörglern zu signalisieren, dass Sie ihre Kritik zur Kenntnis genommen haben, aber nicht teilen, dürfen Sie durchaus mal übertreiben: „Ja, das Essen ist hier bodenständig, vielleicht wärst du in einem Sterne-Restaurant besser aufgehoben." Essen bedeutet Freude, Genuss und Geselligkeit. Machen Sie es sich selbst und anderen nicht kaputt.

Alleine essen

„Geh nie alleine essen“, heißt der Titel eines Bestsellers von Keith Ferrazzi, der dazu aufruft, bitteschön jedes Essen als Gelegenheit zum Netzwerken zu nutzen. Ich finde es allerdings angenehm, ab und zu alleine essen zu gehen. Es lässt sich in meinem Job auch nicht vermeiden. Wenn es Ihnen unangenehm ist, bringen Sie sich etwas zu lesen mit, vielleicht eine Zeitung. So sehen Sie beschäftigt aus und es fühlt sich nicht komisch an, dass um Sie herum alle miteinander sprechen. Ich finde übrigens, dass Menschen, die Zeitung lesen, ziemlich attraktiv und gescheit aussehen. Es hat etwas Elegantes und gleichzeitig Gemütliches.

> Im Fall von Beschwerden zeigen Sie Klasse, wenn Sie es diskret machen.

Ein Restaurant richtig verlassen

Beim Verlassen des Restaurants lassen Sie dem Ranghöheren, Ihrem Gast, Ihrem Kunden den Vortritt. Privat lassen Sie die Dame und Ältere vorangehen. Halten Sie die Tür für die Dame auf und lassen Sie sie zuerst hinaustreten.

Die Rechnung begleichen – „Zusammen oder getrennt?“

Wenn es darum geht, die Rechnung zu begleichen, hat jedes Land seine eigenen Regeln und Eigenheiten. Auf Twitter schrieb jemand folgenden amüsanten Tweet: „Chinesen: ‚Ich bezahle!‘ ‚Nein, ich bezahle!‘ ‚Kommt nicht in Frage, das erlaube ich nicht.‘ ‚Ich bin beleidigt, wenn ich nicht bezahlen darf.‘ ‚Ich verfluche deine Nachkommen, wenn ich nicht bezahlen darf.‘ ‚Ich verfluche deine Nachkommen bis in die vierte Generation, wenn du bezahlst.‘ Deutsche: ‚Getrennt bitte.‘“[48]

Wer viel Zeit im Ausland verbracht hat, weiß, dass kaum eine andere Nation so gehemmt ist wie wir Deutschen, wenn es darum geht, mal eben locker die Rechnung nach dem Essen zu übernehmen.

Auch wer schon mal für längere Zeit gekellnert hat, kennt das: Es wird irritierend genau untereinander abgerechnet. „Ich schulde dir noch 17 Cent, die gebe ich dir nachher im Büro." Die Abrechnungen nehmen teilweise absurde Formen an. Sie können als Dozentin locker fünfzehn gutverdienende Ingenieure auf einen Kaffee einladen. Sie werden selten erleben, dass einer widerspricht und sagt: „Nein, wir laden Sie ein!" In anderen Teilen dieser Welt wäre dieses Verhalten ein Fauxpas, weil Großzügigkeit – wie in unserem Beispiel aus China – zur Selbstpräsentation gehört und als Ehrensache gilt. Bei uns offensichtlich nicht.

Ich würde mir wünschen, dass wir für das Bezahlen in Restaurants keine Regeln bräuchten, doch das ist Träumerei. Wie läuft es also richtig? Im Business sind getrennte Rechnungen oder fifty-fifty bei Geschäftspartnern nicht üblich. Bei einem Geschäftsessen zahlt der Gastgeber. Wo es nicht eindeutig ist, wer der Gastgeber ist, gilt die Regel, dass der Angereiste die Rolle des Gastes hat. Sind Sie mit Kollegen unterwegs, zahlt – und das ist für viele andere Kulturen irritierend – jeder für sich. Schöner ist es, wenn jeder seinen Teil plus Trinkgeld in die Tischmitte legt. Oder einer zahlt alles und Sie teilen sich die Rechnung dann später.

> Einer zahlt und Sie teilen sich die Rechnung später. Das ist beruflich wie privat eine gute Variante.

Und privat? Heute zahlt in der Regel jeder für sich selbst. Doch laut einer Statistik werden rund 50 Prozent aller Frauen im Restaurant gerne eingeladen – unabhängig davon, wie gut sie verdienen. Klären Sie möglichst frühzeitig untereinander, wer zahlt oder ob Sie die Rechnung teilen wollen. Nach einem romantischen Dinner am ersten Urlaubsabend die Freundin vor dem Kellner zu fragen „Wie machen wir das jetzt mit der Rechnung?" und dabei die Rechnung von 26 Euro in den Händen zu drehen, lässt jeden Mann wie einen Armleuchter aussehen. „Heute lade ich dich ein, ich habe beim Pferderennen gewonnen!", klingt ebenfalls nicht besonders vielversprechend. Berechnend und egoistisch ist auch: „Ja, wir können gerne essen gehen – wenn *du* zahlst!“ Stilvoll und charmant ist hingegen „Bitte lass mich dich heute einladen“ oder „Sie sind mein Gast“. Auch als Frau dürfen Sie natürlich jede und jeden einladen oder zu jeder Zeit darauf bestehen, alleine zu zahlen. Werden Sie eingeladen, bedanken Sie sich und revanchieren sich bei passender Gelegenheit! Das vergessen einige.

Trinkgeld-Knigge

Das Trinkgeld macht für die Servicekräfte einen nicht unerheblichen Teil ihres Verdienstes aus. Üblich sind bei uns 10 Prozent der Gesamtsumme, wenn Sie mit dem Service zufrieden waren. Oft wird einfach aufgerundet. Bezahlen Sie mit Karte, können Sie den Betrag um das Trinkgeld erhöhen bzw. in manchen Lokalen den Trinkgeldbetrag per Hand auf den Kartenbeleg schreiben. Einige Gaststätten nehmen nur Bargeld als Trinkgeld. Am besten Sie erkundigen sich vorher.

Fragt man Servicepersonal, scheint es einen Trend zu geben, beim Trinkgeld zu geizen. Gerade diejenigen, die nicht wenig haben, knausern. Vor allem zu Weihnachten und Ostern. Eine Umfrage scheint diesen Eindruck zu bestätigen. Auf die Frage, wie viel Trinkgeld sie bei zufriedenstellendem Service und einer Rechnung über 50 Euro geben würden, antworten 75 Prozent der Befragten, sie würden zwischen 2 und 5 Euro geben, 4 Prozent der Befragten auch mehr. 13 Prozent geben weniger als 2 Euro, und 3 Prozent geben generell kein Trinkgeld.[49]

Extra-Trinkgeldtipp für Profis

Kenner geben auch der Küche ein Trinkgeld oder spendieren nach einem guten Essen ein Getränk für das Küchenpersonal. Bei einem Kochworkshop ist es höflich, wenn Sie dem fachkundigen Koch, der Sie witzig und kenntnisreich durch den Abend führte, bei der Verabschiedung als Anerkennung ein Trinkgeld in die Hand drücken. Fahrern, die Ihnen Essen nach Hause bringen, 15 Kilometer fahren und fünf Stockwerke die Treppe hochlaufen, freuen sich ebenfalls über einen Obolus. In gutem Service steckt Herzblut, das verdient Anerkennung und Wertschätzung. Seien Sie bei guter Leistung großzügig!

WAS SIE IM RESTAURANT BESSER BLEIBEN LASSEN SOLLTEN

- Rosenverkäufer anschreien
- Schmatzen, mit vollem Mund reden, mit offenem Mund kauen
- Mit dem Besteck in der Hand wild gestikulieren
- Zahnstocher ohne vorgehaltene Hand benutzen
- Sich beim Geschäftsessen betrinken
- Vasen stehlen, Kerzenleuchter und Bilder mitgehen lassen
- Knauserigkeit auf die Spitze treiben („Ich zahle ein Viertel der Wasserflasche und die Hälfte vom kleinen Salat")
- Mit Phrasen nerven: „Ich will nicht zahlen, aber ich muss."
- Vor Gästen und dem Service wild herumknutschen
- Andere Gäste stören mit viel zu lautem Gegacker
- Sich mit „Hoch die Tassen!" wie auf einem Volksfest zuprosten
- Die Handtasche auf den Tisch stellen
- Würfel- und Kartenspiele. Ein Restaurant ist keine Kneipe
- „Ihhhh, Meeresfrüchte, wie ekelig!", „Ich hasse Fisch!"
- Mit Jacken oder Taschen Stühle reservieren oder blockieren
- Fleischesser beim Essen bekehren wollen, Vegetarier zu werden (und umgekehrt)
- Protzen: „Ich kaufe den Laden!"
- Den Hund erziehen
- Mit aufgesetztem Fahrradhelm und Sonnenbrille bestellen

SELBST-PRÄSENTATION

Wie Sie eine interessante Person aus sich machen

Einmal war ich auf einer Hochzeit eingeladen. Später am Abend kam der DJ quer über die ganze Tanzfläche zu mir an die Bar und fragte strahlend, welchen Song ich mir wünsche, er wolle ein Lied nur für mich spielen. Die Fotografin hielt den ganzen schönen Sommerabend lang immer wieder ihre Kamera auf mich und knipste drauflos. Auch die Servicekräfte hofierten mich über alle Maßen. Ich überlegte, woran das lag. Für diese Menschen war ich augenscheinlich interessant, aber warum? Da fiel mir ein: Zu Beginn des Abends hatte ich mit allen kurz gesprochen. Offensichtlich war ich die einzige unter den Gästen, die sich die Zeit dafür genommen hatte, und ich hatte nachhaltig Erfolg damit. Dem DJ hatte ich aus Interesse einige Fragen zu seiner Playlist gestellt und ihm einen schönen Abend gewünscht. Von der Fotografin hatte ich mir eine Visitenkarte geben lassen und mich erkundigt, ob sie auch Porträtfotografie anbiete. Dem Service wünschte ich unkomplizierte, liebe Gäste. Sie alle fühlten sich gesehen, behielten mich im Auge und wollten mir Freundlichkeit zurückgeben.

Der amerikanische Bestseller-Autor Austin Kleon bringt es in seinem Buch „Show your work!“ wie schon viele vor ihm auf den Punkt, er schreibt: „Um interessant zu sein, muss man interessiert sein.“ Sie müssen nichts kalkulieren oder berechnen, um auf andere anziehend zu wirken. Sie müssen keinen Zweck verfolgen. Sie müssen einfach nur offen und aufgeschlossen sein. Neugier und Interesse für den Standpunkt anderer oder dafür, wie Dinge funktionieren, sind die Basis dafür, anderen im Gedächtnis zu bleiben. Denn jeder Mensch fühlt sich geschmeichelt, wenn ihm Aufmerksamkeit entgegengebracht wird. Privat und beruflich.

> Interessante Personen sind immer auch interessiert an anderen Menschen, an dem, was sie denken, an dem, was sie tun.

Das sieht auch der Musiker Iggy Pop so. Es gibt einen netten Wortwechsel zwischen ihm und dem Küchenchef Anthony Bourdain in der CNN-Serie „Parts unknown“.[50] Für diese Serie reiste Bourdain zu den entlegensten Orten auf der ganzen Welt, um andere Kulturen kennenzulernen, und probierte einfach alles. In dieser Szene stehen Bourdain und Iggy Pop am Meer und unterhalten sich. Im Original wird der Dialog auf Englisch geführt, ich habe ihn ins Deutsche übertragen:

Iggy Pop: „Du scheinst eine neugierige Person zu sein.“

Anthony Bourdain: „Es ist meine einzige Tugend.“

Iggy Pop: „Neugierig zu sein ist eine gute Sache. Es scheint unerwarteten Gewinn zu bringen.“

Wollen Sie Menschen neugierig auf sich machen, Herzen öffnen, leuchten und Sympathiepunkte sammeln? Möchten Sie, dass andere Menschen von Ihnen glauben, dass Sie etwas zu sagen haben und interessant sind? Dann bekommen Sie jetzt einige Tipps, die extrem wirkungsvoll sind. Lesen Sie weiter!

Wie Sie andere für sich einnehmen

Zufriedenheit, Authentizität und Gelassenheit sind die Basis einer sympathischen und hintergründigen Ausstrahlung. Sehen Sie die folgenden Empfehlungen für eine gelungene Selbstpräsentation als Inspiration. Bleiben Sie jedoch Ihren Ecken und Kanten treu und sich selbst ähnlich. Denn nur so bewahren Sie Ihre persönliche Note und bleiben authentisch.

Einen guten ersten Eindruck hinterlassen

Es ist, wie es ist: Binnen Sekunden und auf einen Blick machen sich andere Menschen ein Bild von uns. Sie schätzen uns ein. Ein zugewandter Mensch, der freundlich lächelnd grüßt, wird immer als vertrauenswürdiger eingeschätzt werden als jemand mit Pokerface. Ihr Ziel sollte es sein, die Kennenlernatmosphäre positiv aufzulockern. An den Haarspitzen lutschen oder immer wieder den Pony aus der Stirn streichen sind keine positiven Markenzeichen. Auch mit Mundgeruch, ungepflegter Frisur und Körpergeruch fliegen uns die Herzen nicht zu. Wer beim Gehen schlurft, die Füße nicht hebt, sich mit dem Elan einer Schildkröte bewegt (obwohl keine Hebeschwäche im Bein vorliegt), kann nachlässig oder schläfrig wirken. Kennen Sie diese Zeitgenossen, die in Gesprächen oder beim Essen eigentlich immer gähnen? Beim Gähnen halten Sie sich bitte den Mund zu. Einen guten ersten Eindruck hinterlassen Sie, wenn keine Spur von übertriebener Selbstdarstellung zu erkennen ist.

> Ein zurückhaltender Mensch ist sympathischer als einer, der seine Erfolge und Auszeichnungen aufzählt.

Hilfe anbieten

Bieten Sie anderen Hilfe und Orientierung an. Gehen Sie zum Beispiel Ihren Gästen voran, wenn Sie unterwegs sind. Gehen Sie vor ihnen eine Treppe hinunter und hinter ihnen hinauf. Gehen Sie nebeneinander, lassen Sie Ihre Begleitung nicht vor Bäume oder sonstige Hindernisse laufen, sondern treten Sie an die Seite. Bieten Sie Hilfe beim Tragen von schweren Gegenständen an. Voraussetzung dafür ist die Fähigkeit, wahrzunehmen, was in Ihrer Umgebung passiert. Was wäre die Welt ohne Menschen, die sehen, wenn andere Hilfe brauchen? Die für uns eine Präsentation Korrektur lesen, eine Schicht übernehmen oder die uns in der Nacht zum Auto begleiten? Es wäre eine triste, graue Welt. Wo lesen Sie gerade dieses Buch? Schauen Sie sich unauffällig um. Wer könnte sich gerade über Ihre Hilfe freuen?

Dienstbereit sein

Mit „Das geht mich nichts an!" und „Mir doch egal!" erreichen wir selten etwas. Seien Sie sich nicht zu schade dafür, andere Menschen aktiv zu unterstützen. Ist beispielsweise der Aufzug sehr voll, könnten Sie die Zusteigenden fragen, in welches Stockwerk sie möchten und den entsprechenden Knopf drücken. Auf der Straße, in engen Gassen: Es ist höfliches Benehmen, wenn Sie für andere Platz machen und sich bedanken, geht jemand für Sie an die Seite. Manchmal reicht schon ein Handzeichen. Es ist besser als nichts.

Den Abstand wahren

Wenn Sie im Supermarkt an ein Regal möchten, greifen Sie nicht wortlos und dumpf über andere hinweg zum Camembert. Es kann Wunder wirken, wenn Sie höflich fragen: „Entschuldigen Sie bitte, dürfte ich kurz an das Käseregal?" So geben Sie anderen die Chance, Sie zu bemerken und Platz für Sie zu machen. Starren Sie andere nicht an, zum Beispiel in öffentlichen Verkehrsmitteln oder Wartezimmern. Das verletzt unser Distanzbedürfnis. Werde ich angestarrt, frage ich gerne mal freundlich: „Kann ich etwas für Sie tun?" Rempeln wir jemanden an und kommen ihm zu nahe, ist es höflich, sich dafür zu entschuldigen. Wissen Sie, dass sich die höflichen Briten sogar als Angerempelte entschuldigen? Eine Reise nach London ist deshalb immer wieder ein Wow-Erlebnis in Sachen Höflichkeit.

Liebenswert und höflich kommunizieren

Wir können Mitmenschen nicht für uns einnehmen, wenn wir uns wie anonyme Massenmenschen präsentieren, mit verbissenem Gesicht auf Dinge reagieren oder stur nur unseren eigenen Vorteil sehen. Wie viel schöner ist ein anerkennender Blick, ein wohlwollendes Kopfnicken, ein dezentes Schulterklopfen, eine aufmerksame Rückfrage, ein Zuzwinkern oder ein interessiertes Hinhören. Höflich zu kommunizieren macht das Zusammenleben leichter. Telegrammstil ist uncharmant: Als Kassiererin zum Kunden „Neu holen. Tester!“ zu sagen, ist nicht höflich. Vollständige Sätze wirken weniger kantig: „Das ist der Tester. Wären Sie so nett, noch mal zurück zu gehen und einen anderen Lippenstift zu holen?“

> Mit einem freundlichen Ton und einem Lächeln liegen Sie immer richtig.

Liebenswert kommunizieren heißt auch, positive Wörter nicht spöttisch auszusprechen. Wer das Adjektiv in „Schönes Wochenende!“ ironisch betont, klingt irgendwie verbittert. Versuchen Sie auch zu verstehen, was der andere meint, und lassen Sie nicht nur den eigenen Filter gelten. Mit einem freundlichen Ton und einem Lächeln liegen Sie immer richtig.

Mitdenken und Rücksicht nehmen

Jemand greift nach einer Kaffeekanne, die vor Ihnen steht, kommt aber nicht heran? Schieben Sie der Person die Kanne zu. Ihr Vordermann versucht sein Tablett in den Abräumwagen zu schieben, kriegt es aber nicht hin? Helfen Sie, indem Sie das Glas vom Tablett nehmen. Oder fragen Sie: „Darf ich Ihnen helfen?“ Jemand macht Ihnen Platz? Bedanken Sie sich. Auf der Straße kommt jemand mit dem Auto nicht an Ihnen vorbei? Setzen Sie ein Stückchen zurück, statt darauf zu beharren, dass er rückwärtsfährt. Großherzigkeit und kleine Handreichungen im Alltag sind cool und machen gutes Benehmen aus – nicht Sturheit und Egoismus.

Beachten Sie auch Ruhezeiten. Bei ausgelassenen Partys zeigen Sie Einfühlungsvermögen, wenn Sie Ihre Nachbarn vorwarnen und Lärmbelästigung nicht zu einem Dauerzustand werden lassen.

Anerkennung geben

Es geht nicht darum, perfekt zu sein oder anderen zu demonstrieren, dass wir die Welt durchblickt und verstanden haben. Es geht darum, die Fähigkeiten, die Arbeit und die Erfahrungen anderer Menschen anzuerkennen. Wer mit sich selbst im Reinen ist, dem sollte das leichtfallen. Sie versetzen andere Menschen, Kollegen oder Mitarbeiter in eine gute Stimmung, wenn Sie sagen: „Ich habe viel von Ihnen gelernt!“ „Sie sind sehr talentiert!“ „Ich liebe es, wie Sie das Problem gelöst haben.“ Jeder von uns sehnt sich nach Lob. Menschen werden sich in Ihrer Nähe wohlfühlen, wenn Sie bereit sind, ihnen ehrlich gemeinte Anerkennung zu geben. Machen Sie sich als selbstbestimmter Mensch jedoch nie abhängig von der Anerkennung anderer, so leben Sie glücklicher.

Komplimente verschenken und mit Klasse annehmen

„Wow, du kochst fast so gut wie mein Bruder!“ Wann haben Sie das letzte Mal jemandem ein Kompliment gemacht? Ich liebe es, Komplimente zu machen, Sie auch? Herzliche, selbstlose Liebenswürdigkeiten hellen tatsächlich jeden Menschen auf. Sie müssen dabei gar nicht wahnsinnig einfallsreich sein. Am schönsten ist es, wenn ein Kompliment von Herzen und überraschend kommt. Waren Sie schon mal in New York? Dort bekommen Sie auf der Straße im Vorbeigehen sogar von Fremden Komplimente: „Ich liebe Ihre Tasche!“ oder: „Coole Sneaker!“ Die Amerikaner geizen nicht mit Stimmungs-Boostern im Alltag und wissen, dies kann Balsam für die Seele sein. Bei Fremden oder Menschen, die Sie nicht gut kennen, achten Sie darauf,

> Jeder freut sich über Komplimente, auch Männer!

nicht persönlich zu werden. Sie möchten ihnen schließlich nicht zu nahe treten. Sagen Sie also nicht: „Dieser Mantel steht Ihnen gut." Sondern besser: „Mir gefällt Ihr Mantel!"

Deplatzierte Komplimente wie „Sie sind so gut in Form!" (dies sagte der ehemalige US-Präsident Trump zu Frankreichs First Lady Brigitte Macron) sind zu vermeiden. Klingt ein Kompliment anzüglich („Sie haben aber sexy Beine"), herablassend („Du sprichst aber gut Deutsch!"), pseudofürsorglich oder tröstend, ersparen Sie es sich! Als Faustregel gilt: Ist ein Kompliment charmant, angebracht, respektvoll und witzig: Machen Sie es! Ist es ein Nonpliment, anzüglich, unnötig, platt und geschmacklos: Lassen Sie es sein!

Jemand, der Ihnen ein Kompliment macht, möchte Ihnen eine Freude bereiten. Bedanken Sie sich: „Es freut mich, dass Ihnen ... gefällt!" „Vielen Dank für Ihre Anerkennung, das freut mich sehr!" Mit Schweigen oder wenn wir ein Kompliment herunterspielen, verwehren wir dem anderen das Zurückspielen der Freude. Sagt jemand zu Ihnen: „Sie haben einen lieben Mann", dann klingt ein freudiger Dank charmanter als die Floskel: „Den gebe ich auch nicht her!"[51]

Bewundern und Freude verbreiten

Würdigen Sie die Errungenschaften und Erfolge anderer: „Respekt! Ich bewundere, was Sie erreicht haben." „Sie haben gewonnen, ich gratuliere Ihnen herzlich!" „Mir ist aufgefallen, dass Sie fabelhafte Fotos machen." „Ich mag dein strahlendes Lächeln." „Sie haben mich mit Ihrem Vortrag ermutigt." Wer andere erhöht, lobt, bewundert oder jemandem zum Beispiel zu einer Auszeichnung gratuliert, erhöht auch sich selbst. Er zeigt, dass er ein begeisterungsfähiger, bescheidener, lernbereiter und weltoffener Mensch ist. Wichtig: Es sollte auch so gemeint sein. Ersparen Sie anderen Menschen ein „Viel Erfolg!" in gleichgültigem, desinteressiertem Tonfall. Das wird nicht überzeugend klingen, insbesondere wenn Sie zuvor nur über Ihre eigenen Angelegenheiten gesprochen haben.

Empathie zeigen

Empathisch sein heißt zu erkennen, was eine andere Person fühlt. Es bedeutet, sich in diese Person hineinversetzen und mitfühlen zu können. Beobachten Sie also, *was* jemand tut, *wie* er es tut und *warum* er es tut. So finden Sie heraus, was ihn bewegt. Beobachten Sie aufmerksam Ihre Umgebung und handeln Sie, falls es Ihnen sinnvoll erscheint: Wer müht sich mit zu viel Gepäck ab? Wer freut sich, wenn Sie beim Einsteigen in den Bus mit dem Kinderwagen helfen? Dass Empathie und Mitgefühl etwas Selbstverständliches sein sollten, wünschen wir uns alle, nicht wahr?

> Empathie bedeutet, anderen Menschen Mitgefühl entgegenzubringen und sie unterstützen zu wollen.

Pünktlichkeit ist ein Gebot von Höflichkeit

Es ist (immer noch) unhöflich, zu spät zu sein, und wird als Mangel an Wertschätzung gesehen. Gastgeber, Veranstalter und Gesprächspartner freuen sich, wenn wir sie nicht zu lange warten lassen. In manchen Verspätungssituationen ist es nicht möglich, eine Nachricht zu schreiben oder anzurufen. Manchmal fehlt einem die Nummer. In dem Fall reichen Sie eine Entschuldigung nach.

Sich bei neuen Nachbarn und Kollegen vorstellen

Sie sind umgezogen? Ein gutes nachbarschaftliches Miteinander beginnt damit, dass wir uns bei unseren unmittelbaren Nachbarn vorstellen. Als Großstädter können Sie resignieren und sagen, interessiert doch sowieso niemanden. Oder Sie klingeln. Mit einem Antrittsbesuch, den Sie am besten anmelden, knüpfen Sie erste Beziehungen zu Ihren Mitbewohnern und brechen die Anonymität auf. Im Gegenzug können Sie neu eingezogenen Nachbarn Brot und Salz als traditionelles Geschenk übergeben.

Sie haben einen neuen Job? Bitten Sie Ihren Vorgesetzten darum, Ihnen Ihre neuen Kollegen vorzustellen. Im nächsten Schritt machen Sie die große Runde und stellen sich auch den anderen Bereichen sowie bei Kunden und Lieferanten vor. So leben Sie sich schneller ein und sammeln ganz nebenbei Punkte auf Ihrem Sympathiekonto.

Glaubwürdig handeln

Sicher stimmen Sie mir zu: Wenn wir Menschen für uns einnehmen wollen, müssen wir Versprechungen einhalten. Rufen Sie deshalb zurück, wenn Sie als zuverlässiger Mensch gesehen werden wollen, auf den man sich in jeder Situation verlassen kann. Tun Sie, was Sie sagen. Schwingen Sie nicht nur große Reden. Ändern Sie nicht jede Woche Ihre Meinung, sonst wirken Sie unglaubwürdig und inkonsequent.

Zurücklächeln

Kinder lachen rund vierhundertmal am Tag. Süß, oder? Erwachsene durchschnittlich nur fünfzehnmal. Wenn Sie jemand sein wollen, der sich leicht erheitern lässt, lächeln Sie zurück, wenn Sie strahlend angelächelt werden. Lassen Sie in Ihren Augen ein Licht aufleuchten. Klaus Klage, Aphorismenschreiber und Kalenderverleger, sagt dazu treffend: „Ein Lächeln bleibt selten allein.“ Tatsächlich verbindet uns ein Lächeln und es steckt an. Und darum: Smile back!

Bei Kritik souverän reagieren

Modeschöpfer Wolfgang Joop gab bei einem Auftritt in einer TV-Sendung jungen Modeschöpfern, die sich schwertaten, Kritik anzunehmen, folgenden guten Rat: „Lass dich so früh wie möglich kritisieren. Später sagen die ganzen Arschlöcher gar nichts mehr.“[52]

Niemand wird gern kritisiert und die meisten von uns haben Probleme damit, bewertet zu werden. Zumal in Deutschland oft sehr rüde und direkt kritisiert wird. „So bin ich nun mal!“, wird dann gern kauzig-autark geantwortet. Dabei ist Kritikfähigkeit eine wichtige soziale Kompetenz. Für Ihre stilvolle Selbstpräsentation sollten Sie wissen, wie Sie geschmeidig mit Kritik umgehen. Wie funktioniert es also am besten?

Souveränität beweisen Sie, wenn Sie nicht gekränkt und mit sofortigem Rückzug reagieren – auch nicht bei taktloser Kritik. Verzichten Sie darauf, direkt zu widersprechen, sich zu rechtfertigen, die Augen zu verdrehen oder die Gründe Ihres Verhaltens darzulegen. Zeigen Sie sich interessiert und offen, hören Sie sich an, was Ihr Gegenüber zu sagen hat. Kritik hilft uns dabei, uns persönlich oder beruflich weiterzuentwickeln.

> Kritik ist nie angenehm. Sie hilft uns aber, uns weiterzuentwickeln.

Selbst wenn Sie die Kritik unfair finden oder nur schwer akzeptieren können, setzen Sie sich mit ihr auseinander und werden nicht patzig. Das wirkt unreif und unhöflich sowieso. Vielleicht finden Sie gemeinsam eine Lösung für ein Problem. Hören Sie zu, fragen Sie nach, wenn Sie etwas nicht verstehen. Lassen Sie den anderen ausreden. Jemand hat Ihnen rückgemeldet, dass Ihre Website nicht trendy und etwas altmodisch aussieht? Nehmen Sie Tadel oder konstruktive Kritik an und bedanken Sie sich dafür. Sie könnten sagen: „Vielen Dank für Ihr Feedback! Ihre Idee, meinen Internetauftritt zu modernisieren, gefällt mir.“ Sie könnten auch sagen: „Ich finde meine Website eigentlich ganz schön, aber vielen Dank für Ihren Hinweis. Ich denke darüber nach.“ So zeigen Sie, dass Sie souverän mit Kritik umgehen können.

„Es tut mir leid!“ – Richtig um Entschuldigung bitten

Fehler passieren. Doch wenn Sie aufrichtig und freundlich um Entschuldigen bitten, beweisen Sie Größe und zeigen, dass Sie die Bedürfnisse anderer wahrnehmen. Vielleicht ist es dem Zeitgeist geschuldet, dass es gefühlt immer weniger Menschen zu geben scheint, die Fehler eingestehen können. Manche empfinden eine Entschuldigung als Zeichen von Schwäche. Menschen mit geringem Selbstwertgefühl haben besonders große Probleme damit, das Wort „Entschuldigung" über die Lippen zu bekommen. Dabei kann eine von Herzen kommende Entschuldigung Wunder bewirken und heilend sein. Ein lapidar dahingesagtes „Sorry" ist hingegen nicht sonderlich stark.

Wie geht es also richtig? Amerikanische Wissenschaftler kamen in einer Studie[53] zu dem Ergebnis, dass folgende sechs Aspekte eine Entschuldigung besonders effektiv machen:

1. Übernehmen Sie Verantwortung und geben Sie Fehler zu. Sagen Sie: „Entschuldigen Sie bitte. Es war mein Fehler."
2. Drücken Sie Ihr Bedauern aus: „Es tut mir aufrichtig leid."
3. Bieten Sie Wiedergutmachung oder die Behebung des Problems an: „Ich verspreche dir, ich mache das wieder gut." „Bitte geben Sie mir die Gelegenheit, den Fehler wieder gutzumachen."
4. Suchen Sie keine Ausreden, sondern erklären Sie die Hintergründe und was genau schiefgelaufen ist.
5. Zeigen Sie Reue.
6. Bitten Sie um Vergebung: „Kannst du mir noch mal verzeihen?"

Damit eine Entschuldigung gelingt, muss natürlich auf der Empfängerseite auch Wohlwollen, Erfahrung und Sinn für menschliche Pannen vorhanden sein. Ich griff mal versehentlich unter Zeitdruck zur falschen Tasche im Kofferraum und tauchte mit einem Jutebeutel der Konkurrenz bei einem Kunden auf. Erst als mich dort eine Dame sehr unterkühlt begrüßte und zur Rede stellte, dämmerte mir, was los war. Ich entschuldigte mich vielmals für den Fauxpas, doch keine Chance. Dieser Kunde buchte mich nie wieder als Trainerin, auch wenn ich die besten Evaluationen hatte. Sollte Ihnen mal jemand mit dem falschen Jutebeutel begegnen, zeigen Sie Sportsgeist, sagen Sie

> Entschuldigen Sie sich, wenn Sie einen Fehler gemacht haben. Akzeptieren Sie aber auch eine ehrlich gemeinte Entschuldigung.

„Das macht nichts!" und handeln Sie souverän: Geben Sie der Person einfach eine Tasche mit Ihrem Firmenlogo.

Haaatschi! Niesen und „Gesundheit!" sagen

In Seminaren kommt immer wieder die Frage auf, wie man sich auf dem gesellschaftlichen Parkett beim Niesen verhält. Nun, am besten niesen Sie möglichst so, dass es nicht an einen Tsunami erinnert, und benutzen ein Taschentuch. In Gegenwart anderer, zum Beispiel in einer Sitzung, wenden Sie sich beim Niesen ab. Entschuldigen Sie sich diskret, es sei denn, es erscheint Ihnen deplatziert, etwas zu sagen. Wünscht Ihnen jemand „Gesundheit!" bedanken Sie sich höflich. Es ist eine nette Geste.

Anderen „Gesundheit" zu wünschen und so den Nieser in das Zentrum der Aufmerksamkeit zu rücken, galt eine Zeitlang als out, doch es wurde wieder rehabilitiert. Aber rufen Sie nicht über den ganzen Raum hinweg: „Gesundheit!" Wägen Sie ab, in welcher Situation Sie gerade sind und ob es Ihnen angemessen erscheint, etwas zu sagen. Bei einer Geschäftsbesprechung, in einer Shopping Mall oder im Zug ignorieren Sie das Niesen eines anderen dezent. Im Dialog dürfen Sie Ihren Mitmenschen weiterhin höflich „Gesundheit" wünschen.

Brechen Sie auch mal Regeln, wenn es sein muss

Wenn wir über eine optimale Selbstpräsentation sprechen, kommen wir nicht am Thema „Regeln brechen" vorbei. In Deutschland spielen Schilder und Konformismus eine sehr große Rolle. Mit zwangloser Toleranz tut man sich oft schwer, es wird auffallend viel Wert auf Regeln und Vorschriften gelegt. Vehement werden Mitmenschen geschulmeistert. So gibt es eine Frage, die deprimierend unfreundliche Regelbefolger gerne stellen: „Darf man das denn?" „Darf man denn die Mülltonne einfach so um einen halben Meter verschieben?" Oder auch: „Hier darf man aber nicht Ball spielen!" „Man" darf alles, so lange „man" sich an die Regeln hält.

Steht in der Damendusche eines Sportstudios „Bitte nicht rasieren!", dann ist es nicht anständig, die nackte Geschlechtsgenossin grußlos im rüden Hausmeisterton mit „Ey, du darfst dich hier nicht rasieren!" zurechtzuweisen. Es macht uns nicht zu einer tugendhaften Stilikone, andere mit Killerblick zum Befolgen von Regeln zu zwingen. Vielleicht sehen Sie es wie ich: Gute Umgangsformen zu haben bedeutet immer auch, Mensch zu bleiben, mal ein Auge zuzudrücken. So lange es nicht gerade ein Orang-Utan ist, der sich vor uns seine Beine rasiert, können wir doch innerlich gelassen bleiben.

Es ist ratsam, je nach Situation über die Anwendung von Regeln zu entscheiden. Schilder dürfen nie wichtiger sein als der Mensch mit seiner Würde. Korrekt zu sein ist wichtig, keine Frage. Doch jeder von uns hat Spielraum in seinem jeweiligen Lebens-, Arbeits- und Verantwortungsbereich, stimmt's? Nutzen Sie ihn! Beginnen Sie beispielsweise damit, Dinge neu zu gestalten, anstatt veraltete Vorschriften zu verteidigen oder Verwaltungsstarre zu verbreiten. So gewinnen Sie Sympathien und an Profil. Wie soll das gehen? Hier ein Beispiel: Am Telefon antworten mir Sekretärinnen manchmal auf die Frage, ob sie mich durchstellen könnten, im Untertanen-Ton: „Das darf ich nicht!" Mehr Verantwortung übernehmen Sie, wenn Sie antworten: „Ich werde versuchen Ihnen zu helfen, Herrn Potter zu sprechen. Da finden wir zusammen eine Lösung." „Zusammen" ist übrigens ein schönes, harmonisches Wort, benutzen Sie es, so oft es geht.

> Auch wenn wir selbst uns an die Regeln halten, steht es uns nicht zu, andere, die es nicht tun, zurechtzuweisen.

Apropos Regeln brechen, Schilder und Dinge gestalten. Sicher ärgern Sie sich auch schon mal über unfreundliche Menschen an Ihrem Arbeitsplatz, schlecht gelaunte Kollegen oder miesepetrige Kunden. Manchmal müssen wir Unvermeidliches akzeptieren, doch nicht immer. Hier eine Idee, um Ihnen das Leben leichter zu machen und sich zu positionieren: Stellen Sie einen DIN-A4-Aufsteller aus Plexiglas oder eine Tafel mit einem Bild von einer lachenden Sonne gut sichtbar auf Ihren Schreibtisch oder vor Ihren Ladentresen. Schreiben Sie dazu: „Lächeln steht Ihnen!“ Sie können natürlich auch einen eigenen, hübschen Spruch wählen. Ich verspreche Ihnen: Sie haben nur noch nette Kollegen und Kunden vor sich. Die Idee habe ich mehrfach getestet. Es funktioniert wirklich! Probieren Sie es einfach aus.

Wie sich kultivierte Menschen präsentieren

Wirklich kultivierte und weltgewandte Menschen treten selten misstrauisch, arrogant, kühl, reserviert, anspruchsvoll, neidisch oder spöttisch auf. Meistens kommunizieren sie ganz einfach, herzlich und freundlich. Sie stellen ihre Wichtigkeit nicht zur Schau und sprechen eine Frau nicht ironisch mit „Gute Dame“ an. Sie haben kein Problem damit, sich zurückzunehmen. Ein gleichgültiges „Nicht mein Problem!“ werden Sie von ihnen kaum hören. Sie genieren sich nicht zu fragen, wenn sie etwas nicht wissen. Die Kommunikation mit ihnen ist denkbar einfach und ungezwungen. Einfache Gesten wie „Daumen hoch“ oder ein spitzbübisches Augenzwinkern verstehen sie auf Anhieb und sie müssen nicht nachfragen. Kritik nehmen sie an, ohne wochenlang eingeschnappt zu sein. „Zack, zack!“ bringt sie nicht aus dem inneren Gleichgewicht, weil sie ihren Wert kennen. Sie tragen ihre Anteilnahme oder Pläne nicht vor sich her. Spuren von Größenwahn oder Arroganz werden Sie in ihrem Auftreten nicht finden. Sie müssen anderen keine Lektion erteilen, um sich selbst etwas zu beweisen. Sie lassen andere Menschen gut aussehen.

> Kultivierte Menschen sind freundlich, selbstbewusst und lassen andere gut aussehen.

Etwas etepetete, eitel, überempfindlich, kompliziert, besserwisserisch oder großspurig geben sich eher die, die versuchen, vornehme Personen nachzuäffen oder sich wünschen, wichtig zu sein. Es mag sein, dass diese Zeitgenossen unsicher sind und denken, steif und gestellt könnten sie anderen imponieren.

Was können Sie also tun, treffen Sie auf kleinkarierte Alltagskritiker oder jemanden, der seine eigene Wichtigkeit und die seines Umfelds betonen muss („Mein Mann ist Oberbuchhalter!"), um sich überlegen zu fühlen? Bleiben Sie als reifer, vornehmer Mensch höflich und gelassen, ruhig und sachlich. Mit Ihnen hat das alles nichts zu tun. Wer sich seiner selbst sicher ist, muss sich mit anderen nicht öffentlich messen.

Wie Sie Ihre Wirkung beeinflussen und positiv gestalten können

Einmal bereitete ich eine Klientin auf ein Bewerbungsgespräch für eine Führungsposition vor. Ihr Problem war, dass sie nicht wusste, wie sie ihre Fähigkeiten und Erfahrungen überzeugend präsentieren konnte. Bei der Eigenvorstellung stellte sie ihr Licht unter den Scheffel und hatte auch die Interessen des Unternehmens nicht im Blick. Sie konnte sich nicht gut „verkaufen", fühlte sich klein, nicht gut genug. Nach unserer Zusammenarbeit sagte sie lachend, ab sofort seien ihre Augenringe nicht mehr „schläfriger Waschbär", sondern „Smokey Eyes".

Natürlich hat nicht jeder von uns die natürliche Begabung, sich selbstbewusst und unbekümmert zu präsentieren. Es bedarf ein wenig Übung. Wenn Sie es aber wie diese Klientin hinbekommen, zu Schwächen zu stehen, sie in ein positives Licht zu rücken und das Ganze mit Humor mixen, wird es Ihnen besser gehen.

> Jeder kann lernen, sich selbstsicherer zu präsentieren.

In meinen Beratungen treffe ich nicht selten Menschen, die unsicher sind und sich viele Gedanken darüber machen, was andere von ihnen denken. Vor allem Frauen trauen sich oft nicht zu zeigen, was sie können. Sie leben unter ihren Möglichkeiten und ziehen sich zurück. Bis sie schließlich an einem Punkt sind, wo sie sich wieder mehr

Ausstrahlung wünschen und erfahren wollen, wie sie im zwischenmenschlichen Umgang eine gute Figur machen. Denn jeder von uns möchte sein höchstes, wahrstes Selbst zum Ausdruck bringen.

Jetzt kommt die gute Nachricht: Sie sind der Captain Ihres Schiffs. Sie können Ihre Wirkung und Ausstrahlung selbst gestalten und positiv beeinflussen. Die folgenden Tipps, die Sie sofort umsetzen können, werden Ihnen dabei helfen.

Ihre Einzigartigkeit macht Sie interessant

Was Sie von anderen unterscheidet, das macht den Erkennungswert Ihrer Persönlichkeit aus. Beginnen Sie damit, stolz darauf zu sein, was Sie bisher erreicht und gemeistert haben. Es ist nicht der angesagte Haarschnitt, den alle tragen, der Sie interessant macht. Es sind Sie! Um Sie herum richten sich plötzlich alle im Skandi-Style ein oder werden Coach? Sie aber lieben Shabby Chic oder wollen eine Fluglizenz erwerben und Pilotin auf den Malediven werden? Bleiben Sie dabei. Kultivieren Sie Ihre Einzigartigkeit. Egal ob Job, Mode, Vorlieben oder Freizeitinteressen. Gehen Sie nicht zwanghaft in die Richtung, in die alle gehen, befreien Sie sich von Diktaten oder Gruppenzwang. Wer bis zur Unkenntlichkeit angepasst ist, dem haftet nichts Originelles an. Gehen Sie mutig in die Richtung, die Ihnen gefällt und Ihren Werten entspricht. Hören Sie auf Ihre innere Stimme. Sie werden eine besondere Energie versprühen, einfach dadurch, dass Sie zu Ihrer Einzigartigkeit stehen und authentisch sind. Die Sängerin und Verwandlungskünstlern Lady Gaga wurde von ihren Klassenkameraden verspottet für ihren extravaganten Stil. Doch sie blieb sich treu und ist heute ein authentischer Weltstar, der Menschenrechte unterstützt und soziale Missstände bekämpft. Jeder Mensch ist einzigartig. Erzählen Sie Ihre eigene Geschichte und Sie werden interessant.

Vergleichen Sie sich nicht mit anderen

Wenn Sie auf Instagram sind, Magazine durchblättern oder andere Menschen treffen – vergleichen Sie sich nicht mit anderen. „Das Vergleichen ist das Ende des Glücks und der Anfang der Unzufriedenheit", schrieb der dänische Philosoph Søren Kierkegaard. Es macht unzufrieden, aus dem sozialen Vergleich negative Schlussfolgerungen für sich selbst zu ziehen. Der indische Philosoph Jiddu Krishnamurti sagte einmal: „In dem Moment, in dem du versuchst, jemand anders zu sein, bist du nicht mehr frei." Anstatt sich einem Vorbild anzuschließen, investieren Sie Ihre Zeit besser darin, Vertrauen in Ihre individuellen Fähigkeiten und Fertigkeiten aufzubauen, die Sie von anderen Menschen unterscheiden: Sie können malen, schreiben, dichten, bauen, kochen, backen, singen, reisen, nähen, lieben, konzipieren oder tanzen? Tun Sie das. Bleiben Sie sich treu. Lassen Sie sich inspirieren und inspirieren Sie andere. Suchen Sie Mentoren. Aber hören Sie auf, sich zu vergleichen, und versuchen Sie nicht, andere zu kopieren. Es schwächt Ihre Ausstrahlung.

> „Sie wollen, dass du dich anpasst, weil sie dich ignorieren können, wenn du es tust."
>
> *Seth Godin*[54]

Verlassen Sie Ihre Komfortzone

Sie wollen den tollen neuen Job, Sie wollen ein Ziel erreichen und gut bei anderen ankommen? Sammeln Sie neue Erfahrungen, bauen Sie Wissen auf. Besuchen Sie Seminare, neue Orte, interessante Netzwerkveranstaltungen. Vergessen Sie Fernsehen und Routinen, die bringen Ihnen kein Glow. Warum nicht mal ein Schreibworkshop bei „The Guardian" in London, Fastenwandern auf Sylt oder eine individuelle Stilberatung bei Ihnen zu Hause?

Zu Beginn meiner Selbständigkeit habe ich nebenher bei einem Obst- und Gemüsehändler gearbeitet. Weil ich Sehnsucht danach hatte, mal nicht abstrakt zu arbeiten. Jetzt weiß ich, dass Menschen, die nur einen Apfel kaufen, länger für ihre Entscheidung brauchen als die, die ein Dutzend kaufen. Und dass Menschen sogar bei einer Ananas fragen, ob sie aus der Region kommt. Verlassen Sie Ihre Komfortzone, dann werden Sie neue Erfahrungen machen und Geschichten erleben, die Sie mit anderen teilen können. Es macht nicht nur Spaß, sondern Sie gewinnen so auch das Interesse von anderen Menschen und haben so viel mehr Chancen und Wahlmöglichkeiten – beruflich und privat.

Nutzen Sie Personal Branding und Eigen-PR

Bauen Sie sich – wenn Sie mögen – eine Personenmarke auf. Es geht darum, den eigenen Namen und ein Image zu etablieren. Schreiben Sie Blogbeiträge oder teilen Sie digital Inhalte zu Ihrem Wissens- und Interessengebiet, um sich als Experte zu positionieren. Melden Sie sich für besondere Aufgaben oder Ehrenämter, an denen Sie Spaß hätten. Jeder, der es selbst möchte, hat das Potenzial, eine Personenmarke aufzubauen. Der Kern ist zu wissen, wer Sie sind, was Sie können und wofür Sie stehen. Gute Umgangsformen sind das A und O für Ihre Reputation und Ihr Auftreten.

> „When you do well, people notice."
> *Oprah Winfrey*

Lernen Sie, interessant zu erzählen

Wann empfinden wir eigentlich Menschen als uninteressant? Vor allem dann, wenn sie nichts zu erzählen haben, immer das Gleiche berichten, zu lange oder vorhersehbar sprechen. Wenn sie reden, dann meistens von sich. Sie können keine Spannung aufbauen und überschütten uns mit Details oder Geschichten, die überhaupt nichts mit uns zu tun haben. Das ist unhöflich. Wenn Sie sich interessant und manierlich präsentieren wollen, dann lernen Sie, interessant zu erzählen!

Wie geht das? Bevor Sie erzählen, fragen Sie sich immer, ob Ihr Bericht den anderen interessieren könnte. Erzählen Sie echte Geschichten, die Sie wirklich erlebt haben. Es können Erlebnisse,

Anekdoten oder Rückschläge sein, die Sie begeistert oder berührt haben. Achten Sie darauf, nur die relevanten Details zu erzählen und solche, die Ihre Story unterhaltsam machen. Sie wollen bei Ihrem Gegenüber Emotionen auslösen und Verbindendes finden. Deshalb kommen lebendige Schilderungen gut an, die zeigen, wie Sie gekämpft haben oder Widerstände überwinden mussten, um etwas zu erreichen. Hierzu fallen mir viele Geschichten ein, Ihnen auch?

Achtung: Als höflicher, taktvoller Mensch geben Sie immer auch anderen Menschen Raum für ihre Geschichten! Achten Sie darauf, ein Gefühl für den Rhythmus von Erzählen und Zuhören zu bekommen.

Machen Sie alles mit Gefühl und Hingabe

Wie wirkt jemand, der im Supermarkt im Vorübergehen ein Baguette in seinen Einkaufswagen pfeffert? Wie wirken wir, wenn wir nur unser Ziel im Auge haben und dafür im Straßenverkehr rücksichtslos hupend durch die Gegend preschen? Wie wirkt einer, der im Zug immer wieder den Müllereimerdeckel krachend fallen lässt? Fein? Sicher nicht! Es fehlt das Gefühl. Entscheiden Sie sich dafür, alles mit Gefühl und Hingabe zu tun, auch die kleinsten Dinge des Alltags. Es tut Ihnen und Ihren Mitmenschen gut. „Mit Gefühl" bedeutet nicht, alle Dinge langsam zu machen, sondern es bedeutet, ein Bewusstsein für die Welt um sich herum zu haben. Also auch mal schnell Platz zu machen, wenn andere es eilig haben.

Elevator Pitch: Wie Sie sich kurz und prägnant vorstellen

In vielen Situationen werden wir um eine kurze Selbstpräsentation gebeten – in Bewerbungsgesprächen, Seminaren oder bei beruflichen Veranstaltungen. Auch beim Netzwerken an der Bar, auf Konferenzen oder Partys – früher oder später werden wir gefragt: „Was machen Sie beruflich?" Oder: „Du bist selbständig? Was machst du denn genau?"

Die einen bekommen Herzrasen. Die anderen holen endlos aus. So weit, dass der Zuhörer nach dem „Vortrag" total verwirrt ist. Wiederum andere machen aus der Selbstvorstellung ein Quiz. Machen Sie es besser – indem Sie eine kleine Selbstbeschreibung parat haben. So vermeiden Sie jeglichen Stress. Um Interesse zu wecken, sollten Sie auf den Punkt erklären können, was Sie beruflich machen bzw. was Ihr Geschäft ausmacht, wenn Sie selbständig sind.

> Die Kunst ist, Unwesentliches wegzulassen.

Wie geht das knackig und prägnant? Mit dem Elevator Pitch – das ist eine Art Kurzpräsentation, die Ihnen hilft, andere in 60 Sekunden von sich zu überzeugen. Das ist etwa die Zeitspanne, die eine Fahrt im Fahrtstuhl dauert. Menschen wollen wissen, (1) wer Sie sind, (2) was Sie anbieten und (3) ob Sie ihnen helfen können. Diese drei Fragen sollte Ihr Elevator Pitch beantworten. Und so geht's:

1. Nennen Sie Ihren Namen und Ihr Unternehmen.
2. Sagen Sie, was Sie anbieten.
3. Sagen Sie, wem Sie helfen (Nutzwert).

Zum Beispiel:

1. Mein Name ist ..., meine Firma heißt ...
2. Ich helfe Menschen (Unternehmen) dabei ... / Ich bin derjenige im Unternehmen, der ... / Ich sorge dafür, dass ...
3. Meine Kunden sind ...

Hier mein Elevator Pitch:

1. Mein Name ist Gabriela Meyer, Modern Life Seminars.
2. Ich helfe Menschen, gute Umgangsformen zu haben und Social-Media-Instrumente professionell zu nutzen,
3. auch wenn sie unsicher in ihrem Auftreten sind oder bisher keine Erfahrung mit digitaler Kommunikation haben.

MODERN-LIFE-DRESSING UND STYLE

Wie Sie sich stilvoll kleiden

Als das Bundeskanzleramt im Jahr 2018 nach der ersten Arbeitssitzung des Digitalrats zum Fototermin lud, stellte sich Ratsmitglied Ijad Madisch, Geschäftsführer von Research Gate, in kurzer Hose, knallroten Sneakern, T-Shirt und einer blauen Schirmmütze mit Superman-Logo in die erste Reihe. Vielleicht nicht gerade die gewohnte Garderobe für ein Gruppenfoto im Kanzleramt. Anders als erwartet, gereichte ihm das Brechen von Kleidungskonventionen nicht zum Nachteil – im Gegenteil. Der junge Mann wurde im Netz für seinen Auftritt gefeiert, da er sich nicht der Uniformität unterworfen hatte.

Inwieweit kurze Hose, Basecap und T-Shirt avantgardistisch sind oder nicht doch schon wieder zum Mainstream gehören, ist eine andere Frage. Doch fest steht: Die Kleidungsgewohnheiten sind in der veränderten Arbeitswelt legerer geworden. Die Grenzen zwischen privat und beruflich sind verschmolzen. Es gibt immer weniger eine strikte Unterscheidung zwischen Job- und Freizeitkleidung, oft wird bewusst die Strategie des Stilbruchs gewählt. Auf Konferenzen sehen wir, dass zu Kleidern und klassischen Anzügen ganz selbstverständlich bequeme Sneaker getragen werden. Zu Jeans werden Business-Blusen und Lederjacken kombiniert. Sportliche Kombis, die man früher im Arbeitsalltag für unmöglich gehalten hätte, sind heute normal. Der Smart-Casual-Look hat sich auch in konservativen Branchen etabliert.

Immer mehr Banken präsentieren sich modern und verzichten in ihren Dresscodes auf formelle Business-Kleidung. Bei der Hamburger Sparkasse dürfen die Mitarbeiter in Jeans und Blazer oder Sakko zur Arbeit kommen – ohne Krawatte. Alte Moderegeln gelten nicht mehr. In manchen Büros ist von Montag bis Freitag Casual Friday.

Doch auch wenn sich heute kaum noch ein Unterschied zwischen beruflicher und privater Garderobe erkennen lässt, ist gute Kleidung ein Wert für sich und nicht weniger wichtig als gutes Benehmen. In manchen Branchen gelten weiterhin klassische Erwartungen an das Erscheinungsbild, für bestimmte gesellschaftliche Anlässe gibt es nach wie vor Kleiderordnungen. Doch lesen Sie zunächst, warum Kleidung Ihr Freund ist und Sie diesen Freund unbedingt in Ihr Leben einladen sollten.

> In vielen Branchen gibt es keine strenge Kleiderordnung mehr. Sich gut und passend zu kleiden, ist jedoch nach wie vor wichtig.

Kleidung ist ein Werkzeug: Nutzen Sie es!

Sie dürfen heute prinzipiell alles tragen und müssen sich keinen bestimmten Stil aufzwingen lassen. Auch wenn es kaum noch Vorschriften und unumstößliche Regeln gibt, sich zu kleiden, sollten Sie herausfinden, was Sie ganz persönlich kommunizieren möchten. Mode drückt so vieles aus. Welchen Kleidungsstil möchten Sie repräsentieren? Was wollen Sie sagen? Wie wollen Sie wirken? Professionell, attraktiv, sexy oder alles zusammen? In welchen Materialien fühlen Sie sich wohl und sicher? Welche Farben und Schnitte schmeicheln Ihnen und Ihrem Figurtyp? Dies sind wichtige Fragen, die neben Aspekten wie Wetter, Anlass und Tageszeit bei der Kleiderwahl eine Rolle spielen sollten.

Wägen Sie diese Fragen ab, wenn Sie sich morgens ankleiden. Mit einer bewusst zusammengestellten Garderobe kreieren Sie immer ein überzeugendes Outfit. Sie zeigen damit, dass Sie sich selbst wertschätzen und andere würdigen. Wem es egal ist, was er trägt, wer sich so gar keine Gedanken zu seinem Look macht oder stets zur einfachsten, praktischen Lösung greift, dem muss klar sein, dass er auf einen persönlichen Stil verzichtet. Und auch mal total danebenliegen kann. Natürlich ist Aussehen und modisches Bewusstsein nicht alles. Doch es beeinflusst die Art und Weise, wie Menschen mit uns interagieren und uns wahrnehmen.

Die Stylistin von Michelle Obama, Meredith Koop, sagt: „Mode kann die Kommunikation im besten Fall stärken, sie kann auch ein stiller Partner sein oder ablenken."[55] Mit anderen Worten: Kleidung ist wie ein Werkzeug, das Sie benutzen können. Mit dem richtigen Key-Pieces haben Sie Power und strahlen Präsenz aus. Kleidung spricht. Sie gibt uns Selbstsicherheit. Wer es versteht, dass er mit einer dramatischen Bluse oder einem schicken Oversize-Mantel seinen kompletten Look verändern kann, für den können sich sogar ganz neue Möglichkeiten bieten. Wussten Sie, dass Menschen mit Geschmack in der Wirtschaft heiß begehrt sind? Sie bringen meistens kreatives Denken mit.

> „Nur die Oberflächlichen legen keinen Wert auf Äußerlichkeiten."
> *Oscar Wilde*

Immer gut angezogen: Finden Sie Ihren perfekten Stil

Auf der Suche nach Inspiration halte ich immer Ausschau nach ungewöhnlichen Outfits, gutsitzenden Anzügen, poppigen Farben, hübschen Taschen, schlichter Eleganz oder bewussten Stilbrüchen. Sie auch? Digital werde ich immer fündig. Doch analog? Das Meer von Jeans zu dunklen Anoraks in Fußgängerzonen oder Bahnhöfen betrübt mich im Winter, weil es irgendwie so einfallslos ist. Es scheint zu gelten: Hauptsache praktisch und bequem. Bloß nicht zu auffällig, extravagant oder farbenfroh. Senioren laufen (und radeln) jeden Sommer uniformiert in seelenlosen Westen oder einer Art Kurklinik-Look herum. In Seminaren treffe ich häufig auf Frauen, die sich in Loopschals einspinnen oder auf konforme, erwartbare Weise kleiden. In all diesen Outfits ist wenig Lebensfreude erkennbar, sie vermitteln keine Botschaft. Warum so viel Zurückhaltung und Desinteresse für Mode und Style? Wo ist der Mut zum Anderssein und zur Originalität? Wo ist der Spaß an Mode, wo bleibt die Lust an Kreativität? Machen wir uns alle füreinander nicht mehr schick?

> „Spielen Sie mit Klassikern, drehen Sie das Konventionelle, machen Sie aus dem Vertrauten etwas Inspirierendes und Neues."
>
> *Johnny Coca, Creative Director Mulberry*[56]

Unser Leben verändert sich. Jeder Tag ist anders. Unsere Outfits dürfen das widerspiegeln und sollten keinen Stillstand signalisieren. Können Sie sich vorstellen, Ihre Persönlichkeit mit Ihrer Kleidung stärker auszudrücken? Einen unverwechselbaren Stil zu haben? Sowohl im Job als auch privat? Das ist keine Zauberei und macht auch noch glücklich.

Das passende Outfit für jeden Anlass

Sie suchen ein Outfit für den Messestand? Sie besuchen einen wichtigen Kunden, gehen auf eine Party oder haben ein aufregendes Date? Sie sind zu einem festlichen Empfang beim Bundespräsidenten eingeladen? Egal für welchen Anlass Sie Ihre Garderobe planen, mit der richtigen Vorbereitung werden Sie perfekt gekleidet sein.

Befassen Sie sich vorher mit den Fragen:

- Was gefällt mir?
- Was ist es für ein Anlass?
- Welche Personen sind anwesend?
- Welche Erwartungen haben andere an mein Erscheinungsbild?
- Will ich abweichen von Erwartungen?
- Wie will ich wirken?

Nachdem Sie dies geklärt haben, legen Sie los. Wählen Sie die Kleidungsstücke aus, die in Frage kommen. Überlegen Sie, ob und wie Sie Altbekanntes neu kombinieren können. Nichts spricht dagegen, auch mal Erwartungen zu brechen. Auffällige Schuhe in Kupfer-Optik als modisches Statement oder alles ganz puristisch – warum nicht? Nehmen Sie eine stilbewusste Freundin mit zum Einkaufen, die Sie ermutigt, auch mal zu anderen Farben oder Schnitten also sonst zu greifen.

Kürzlich war ich an einem Samstagabend mit Freunden in einer Cocktailbar. Meine Freundin und ich trugen Kleider und Pumps. Damit waren wir alleine. Alle anderen um uns herum waren in feierabendtauglichen Jeans gekleidet. Nichts gegen Jeans. Ich liebe Jeans! Doch statt Vielfalt und Originalität sah es nach angestrengter Anpassung aus. Stilistische Experimente? Fehlanzeige! Eine junge Frau erklärte mir, wenn sie sich anders kleide als die anderen oder zu schick, dann würden alle gucken. Na und? Klar, die Umgebung prägt den Stil. London, Hamburg und Paris lassen einen mutiger sein als Wietzendorf. Trauen Sie sich trotzdem, schnelllebige Trends oder „das, was alle tragen" auch mal bewusst zu ignorieren. Das ist Modern-Life-Dressing!

> Wenn Sie sich nicht sicher sind, was Ihnen steht, gönnen Sie sich eine Stilberatung.

Wer der neuesten Mode folgt, ist nicht automatisch gut angezogen. Es kann sogar gewöhnlich wirken. Vielleicht fragen Sie sich wie ich, wann die Jeans mit Rissen im Knie endlich durch ist. Freunden Sie sich damit an, jenseits von Massentrends Schönes, Zeitloses oder Witziges zu entdecken, das Ihre Persönlichkeit unterstreicht. Sie werden sich großartig fühlen und auch so aussehen! Es ist ein toller Moment, einen Raum voller in Jeans gekleideter Menschen zu betreten, den Mantel abzulegen und ein flaschengrünes, schwingendes Kleid zu enthüllen. Oder einen strahlend weißen Hosenanzug. Es ist frisch und unerwartet. Kleidung sollte Sie glücklich machen. Ziehen Sie Farbe in Betracht. Und Glitzer. Trauen Sie sich – mehr!

INSPIRATION PUR!
MEIN INSTAGRAM-TIPP FÜR STILBEWUSSTE FRAUEN

Ich bin davon überzeugt, dass Kleidung unser Leben schöner macht und jeder sein modisches Bewusstsein trainieren kann. Mit den richtigen „Lehrern". Eine meiner liebsten Style-Inspirationen auf Instagram ist Trinny Woodall, Gründerin der Make-up-Marke Trinny London. Ihre Karriere startete die englische Unternehmerin mit einer Modekolumne für „The Daily Telegraph". Von den Videos der immer top gekleideten, sympathischen Unternehmerin kann jede Frau viel über modernes Styling lernen und sich Ideen holen. Schauen Sie mal rein: www.instagram.com/trinnywoodall

Mode, Weiblichkeit und Karriere

Weiblichkeit und Souveränität scheint noch immer ein Widerspruch für viele Frauen zu sein. Nach einem Vortrag vor Existenzgründerinnen kam eine junge Journalistin auf mich zu und sagte: „Ich möchte Ihnen ein Kompliment machen. Ich bewundere Sie dafür, dass Sie hohe Pumps, Kreolen und Nagellack tragen. Trotzdem kommen Sie total kompetent rüber. Es gibt mir Mut, mich auch viel mehr zu trauen." Dieses Feedback erhalte ich oft. Frauen scheinen anzunehmen, sie dürften sich nicht zu feminin kleiden oder schminken, wenn sie Kompetenz vermitteln wollen. Zum Schutz passen sie sich an, tragen Anzüge, kleiden sich fast keusch. Es ist möglich, Weiblichkeit zu betonen, Gute-Laune-Farben zu wählen und trotzdem einen „Ich bin Ingenieurin!"-Look zu signalisieren. Barbara Vinken, Mode-Kolumnistin und Professorin für Allgemeine und Französische Literaturwissenschaft, deren eleganten Interviews ich liebe, sagte dazu treffend einmal im Radio: „In Deutschland muss noch viel passieren, dass wir souveräne Weiblichkeit für kompatibel halten mit einer Machtposition. Man ist der Weiblichkeit in der öffentlichen Sphäre gegenüber sehr intolerant."[57] Halten Sie es, wenn Sie mögen, wie die dänische

EU-Kommissarin Margrethe Vestager. Die sagte in einem Zeitungsinterview auf die Frage, was sie mit ihrer Kleidung sagen wolle, dass sie zunächst eine Frau sei und kein verkleideter Mann.

Glücklicherweise gibt es auch bei uns viele erfolgreiche Frauen, beispielsweise die Außenministerin Annalena Baerbock oder die ehemalige Siemens-Managerin Janina Kugel, die zwischen all den dunklen Anzügen individuellen Stil zeigen und ihre Weiblichkeit nicht ängstlich verstecken. Seien Sie sich darüber im Klaren: Kleidung gibt Ihnen Macht. Es geht nicht darum, dass sich Menschen daran erinnern sollen, ob Sie Rock oder Kleid trugen. Ihr Ziel sollte sein, gehört und gesehen zu werden, dabei kann Ihr Look Sie stärken und allem, was Sie sagen, Kraft verleihen.

> Betonen Sie durch Ihre Kleidung, was Sie an sich mögen. Seien Sie kreativ und mutig. Das verleiht Ihnen eine tolle Ausstrahlung.

Viele Frauen, die ich bei meiner Arbeit kennenlerne, versuchen das, was sie nicht an sich mögen, zu verstecken oder zu kaschieren. Darüber vergessen sie total zu zeigen, was sie an sich lieben, und ihre Vorzüge hervorzuheben. Meine Empfehlung für einen gelungenen Auftritt: Betonen Sie durch Ihre Kleidung, was Sie an sich mögen, so haben Sie eine atemberaubende Ausstrahlung. Kennen Sie Trends, doch hecheln Sie ihnen niemals hinterher. Lassen Sie Ihre Phantasie spielen. Es gibt Kleidungsstücke, die begleiten Sie mühelos vom Schreibtisch bis zum schicken Dinner. Knallige Farben, Midikleider, extravagante Hosen, Seidenblusen: Nutzen Sie kühn den großen Gestaltungsspielraum, den Sie als Frau mit Mode haben, und genießen Sie es, Ihren Look individuell, fröhlich und smart zu gestalten.

IN UND OUT

In
- Wiederentdeckung der Weiblichkeit
- Sich auffällig(er) kleiden
- Farbe und Glitzer
- Qualität und Nachhaltigkeit
- Lokale Designer
- Schick und bequem
- Persönliche Stilberatung

Out
- Sich mit Kleidung unsichtbar machen
- Verzicht auf Farbe
- Massentrends blind folgen
- Schlecht sitzende Kleidung
- Vornherein etwas ausschließen bzw. festgelegt sein
- Alles perfekt Ton in Ton

Dresscodes – Anlassgerecht gekleidet sein

Ob im Konferenzraum oder Festsaal – zu gewissen Anlässen ist immer noch manchmal ein bestimmter Dresscode gefragt. Die Abstufungen reichen von zwanglos über leicht formell, formell und sehr formell bis hin zu hochoffiziell und hochfestlich. Auch wenn Kleiderordnungen heute freier interpretiert werden (so manche erfolgreichen Firmengründer gehen mit Jeans, Hoody und Turnschuhen ins Büro) und mehr Spielraum lassen (bei Google lautet der Dresscode schlichtweg: Du hast Kleidung an), reflektiert die Art und Weise, wie wir uns anziehen, unsere Position. Sehen Sie einen Dresscode als Leitfaden, der Ihnen hilft, stilistisch nicht ins Fettnäpfchen zu treten und sich angemessen zu kleiden.

> Wenn Sie sich unsicher sind, ziehen Sie sich lieber etwas schicker an. Overdressed ist besser als underdressed.

Wie wir uns kleiden, zeigt, ob wir einen Anlass richtig verstanden haben. Wenn Sie als moderne Geschäftsfrau Kompetenz signalisieren wollen, sind Sie zum Dinner im Hotelrestaurant mit knappen Hotpants und durchsichtigem Tanktop nicht seriös angezogen. Gleiches gilt für einen Geschäftsmann in Shorts und Flipflops. Erscheinen Sie bei einer Sportveranstaltung hingegen zu elegant, kann es ebenfalls unpassend wirken. In der Arbeitswelt gilt: Jedes Unternehmen hat eigene Standards. Wenn Sie neu in einer Firma anfangen und unsicher bei Ihrer Garderobenwahl sind, seien Sie für den Start besser over- als underdressed.

Heute gehen neue Modestile in Windeseile um die Welt, es gilt „see now, buy now!" Alles kann sofort online geordert werden. Dankenswerterweise teilen verschiedene Online-Portale als besonderen Service ihr Angebot inzwischen nach Dresscodes ein, was bei der Garderobenplanung für die verschiedensten Anlässe enorm hilft. Die Auswahl ist riesig: Je nach Budget finden Sie bei Zara, Riverisland, Asos und Boden Direct etwas Passendes. Bei www.breuninger.com shoppen Damen und Herren nach den klassischen Kategorien casual, smart casual, business casual, business attire. Sogar der Socken- und Herrenunterwäschehersteller www.blacksocks.com, bei dem Kunden Socken im Abo bestellen können, sortiert Strümpfe in entsprechende Dresscode-Kategorien. Schließlich gibt es auch Online-Stilberatungen und die Möglichkeit, Kleider für Anlässe auszuleihen. Outfittery (www.outfittery.de) ist nach eigenen Angaben inzwischen Europas größter Personal-Shopping-Service für Männer: Stylisten stellen individuelle Outfits zusammen und schicken sie zu Ihnen nach Hause. Bei www.chic-by-choice.com können Sie innerhalb von 24 Stunden Abschlussball-, Cocktail-, Abend- oder Hochzeitskleider ausleihen. Wer vom unendlichen Kleiderschrank träumt: Fashion-Boxen per Flatrate versendet www.myonbelle.de. Luxusmode nach Anlässen sortiert finden Sie beispielsweise bei www.farfetch.com.

„Schluss mit der Langeweile in den Büros. Entspannung und Überraschung statt Biederkeit und überholte Etikette", ist auf der Website des Textilunternehmens van Laak zu lesen (www.vanlaack.com). Der Hemdenhersteller engagierte Modedesigner Wolfgang Joop, der Abwechslung und frischen Wind in den Office-Look bringen und Business-Hemden neu interpretieren soll. Aber es muss nicht digital sein: Kleine Modeboutiquen bieten oft wunderbare, individuelle Beratungen an.

Welcher Dresscode auch immer gilt, wo immer Sie kaufen, welchem Stilvorbild Sie folgen, was immer Sie tragen, ob elegant, casual oder urban chic: Sie sollten sich gut und attraktiv fühlen. Es sollte zu Ihrer Persönlichkeit, Ihrem Stil und Ihrem jeweiligen Lebensgefühl passen. Legen Sie sich nicht fest! Wenn Sie bestimmte Farben und Stilrichtungen für sich ausschließen, reduzieren Sie nur Ihre Möglichkeiten. Bleiben Sie offen, liebäugeln Sie auch mit Neuem. Im Zweifel seien Sie immer besser angezogen als nicht gut genug. So müssen Sie sich keine Sorgen über Kritik oder negative Beurteilungen machen.

MIT STIL EINKAUFEN

Wenn Sie in öffentlichen warmen Räumen sind, wie einem Shopping-Center, öffnen Sie Ihre Winterjacke und lockern Sie auch Ihren Schal. Es sieht sofort eleganter aus. Hinterlassen Sie kein Wühlchaos an Tischen und auch die Umkleidekabine ist ordentlich, wenn Sie sie verlassen. Hängen Sie anprobierte Kleidung wieder vernünftig auf den Bügel. Bedecken Sie beim Anprobieren Ihr Gesicht, falls Sie Make-up tragen, sodass Sie keine weißen Blusen und andere Kleidungsstücke beschmutzen. Nennen Sie Kleidungsstücke nicht „Klamotten" – wenn Sie elegant klingen möchten.

Grundregeln für ein gepflegtes Erscheinungsbild

Es gibt einige zeitlose Regeln für ein gepflegtes Erscheinungsbild, die dafür sorgen, dass Sie immer eine gute Figur machen. Mit Hingucker-Garantie!

Kleidung

Sorgfältig ausgewählte Kleidung drückt Ihr Bewusstsein für ein gepflegtes Erscheinungsbild aus und lässt Sie aufgeräumt aussehen.

Achten Sie darauf, dass Ihre Garderobe stets sauber und gebügelt ist sowie tadellos sitzt. So wirken Sie korrekt. (Haben Sie am besten immer eine Kleiderbürste oder eine Fusselrolle griffbereit. Katzenhaare sind nicht schick!) Wenig Probleme haben Sie mit zeitlosen Schnitten, guten Materialien und der richtigen Passform. Big und baggy kann manchmal edel aussehen, doch ausgebeulte Hosen sind kein Zeichen von Persönlichkeit. Verzichten Sie auch auf viel zu enge Kleidung, wenn Sie professionell wirken wollen. Selbst wenn es heute im Business nicht mehr so steif zugeht wie früher: Provozierende Ausschnitte, durchsichtige Blusen oder Miniröcke haben im Büro nichts zu suchen. Auch von Unterwäsche, die sich abzeichnet, ist abzuraten. Abgeschabte Kragen und Manschettenkanten sowie speckig glänzende Sakkos bleiben ein No-Go.

Was immer Sie tragen, es sollte ein Gespür für Stil erkennbar sein. Warum nicht mal das Anzugtragen zelebrieren wie Götz Alsmann, der zur Geburt seines Sohns für das Foto noch schnell in einen Anzug schlüpfte? Wählen Sie, was zu Ihnen passt: Als kleine Frau mit eher kurzen, kräftigen Beinen entscheiden Sie sich besser nicht für eine dreiviertellange Hose mit flachen Sandalen, sondern für ein Outfit, das Ihre Silhouette elegant streckt. Auch die ideale Rocklänge hängt maßgeblich von unserer Größe ab und natürlich davon, was uns gefällt. Haben Sie einen langen Oberkörper, zaubert ein Gürtel Ihnen sofort eine Sanduhr-Silhouette. Gürtel sind überhaupt wahre Zauberkünstler, mit ihm lassen sich Proportionen vorteilhaft ausgleichen und Akzente setzen.

> Bücher, Instagram, andere Menschen – gehen Sie mit offenen Augen durch die Welt und lassen Sie sich inspirieren.

Für Männer gilt weiterhin: Moderne Kurzarmhemden mit schmaler Saumweite am Arm tragen Sie in der Freizeit (wenn es sein muss), aber nicht im Büro. Ist es Ihnen zu warm, dann krempeln Sie lieber die Ärmel hoch. Mit klassisch weißen und hellblauen Hemden sind Sie immer gut angezogen. Viele Hemden sind heute durch die Verarbeitung moderner Kunstfasern atmungsaktiv und dehnbar. Krawatten mit Playboy-Bunnys oder Comicfiguren haben immer noch keinen Platz in der Geschäftswelt. Nach dem Kauf eines neuen Anzugs entfernen Sie das Herstelleretikett und auch die Nähte an Taschen und Gesäßschlitz (sie dienen nur der Schonung des Anzugs bis zum ersten Tragen).

Wer sich tiefergehend über Herrenmode informieren und Fehler vermeiden möchte, dem empfehle ich den „Stilcoach für Männer", einen erstklassigen Ratgeber von Katharina Starlay.[58] Inspirierend sind auch das „Gentleman Lookbook" von Bernhard Roetzel mit vielen Fotos sowie die kurzen Dresscode-Videoclips des Korrespondenten und Deutsche-Welle-Stilgurus Gerhard Elfers. Für Frauen, die Mode lieben, bietet das hübsche Coffeetable-Book „Stilvoll" von Marlene Sørensen Inspiration. Natürlich ist auch Instagram immer eine Schatzkiste, um auf neue Outfit-Ideen zu kommen. Sollten Sie sich unsicher bei Ihrer Garderobenplanung sein, gönnen Sie sich eine persönliche Typberatung oder Shoppingbegleitung mit einem Profi. Es macht viel Spaß und bringt Klarheit, welche Farben und Schnitte Ihnen am besten stehen.

FEST VERANKERT? WIE SIE ALS FRAU LADYLIKE SITZEN

- Jede Frau kann grundsätzlich sitzen, wie sie möchte. Wir sitzen alle mal salopp oder lümmeln uns hin. „Ich sitze, wie ich will!" bekommt sicher viele Likes in den Kommentaren auf Youtube. Doch Sie sollten gewisse Unterschiede kennen: ob Sie sich auf dem heimischen Sofa ungraziös gehen lassen oder im Zug, Restaurant, Theater oder in einer Geschäftsverhandlung sitzen.
- Sie wirken nie affektiert, steif und immer ladylike, wenn Sie sich je nach Situation und Anlass flexibel in Ihrer Haltung anpassen können. Mit geradem Rücken und geschlossenen Knien aufrecht und entspannt sitzen – das ist eine der Varianten, mit der Sie immer eine gute Haltung zeigen. Es ist auch höflich, den Stuhl nach dem Aufstehen wieder etwas zurechtzurücken.

Haare

French Cut, Pony-Bob – Frisurentrends kommen und gehen. Doch was bleibt, ist, dass gestylte Haare essenziell wichtig sind für die Gesamtwirkung Ihres Outfits. Haare sollten gewaschen, gepflegt und passend frisiert sein. Pferdeschwanz, zurückgekämmte oder hochgesteckte Haare wirken bei Bewerbungsgesprächen ordentlich, da diese Frisuren den Blick auf das Gesicht freigeben. Bei geschäftlichen Anlässen dürfen Sie als Frau von Welt Ihre schönen langen Haare selbstverständlich offen tragen. Herausgewachsene Ansätze sind ein No-Go, hierfür gibt es heute praktische Sprays in allen Farben, falls es mit dem Friseurtermin mal nicht geklappt hat. Auch der Out-of-Bed-Look ist im Büro eher unpassend. Bei Männern sollte der Bart gepflegt und der Haarschnitt akkurat sein. Frauen dürfen ihre Haare lang tragen und färben, solange sie es selbst möchten.

Es gibt kein Gesetz, welches besagt, dass eine Frau ab sechzig kurze, graue Haare tragen muss. Hierzulande sieht man es sehr oft und ich hoffe, Sie stimmen mir zu, dass dieses triste „Großmütterchen-Styling" fade ist! Doch darüber entscheidet jede Frau für sich allein. Gäbe es in Deutschland Blow-Dry-Bars (Föhnbars), die rund um die Uhr geöffnet haben (wie Friseure in Afrika), ich wäre sofort Kundin. So könnte ich vor Terminen am frühen Morgen meine Haare von Experten frisieren lassen und müsste weniger mit Gummibändern arbeiten.

> Farbe, Schnitt und Länge spielen keine Rolle – gepflegt und passend frisiert sollen die Haare sein.

Schuhe

Vielleicht geht es Ihnen ja wie mir: Ich liebe Schuhe. Meine aktuellen Lieblinge: silberne Sneaker sowie Pumps mit Blockabsatz im Leo-Look. Billige Schuhe können jedes Outfit ruinieren, gute sorgen für ein gepflegtes Erscheinungsbild. Saubere Schuhe sind ein Muss für einen gepflegten Stil. Abgetragenes und ausgetretenes Schuhwerk sind zu vermeiden. Kontrollieren Sie regelmäßig Ihre Schuhe (Sohlen, Absätze, Sauberkeit) und gönnen Sie ihnen Schuhspanner. Für stilbewusste Frauen gilt im Büro: Der Schuh sollte vorne geschlossen sein. In den Sommermonaten sind Sling-Pumps prima. Die Absatzhöhe bestimmen Sie selbst. Flipflops sind nicht bürotauglich.

Als stilbewusster Mann wählen Sie entweder hochwertige Lederschuhe in Schwarz oder Cognacbraun zum Anzug oder entscheiden Sie sich für die moderne Variante: saubere „Statement-Sneakers". Unansehnlich bleiben Sandalen mit Socken. Ausnahme: Sie sind Modeblogger.

Strümpfe

Der stilbewusste Mann trägt Kniestrümpfe, keine Socken. So bleibt das Männerbein bedeckt. Auch wenn sommerliche Temperaturen herrschen, sind bei wichtigen geschäftlichen Anlässen bestrumpfte Beine angesagt – für Frauen und Männer. In der Freizeit dürfen Sie natürlich auf Strümpfe und Strumpfhosen verzichten. Auf Business-Events sieht man leider oft schwarze, blickdichte Strumpfhosen zu bunten Kleidern. Im Prinzip ist schwarz unkompliziert, doch schwarze Strümpfe können manchmal die Silhouette stören und anderen Farben den Glanz rauben. Eine elegante Alternative ist eine hautfarbene Strumpfhose. Achten Sie nur darauf, dass der Farbton der Strumpfhose nicht zu stark von Ihrer Hautfarbe abweicht. Idealerweise wählen Sie 20 bis 40 Denier, im Sommer darf es mit 15 Denier transparenter sein. Als Faustregel gilt: Je blickdichter, desto sportlicher die Wirkung. Haben Sie am besten immer eine Ersatzstrumpfhose dabei, so sind Sie gerüstet, wenn Laufmaschen sich ihren Weg bahnen. Inzwischen gibt es auch wasserfeste Body Foundations, die wie unsichtbare Nylons aussehen und makellose Haut vortäuschen sollen.

> Modebewusste Männer können mit farbigen Socken ein extravagantes Signal setzen.

Als Mann stimmen Sie die Farbe Ihrer Stümpfe auf Ihre Kleidung ab. Dazu gehört ein wenig Kombinationsgeschick, doch schwarz passt eigentlich immer – außer zum braunen Schuh. Als Regel gilt: Die Strümpfe sollten immer dunkler sein als die Hose und am besten unifarben. Zu vornehmen Anzügen vermeiden Sie gemusterte Dessins oder Motivsocken. Wenn Sie es extravagant und modisch lieben, tragen Sie bunte Strümpfe, vielleicht passend zur Krawatte oder zum Hemd. Nicht zu verzeihen sind weiße Socken zum Anzug, es sei denn, Sie tragen einen weißen oder sehr hellen Sommeranzug mit hellen Schuhen.

Schmuck

Zum Business-Outfit ist Understatement gefragt. Als Frau sollten Sie nicht mehr als fünf Schmuckstücke tragen, also beispielsweise eine Uhr, ein Paar Ohrringe, zwei Ringe und eine Kette. So entsteht kein überladener Eindruck. Vielleicht geht es Ihnen wie mir: Ich trage im Job lieber ein Paar Hingucker-Ohrringe und eine schöne Uhr als fünf Statement-Ketten und sieben Ringe. Weniger ist oft mehr. Silber und Gold dürfen Sie mischen, wenn es stilistisch harmoniert.

Die alte Regel, nach der ein Mann neben einem Ehering nur eine Uhr tragen darf, ist überholt. Inzwischen gibt es lässigen, schlichten Männerschmuck, der bei markenbewussten Individualisten gut ankommt und so manchem Look Pfiff gibt. Zu viel Schmuck am Mann sollte es aber auch nicht sein, sondern eher dezent und zum Träger passend. Kombiniert ein Bankdirektor zum Anzug protzige Rapper-Ketten, wäre es schon etwas schräg. Aber wer weiß, vielleicht erleben wir das ja noch und dazu House-Musik in jeder Bankfiliale.

Taschen

Handcreme, Lippenstift, Ladekabel, Stifte, Notizblock, Kaugummis, Smartphone, Glücksbringer: Die Handtasche sorgt dafür, dass wir immer und überall die wichtigsten Dinge griffbereit haben. Eine richtig gute, ordentlich verarbeitete Handtasche ist ein Blickfang, der jedes Outfit aufwertet. Nicht schön ist ein unansehnlicher, verschmutzter

Rucksack. Weg damit! Eine Handtasche darf preiswert sein oder ein Schnäppchen – doch billig wirken sollte sie nicht. Schönheit im Design und eine handwerklich gute Verarbeitung sind dabei oft wichtiger als eine bekannte Marke.

Als Stilregel gilt: Je später der Abend, desto kleiner sollte die Handtasche sein. Im Job wählen Sie eine geräumige, robuste Henkeltasche, zu einem Abendkleid oder zum Ausgehen greifen Sie jedoch zur Clutch. Zum Einkaufen, auf Reisen oder für einen Stadtbummel sind kleine Crossbody-Bags hübsch und sehen an jeder Frau stylish aus. Bedenken Sie beim Tragen Ihrer Handtasche grundsätzlich: Achseltaschen lassen die Oberweite größer wirken – dieses Modell ist also nicht für jede Frau geeignet. Durch die angewinkelte Haltung entsteht zudem auf Fotos ein unvorteilhafter Blick auf den Oberarm. Für schicke Fotos also besser Arm runter, die Tasche in der Hand halten oder den Arm anwinkeln und den Henkel in die Beuge legen. Gerade gibt es einen neuen Trend in den USA, als Frau ganz ohne Tasche auszukommen, frei und unabhängig, so wie Männer. Mal schauen, ob er sich durchsetzt.[59]

Sonnenbrillen

Eine Sonnenbrille ist das perfekte Accessoire, weil sie sofort einen Look verändert und einen mondänen Akzent setzt. Um die Wirkung von Unnahbarkeit nicht zu verstärken, ist es höflich, wenn Sie Ihre Sonnenbrille bei der Begrüßung und in Gesprächen abnehmen. Dies gilt auch beim Betreten von Geschäften oder einer Bank. Sollte die Sonne Sie blenden oder es sonstige gute Gründe geben, Ihre Augen zu verbergen, erklären Sie es kurz Ihrem Gegenüber. In sonnigen Ländern ist der Umgang mit Sonnenbrillen etwas natürlicher als bei uns. Sonnenbrillenträger gelten dort nicht als Angeber oder unhöflich. Vielleicht können wir uns daran ein Beispiel nehmen. Und wenn jemand seine Piloten-Style-Brille lieber

> Accessoires setzen feine Akzente und können Ihr Erscheinungsbild im Handumdrehen verwandeln.

auflässt, dann seien Sie nachsichtig. Ich finde, jeder von uns hat das Recht, sich cool zu fühlen.

WAS GIBT'S DA ZU GUCKEN?

- Waren Sie mal längere Zeit im Ausland, dann ist es Ihnen nach der Rückkehr sicher aufgefallen: In Deutschland, besonders in der Provinz, wird jeder, der besonders oder markant gekleidet ist, von oben bis unten gemustert. Dieses Phänomen ist weltweit bekannt als „The German stare".
- In interkulturellen Trainings werden Ausländer auf diese unangenehme Form der Begutachtung bei uns vorbereitet. International gilt es als unhöflich, andere mit Blicken zu scannen. Es ist kein Benehmen, andere wie ein Laserstrahler zu mustern, so als lege man ein visuelles Protokoll an. Jeder von uns schaut, aber bitte unauffällig und nicht taxierend! Wenn es Sie selbst stört, angestarrt zu werden, versuchen Sie es auszublenden. Oder werfen Sie der Person einen Luftkuss zu. Alternativ fragen Sie, ob sie zusammen einen Kaffee trinken wollen. Meistens kommt dann nichts.

Seidentücher

Neben Hüten (ich liebe die Hut-Kreationen von Maja Pohlan) gehören Seidentücher zu den eleganten Klassikern in der Mode. Stilikonen wie Jackie Onassis, Grace Kelly oder Audrey Hepburn trugen sie lässig um den Hals, als Gürtel oder im Haar. Göttlich! Heute sind Loopschals verbreitet oder dicke Wollschals, hinter denen die Trägerin fast verschwindet. Solche Halskrausen zerstören den Gesamteindruck jedes Looks und rauben fast jeder Frau die Ausstrahlung. Ein Seidentuch hingegen, richtig gebunden oder geschlungen, ist ein eleganter Stiltrick und eine wunderbare Last-Minute-Deko.

Damit ein Tuch nicht auf Kollision mit Ihren Haaren und dem Rest Ihres Outfits geht, sollten Sie wissen, wie man es so wickelt, dass es wie ein schmeichelnder, weicher Wasserfall sitzt und Ihr Gesicht strahlen lässt. Sollten Sie ein Fan davon sein, Ihren Hals und sich selbst zu verstecken, dann halte ich es mit Michelle Obama, die sagt: „Tun Sie, was Sie für richtig halten, es wird immer jemanden geben, der anders denkt."

Make-up

Zu einem gepflegten Erscheinungsbild gehören natürlich auch gepflegte Zähne, frischer Atem, Deodorierung, dezentes Make-up, saubere Fingernägel, kein abgesplitterter Nagellack oder zu auffällig verzierte Kunstfingernägel. Piercings und Tattoos müssen in manchen Branchen verborgen oder während der Arbeit entfernt werden. Privat hat selbstverständlich jeder die Freiheit, Körperschmuck so zu zeigen, wie es dem eigenen Geschmack entspricht.

Ein natürlicher, frischer Look beim Make-up steht jeder Frau. Das Auftragen von Make-up sollte nicht als Diktatur von Schönheitsidealen empfunden werden, sondern vielmehr als persönlicher Verwöhn-Moment und kreativer Ausdruck. Die ungeschminkte Wahrheit dieses jahrtausendalten Rituals ist: Zu jeder Zeit in der Geschichte bemalten sich Menschen und bis heute bemalen sich auch alle Naturvölker. Ich liebe Weltstädte wie Paris, Rom oder Athen dafür, dass dort auch ältere Damen mit Freude ihre weiblichen Privilegien nutzen: Sie machen mit himbeerroten Lippen das Grau des Alltags etwas bunter und zelebrieren ihre Weiblichkeit.

> Jede Frau kann mit wenig Aufwand Farbe und Frische ins Gesicht zaubern. Überdenken Sie Ihre Schmink-Routine und haben Sie Mut, mal etwas Neues zu probieren.

Bei Seminaren und Vorträgen treffe ich mehr ungeschminkte als geschminkte Frauen. Die meisten haben keine Vorbehalte gegenüber Make-up, sondern sind einfach etwas unsicher. Sie finden es oft aufregend, was getrimmte Augenbraunen, eine getönte Tagescreme, etwas Rouge und eine gute Mascara alles bewirken können.

Duft

In vielen Ratgebern wird zu unaufdringlichen Düften geraten. Doch ich erlebe es so gut wie nie, dass jemand zu stark parfümiert ist, im Gegenteil: Auf Veranstaltungen und in der Arbeitswelt duftet es meistens neutral, nicht mal nach Seife. Im Sommer oft nach Schweiß. Bin ich auf den falschen Events? Jedenfalls empfehle ich statt Understatement etwas mehr Duft und ein Deo zu verwenden. Parfum kann eine Explosion von Frische sein: Versprühe ich an warmen Sommertagen einen Spritzer „Ô de Lancôme“, fühle ich mich durch den Zitrusduft direkt wie neugeboren. Waren Sie schon mal in der malerischen Parfumstadt Grasse an der französischen Riviera? Ich habe dort bei einem Besuch gelernt: Möchten Sie, dass ein Duft lange haftet, sprühen Sie es auf die kalten Stellen Ihres Körpers (Ohrläppchen, Kniekehlen), lieben Sie es intensiv, wählen Sie warme Körperstellen (Ohr, Handgelenke, Nacken oder Dekolleté). Ihr Parfum sollte Ihren Auftritt unterstreichen und dabei natürlich, nicht erdrückend, auf Ihre Mitmenschen wirken. Riecht man es erst dann intensiver, wenn man Sie umarmt, haben Sie richtig dosiert. Es gibt übrigens viele Männer, die hervorragend mit der richtigen Dosierung von Aftershaves umzugehen wissen und wie Zuckerwatte duften. Hmmm, zum Dahinschmelzen!

FÜR DEN MANN: GUT ZU WISSEN

- Jackett ablegen, ja oder nein? Bei offiziellen Anlässen gibt der Ranghöchste das Signal, das Jackett abzulegen. Auch bei größter Hitze sollten Sie Ihr Jackett nicht einfach ablegen, ohne den Gastgeber, Kunden oder die Geschäftsleitung zu fragen.
- Bei einreihigen Sakkos wird immer der unterste Knopf nicht geschlossen. Hat das Sakko zwei Knöpfe, wird der obere zugemacht. Bei drei Knöpfen wird der mittlere geschlossen, bei vier Stück die mittleren beiden. Beim Hinsetzen öffnen Sie alle Knöpfe. Nach dem Aufstehen schließen Sie Ihr Sakko wieder. Tragen Sie eine Weste darunter, wird sie zugeknöpft, das Sakko darf dann durchgehend geöffnet bleiben.

ESSEN UND TISCHKULTUR

Mit Freude essen und stilvoll genießen

Es gibt drei Arten, auf einen liebevoll gedeckten Tisch zu reagieren: gar nichts, „Nett!" oder „Wow!" zu sagen. „Wow!" sollte Ihr Ziel als Gastgeber sein. Mit einem geschmackvollen Ambiente, Liebe zum Detail, Hand und Herz versetzen Sie Ihre Gäste in eine gute Stimmung und machen die Atmosphäre perfekt. Nicht nur für Feinschmecker. Tischkultur heißt, aus der reinen Nahrungsaufnahme ein sinnliches, geselliges Erlebnis zu machen. Denn speisen ist mehr als der reine Akt des Essens. Mit dem richtigen Bewusstsein und einigen Kenntnissen rund um die Tischkultur vermeiden Sie Anstandsfallen und hinterlassen einen stilsicheren Eindruck. Als charmanter Gast und Gastgeber. Legen wir los!

Dekorieren und eindecken

Den Tisch liebevoll dekorieren

Was wäre die Feier zum runden Geburtstag, Weihnachten, Silvester oder ein lang ersehntes Dinner ohne eine festlich gedeckte Tafel? Nur halb so zauberhaft, finden Sie nicht auch? Lassen Sie Ihrer Kreativität freien Lauf. Der Trick beim Dekorieren ist: Stimmen Sie Form und Inhalt aufeinander ab. Soll Ihr Tisch sommerliche Fröhlichkeit ausstrahlen, könnten Sie zu einer groben Leinentischdecke und buntem Geschirr greifen. Möchten Sie eher schlichte Eleganz inszenieren, wären Klassiker wie ein weißes Damasttischtuch, glitzernde Kristallgläser und Silberbesteck genau richtig. Ich liebe Stoffservietten, Blumen mit langen Stielen und Kerzenleuchter: Sie erzielen zusammen mit wenig Aufwand große Wirkung. Wenn Sie Unterhaltungen fördern möchten, sind runde Tischformen die richtige Wahl. Eckige Formen geben Ihnen die Möglichkeit, Ehrengäste ins rechte Licht zu rücken. Verzichten Sie bei festlichen Anlässen auf Papiertischdecken – zu rustikal. Ihr Tisch wirkt ruhiger, wenn Sie ihn nicht überdekorieren und die Farben des Raums mitaufnehmen.

> Arrangieren Sie Blumen so, dass sich Ihre Gäste nicht zwischen den Blättern und Blüten suchen müssen.

Richtig eindecken

Für besondere Anlässe verwenden Sie am besten Platzteller, sie werten eine Tafel auf. Sie werden zusammen mit den Gläsern und dem Besteck vor dem Servieren eingedeckt und bleiben auf dem Tisch, bis das Dessert abgeräumt wird. Beim Eindecken arbeiten Sie am einfachsten von innen nach außen (gegessen wird dann später von außen nach innen). Die Messer legen Sie nach rechts, die Gabeln nach links. Das Besteck für den Hauptgang legen Sie direkt neben den Teller mit der Schneide nach innen. Es folgen bei mehreren Gängen das Fischbesteck, Besteck für Suppe und Vorspeise.

Gibt es einen Brotteller, befindet er sich links vom Gedeck, und auf dem Brotteller liegt parallel zum Besteck ein Buttermesserchen, sollte es dazu einen Aufstrich geben. Oberhalb des Tellers liegt das Dessertbesteck. Der Griff vom Löffel zeigt nach rechts, der Griff der Gabel nach links. Wenn der Brotteller abgeräumt wurde, stellen Sie den Salatteller links neben das Gedeck.

Die Gläser ordnen Sie rechts vom Gedeck an. Das sogenannte Richtglas – das Glas für den Hauptgang – steht etwa einen Zentimeter oberhalb des Tafelmessers. Ganz außen steht das Wasserglas. Die Stoffserviette liegt auf dem Teller. Alternativ liegt sie links neben dem Gedeck oder auf dem Brotteller. Wenn Sie die Serviette lieber kunstvoll falten möchten, finden Sie dazu online viele Anleitungen.

Für Linkshänder decken Sie genauso ein. Als Linkshänder können Sie dann beim Aufnehmen die einzelnen Besteckteile einfach unauffällig austauschen und die für Sie bequeme Haltung wählen.

Die Getränke

Aperitif

Als Aperitif eignen sich Sekt, Champagner, Wein, Sherry, Portwein oder Before-Dinner-Cocktails und Longdrinks. Der Aperitif dient dazu, den Appetit anzuregen, auf das Dinner einzustimmen und Gästen bis zum Essen die Wartezeit zu verkürzen. Es sollte viel öfter Sherry vor dem Essen getrunken werden. Im Winter köstlich!

Wein

Als Flugbegleiterin habe ich die edelsten Weine in der First und Business Class entkorken dürfen. Es gibt anbetungswürdige Tropfen – elegant, rassig, zart, fein, cremig. Aber auch auf die Gefahr hin, dass Sie mich für eine Wein-Banausin halten: Im Sommer liebe ich keinen Wein so sehr wie den geharzten Retsina von Malamatina, am liebsten aus einem kleinen Wasserglas. Die Philosophie des Hauses: „Unsere Wahrheit beruht auf Transparenz. Sie kommt in jeder Flasche vor.“ Inspirierend, oder? Wer guten Wein so richtig stil-

> Die ideale Trinktemperatur für Weißwein ist 8 bis 12 Grad. A votre santé!

voll genießen möchte, tut allerdings gut daran, Wein nicht aus Wassergläsern zu trinken und diesen wichtigsten Regeln zu folgen:

- Die Weinflasche wird immer am Tisch vor den Gästen geöffnet. Je mehr Flaschen Sie selbst öffnen, desto geübter werden Sie.
- Bei der Auswahl des Weines entscheidet man heute freier. Weißwein zu Fisch – mit der Kombination liegen Sie immer richtig. Grundsätzlich gilt: weiß vor rot, jung vor alt, leicht vor schwer, trocken vor süß.
- Abhängig vom Wein ist die ideale Trinktemperatur für Rotwein 16 bis 18 Grad, für Rosé 10 bis 14 Grad, für Weißwein 8 bis 12 Grad.
- Schenken Sie Wein langsam und vorsichtig ein, das Weinglas sollte maximal zu einem Drittel voll sein. So können Sie den Wein gut schwenken.
- Bei der Weinprobe wird festgestellt, ob ein Wein korkig oder oxidiert ist. Dies testen Sie mit Auge, Nase und Mund. Dazu schwenken Sie das Glas ein wenig, damit genügend Sauerstoff in das Glas kommt und das Aroma aufsteigt. Riechen Sie dicht über dem Glas den Duft des Weines, so bemerken Sie eventuell vorhandenen Korkgeruch.
- Der Probeschluck wird dezent vorgenommen. Nicht gurgeln oder den Mund ausspülen, es genügt, den Geschmack auf der Zunge zergehen zu lassen.
- Ist der Wein nicht in Ordnung, geben Sie ihn zurück. Ist er Ihnen zu süß oder trockener als gewünscht, ist es kein Rückgabegrund.
- Wenn Sie von Rot- zu Weißwein wechseln, wechseln Sie auch die Gläser.
- Anstoßen? Nur in kleiner Runde, bei feierlichen Anlässen und nur mit Champagner, Wein und Sekt. Nicht mit Fanta! Vornehmer ist es, das Glas anzuheben und einander zuzuprosten: Glas heben, Blickkontakt aufnehmen, trinken, nochmals anschauen und Glas abstellen. Zum Wohl!
- Grundsätzlich können Sie Ihr Glas anfassen, wie Sie mögen. Doch als allgemeine Regel gilt: Fassen Sie ein Weinglas am Stiel, nie am Kelch an. So vermeiden Sie, dass Ihr Wein durch Ihre Hand warm wird.

Digestif

Nach dem Essen gibt es den Digestif, also eine Art Verdauungsschnaps. Es eignen sich alle Schnäpse, Whisky oder Cognac. Wer keinen Alkohol trinken möchte, wählt einen Espresso als Absacker. Sie sollten nicht rückwärts trinken, also nach dem Digestif keinen Wein mehr trinken. Der Digestif beschließt das Essen – spätestens 30 Minuten danach sollten Sie gehen, so lautet die Empfehlung für gute Gäste.

Bitte kein Rührkonzert beim Kaffeetrinken

Kennen Sie das? Der Kaffee wird serviert. Ihr Begleiter nimmt sich etwas Milch, gießt sie in seinen Kaffee und beginnt zu rühren. Er rührt und rührt und rührt ... rührt weiter. Sie zählen bis zehn. Sie wissen, gleich kommt wieder der Moment, da leckt er den Löffel ab. Inzwischen schauen sich alle anderen am Tisch peinlich berührt an, nur der Rührer, der bemerkt das nicht. Für stilvolles Kaffee- und auch Teetrinken gilt: Je weniger Geräusche wir produzieren, desto besser. Kein Rührkonzert, kein Schlürfen und auch kein Löffelabschlecken. Der Kaffeelöffel wird einfach vorsichtig am Tassenrand abgestrichen und nach dem Rühren abgelegt.

Gutes Benehmen am Tisch

„Guten Appetit!"

Als Gast sagen Sie nicht „Guten Appetit“. Der Service verteilt das Essen und wenn alle Anwesenden bedient sind, gibt der Service dem Gastgeber ein Zeichen, dass alle Gäste ihr Essen haben und angefangen werden darf. Daraufhin nimmt der Gastgeber sein Besteck auf und beginnt zu essen. Das ist der Startschuss für alle. Würde ein Gast „Guten Appetit“ sagen, so würde er die Führung übernehmen. Zu Hause, in der Kantine oder im privaten Kreis mit Freunden kann ein

„Guten Appetit“ eine nette Geste sein. Bei offiziellen Essen ist das jedoch nicht angebracht. Bei der Lufthansa wurde uns in der Ausbildung eingetrichtert, in der First Class niemals „Guten Appetit“ zu sagen. Gibt es einen Gast, der noch etwas länger auf sein Essen warten muss, und die Gefahr besteht, dass das Essen der anderen Personen kalt wird, sollte der wartende Gast mit einem „Fangen Sie gerne an“ den anderen erlauben, mit dem Essen zu beginnen. Auch bei dieser „Benimmregel“ gilt: Wünscht Ihnen jemand dennoch guten Appetit oder gesegnete Mahlzeit, weisen Sie ihn nicht triumphierend darauf hin, dass „man das nicht mehr sagt“. Das wäre der viel größere Fehler.

> Grundregel: Vor dem Essen Hände waschen. Auch nach Kontakt mit Tieren.

Brot als Appetithappen

Vor dem eigentlichen Essen werden in manchen Restaurants Brot und Aufstriche serviert. Dafür benutzen Sie den links stehenden Brotteller und das Brotmesserchen. Sie nehmen mit Ihrem Brotmesserchen eine Portion Aufstrich aus dem Schälchen und streichen ihn am Tellerrand ab. Müssen Sie Ihr eigenes Messer benutzen, gehen Sie nur einmal an das Schälchen, wenn dieses für mehrere Personen ist. Dann legen Sie das Messerchen wieder ab und nehmen eine Scheibe Brot. Vom Brot brechen Sie ein mundgerechtes Stückchen ab, platzieren den Rest auf dem Teller, greifen zum Messerchen und streichen etwas Aufstrich auf das Stückchen. Das Messer legen Sie wieder ab und stecken das hoffentlich knusprige Stück ganz in den Mund.

Suppe elegant essen

In einigen Ländern gehört das Schlürfen der Suppe zum guten Ton – nicht so bei uns. Wir schlürfen und pusten nicht. Sie dürfen geduldig abwarten oder Ihre Suppe leise rühren, sodass sie abkühlt. Beim Essen löffeln Sie die Suppe von sich weg zum hinteren Tellerrand und führen von dort Ihren Löffel zum Mund. So vermeiden Sie, dass Sie Ihre Kleidung beschmutzen. Sie sitzen aufrecht, etwas über den Teller vorgebeugt. Ihr Löffel geht zum Mund – nicht umgekehrt. Die einen sagen, dass der Teller nicht gekippt werden darf und der Rest der Suppe im Teller verbleibt, andere empfehlen, den Teller vom Körper wegzukippen. Beim Gebrauch einer Suppentasse mit Henkel herrscht wieder Einigkeit, hier gilt: Ist die Suppe klar und die Einlage bereits gegessen, darf der Rest der Suppe getrunken werden. Der Löffel wird nach Beenden auf den Teller beziehungsweise bei einer Suppentasse auf der Untertasse abgelegt.

> Ich liebe „Multi-Kulti-Suppen", an denen zwei Köche gleichzeitig herumwerkeln. Der eine versenkt heimlich Knoblauch darin, der andere Würstchen. Lecker!

FOODSTYLING – DAS AUGE ISST MIT

Ein Rotbarsch mit Curry im Bananenblatt oder eine Cranberry-Herz-Waffel am Stiel sind nicht nur köstlich, sondern auch ein Vergnügen für das Auge. Ist ein Gericht schmackhaft und mit Liebe auf einem Teller arrangiert, macht das Lust aufs Essen. Es ist ein Zeichen der Wertschätzung für Gäste, ein Essen mit allen seinen Komponenten sinnlich anzurichten und zu präsentieren. Die in Plastik verpackte Mortadella auf dem Tisch kann Gästen da schon eher den Appetit verderben. Ein einladendes Esserlebnis kreieren Sie so:

- Wärmen Sie die Teller an, so kühlt das Essen nicht aus.
- Essen Ihre Gäste alle das gleiche Gericht, sollten die Teller nicht unterschiedlich aussehen.
- Die Tellergröße muss zum Gericht passen. Überladen und überdekorieren Sie nicht. Etwa ein Drittel des Tellers sollte freibleiben.
- Symmetrie muss nicht sein, doch richten Sie Speisen mittig an und so, dass die Farbzusammenstellung passt und hübsche Kontraste entstehen.
- Nutzen Sie frische Kräuter und essbare Blüten als Blickfang. Auch Zitronenscheiben oder Gemüse eignen sich zum Dekorieren, um ein Gericht zur Geltung zu bringen.

- Mixen Sie Knuspriges mit Weichem und Knackigem. Schichten Sie Speisen.
- Der Tellerrand sollte sauber sein und nicht dekoriert werden, er gehört allein Ihrem Gast.
- Stellen Sie nicht den Topf auf den Tisch! Es gibt bildschöne Schalen.
- Übertreiben Sie es nicht mit dem Foodstyling und Dekorieren. Das Essen und der Geschmack sollten immer im Mittelpunkt stehen.

Für Spaghetti genügt die Gabel

Beim echten italienischen Menü werden die Spaghetti als erster Gang nach der Vorspeise serviert. Der Könner und passionierte Spaghetti-Esser wickelt die Nudeln tatsächlich nur mit den Gabelzinken auf und lässt den Löffel liegen. Si! Am besten legen Sie aber sowohl Löffel (links) als auch Gabel (rechts) neben den Teller, um niemanden in Verlegenheit zu bringen. Anders als in Italien brauchen in Deutschland viele diese zwei Werkzeuge. Bitte schneiden Sie Ihre Nudeln nie mit dem Messer. Sonst ernten Sie womöglich ein Mamma mia!

Verschiedene Speisen

Kartoffeln, Salat und Spargel, die früher nicht geschnitten werden durften, weil dadurch das Besteck anlief, dürfen Sie heute schneiden. Mit dem modernen Edelstahlbesteck ist es kein Problem mehr. Geflügel essen Sie im Restaurant am besten immer mit Messer und Gabel. Vielleicht noch ein Tipp zu Garnelen, einfach weil ich früher häufig mal Gäste bedient habe, die die Schale mitgegessen haben: Garnelen werden mit den Fingern geschält. Oft wird dazu eine Fingerbowle gereicht. Sie nehmen Garnelen in beide Hände, drehen mit der linken Hand den Kopf ab und lösen den Körper aus der Schale.

Kleiner Sushi-Knigge

Ich liebe Sushi, Sie auch? Traditionell ist Sushi Fingerfood und wird mit den Händen gegessen. Es gilt als unfein, mehrfach abzubeißen, Sushi wird in einem Happen in den Mund gesteckt. Nur bei großen Stücken ist Abbeißen erlaubt, abgebissene Stücke sollten aber nicht wieder auf den Teller zurückgelegt werden. Beim richtigen Verzehr von Sushi mit Fisch sollte die Fischseite zuerst in die Sojasauce getunkt werden (niemals der Reis), dabei darf die Sauce nicht vom Sushi abgeschüttelt werden. Verpönt ist es auch, Sushi und Ingwer zu mixen sowie das scharfe Wasabi mit der Sojasauce zu vermischen. In Japan würzt der Sushi-Meister das Sushi schon bei der Zubereitung mit der exakten Wasabi-Menge. Als Fauxpas gilt es, Ingwer auf Sushi zu legen. Man isst Ingwer nur zwischendurch separat, um die Geschmacksnerven zu neutralisieren. Wer sich nicht schmutzig machen möchte, greift zu Stäbchen, die haben sich inzwischen etabliert. Die Gabel ist tabu.

> Wird eine Fingerbowle, also eine Schale mit warmem Wasser, gereicht, ist das ein Zeichen dafür, dass Sie mit den Fingern essen dürfen.

Essstäbchenkunde

Ich war oft in Tokyo und in Hongkong, dort habe ich gelernt, mit Stäbchen zu essen. Inzwischen gibt es phantastische Anleitungen auf Youtube, die die richtige Handhabung zeigen. Liegen Stäbchen auf einem Bänkchen, so legen Sie sie nach dem Essen dort wieder ab. Die Spitzen müssen gleichauf sein. Ragt ein Stäbchen weiter zur Tischmitte als das andere, gilt das als unhöflich. Zeigen Sie nie mit Stäbchen auf andere, das wird als unmanierlich angesehen. Es gehört sich auch nicht, mit Stäbchen zu gestikulieren oder sie fallen zu lassen. Sushi sollten Sie niemals aufspießen. Als taktlos gilt es, Stäbchen senkrecht in eine Reisschüssel zu stecken. Das Kosten von Sushi des Tischnachbarn ist erlaubt, nur reichen Sie es nicht von Stäbchen zu Stäbchen weiter.

Fisch filetieren

Fisch filetieren Sie, indem Sie hinter dem Kopf und am Rücken entlang die Haut mit dem Messer durchtrennen. Dann lösen Sie die Hautschicht von den Filets und legen sie beiseite. Nun lösen Sie beide Filets aus, nehmen mit Messer und Gabel den Schwanz wie in eine Zange, ziehen das ganze Grätengerüst samt Kopf hoch und legen es auf den Abfallteller. Danach lösen Sie die unteren Filets aus der Haut und legen die Haut ebenfalls beiseite. Ist der Fisch gebraten, gehen Sie genauso vor und legen die Haut auf die Filets zurück. Kenner und Fischliebhaber essen oft auch die Augen und sogar den Kopf. In vielen Ländern gilt es als ganz natürlich, hierzulande sorgt es amüsanterweise eher für Entsetzen.

> Kommentare wie „Iiih, Fisch!" sind unhöflich gegenüber denjenigen, die Fisch lieben.

Dessert

Nachdem das Geschirr des Hauptgangs abgeräumt ist, zieht der Service in guten Restaurants das Dessertbesteck von oben zur Seite. Den Löffel nach rechts, die Gabel nach links. Die Gabel sollten Sie beim Essen des Desserts bevorzugt benutzen, der Löffel gibt Ihnen Hilfestellung oder ist für Cremes, Pudding und Eis vorgesehen. Benötigen Sie nur eines von beiden Bestecken, nehmen Sie Gabel oder Löffel mit der rechten Hand.

Spielregeln am Buffet

Waren Sie schon mal in einem All-inclusive-Hotel? Dann stimmen Sie mir sicher zu: Alles, was man über schlechte Manieren am Buffet wissen muss, kann man dort lernen. Wer nicht unangenehm auffallen möchte, sollte folgende Regeln beachten:

Warten Sie, bis das Buffet offiziell eröffnet ist. Es empfiehlt sich auch, den ersten Ansturm abzuwarten. Profis drängeln nicht, verhalten sich rücksichtsvoll und beachten die Speisefolge. Nehmen Sie sich kein Beispiel an ehrgeizigen Cevapcici-Staplern, die die Deko von vollen Platten abräumen. Überladene Teller können gierig wirken, zumindest der Tellerrand sollte freibleiben. Sie möchten sicher nicht die Person sein, die rote Grütze mit Vanillesauce in das Gulasch laufen lässt.

Manchmal ist Geduld gefragt. Sollten Sie selbst zu den eher unentschlossenen Essern gehören, lassen Sie andere höflich vor. Es ist kein gutes Benehmen, direkt am Buffet Essen zu testen, Brote für die nächste Wanderung zu schmieren oder Speisen zurückzubringen.

> Der Gast, der jedes Salatblatt analysiert und selbstvergessen schön auf dem Teller drapiert, als wäre er Kandidat beim „Perfekten Dinner", stellt die Geduld anderer Gäste auf die Probe.

Sich mehrfach am Buffet zu bedienen, ist absolut richtig. Hier gilt die Regel: „Neuer Gang, neuer Teller, neues Besteck." Nehmen Sie benutzte Teller nicht wieder mit zum Buffet. Auf einer professionell organisierten Veranstaltung werden gute Geister Ihren Tisch stets im Blick haben und gebrauchtes Geschirr unauffällig beiseiteschaffen. Sie können alternativ Servicekräften signalisieren, dass Sie fertig sind, und bitten, Ihr Geschirr mitzunehmen.

STEHEMPFANG UND FINGERFOOD

Setzen Sie sich mit Ihrem Teller zu anderen an den Tisch oder gesellen Sie sich bei lockeren Stehempfängen zu Bekannten. Sie kennen niemanden? Fragen Sie die anderen einfach freundlich, ob Sie ihnen Gesellschaft leisten dürfen oder es noch einen freien Platz gibt. Sollte sich kein freies Plätzchen finden lassen, essen Sie im Stehen und halten dafür den Teller in der einen Hand (für Rechtshänder in der linken) und essen mit der anderen Hand. Werden mundgerechte Kanapees, wie zum Beispiel Teigtaschen, Käse-Salami-Spieße oder Crostini angeboten, dürfen Sie die mit der Hand essen. Fettige Häppchen essen Sie besser mit Besteck. Wenn Sie sich schließlich Ihre Hände mit einer Serviette säubern, machen Sie alles richtig.

GASTFREUNDSCHAFT

Die Kunst, seine Gäste herzlich willkommen zu heißen

Ich hätte nie gedacht, dass ich mal über Gastfreundschaft schreiben würde, dabei liebe ich es, Gäste zu bewirten. Es gibt mir die Gelegenheit, mich bei meiner besten Lehrerin zu bedanken: bei meiner Mutter. Einer exzellenten Gastgeberin. Alles, was ich über reine, vorbehaltlose Gastfreundschaft weiß, habe ich von ihr gelernt. Und von meiner griechischen Großmutter, die unter jedes frische Brot ein Kreuz ritzte, bevor sie es anschnitt, um dann die dicken Brotscheiben wie in einem heiligen Ritus an alle um den Tisch Versammelten zu verteilen.

An meine eigenen ersten Gehversuch als Gastgeberin kann ich mich noch sehr gut erinnern. Er ging leider schief. Ich bekam die Aufgabe, an einem Tisch in unserem Restaurant eine größere Bestellung aufzunehmen. Danach entschuldigte sich meine Mutter bei den zehn Gästen vielmals für mein Verhalten. Ich verrate Ihnen, was ich gesagt hatte: „Nein, Sie können nicht alles durcheinandertrinken und -essen. Sie müssen alle das Gleiche bestellen, sonst kann ich mir das nicht merken!“ Meine Ansage muss sehr überzeugend gewesen sein. Die Erwachsenen bestellten daraufhin alle ein Bier und zehnmal Gyros – mit Ketchup. Da war ich zwölf und glaubte, ich hätte mein Bestes gegeben und meine Sache gut gemacht.

> „Die Gastfreundschaft ist ein Kennzeichen, an dem man den zivilisierten Menschen erkennt und misst.“
>
> *Otto Hiltbrunner*[60]

Inzwischen habe ich gelernt, mir Dinge zu notieren. Nur an die in Deutschland gern genommene Kombination Gyros mit Ketchup kann ich mich bis heute nicht gewöhnen.

Mit gastfreundlichem Verhalten wertschätzen wir unsere Gäste. Einige von uns gehen schon in den Vorbereitungen auf: Kochbücher wälzen, frische Zutaten auf dem Markt einkaufen, Brot backen, mit Gewürzen experimentieren, Vasen mit Blumen befüllen, dabei ein Glas Chardonnay trinken und zu Nina Simone den Tisch hübsch herrichten. Dann kommen endlich die Gäste. Herrlich!

Wikipedia beschreibt Gastfreundschaft als „freundliche Gesinnung, die einem Besucher von seinem Gastfreund bei seiner Beherbergung, Bewirtung und Unterhaltung entgegengebracht wird". Im Wort „Gastfreundschaft" steckt das Wort „Freund". Werden wir von Gastgebern wie ein Freund empfangen und umsorgt, fühlen wir uns wohl, geschmeichelt und gestärkt. Jeder von uns sucht doch eigentlich das Gefühl, wirklich willkommen zu sein. Wir möchten nicht wie Fremde oder Nummern behandelt werden. Wir möchten uns persönlich angenommen fühlen, ganz unabhängig von unserem sozialen Status. Im Restaurant, auf Reisen, auf einem Geburtstag oder beim Geschäftstermin.

Als Gast willkommen geheißen und umsorgt zu werden, ist etwas Wunderbares.

Wenn Sie regelmäßig Gäste haben, wissen Sie, welche Herausforderungen das mit sich bringt. Immer gibt es viel vorzubereiten und zu beachten. Da geht schon mal etwas schief. Auch als Gast ist es nicht immer leicht. Seien wir ehrlich, nicht jede Einladung ist am Ende ein Hit. Vielleicht kennen auch Sie diese Geburtstagsfeiern, wo Sie schon im Voraus wissen: Auch dieses Jahr werde ich wieder frierend im unbeheizten Wohnzimmer auf einem Klappstuhl Auge in Auge mit dem Bernhardiner sitzen und Wein aus einem Marmeladenglas trinken. Es wird für dreißig Gäste ein kleines Blech Pizza und einen Meerrettich-Apfel-Salat geben. Der Höhepunkt wird der Gang zum Gartenteich sein, wo alle die Wasserschildkröte füttern dürfen.

In meinen Seminaren bekomme ich oft die Rückmeldung, dass sich die Gastfreundschaft eher auf dem Rückzug befindet. Man trifft sich seltener im eigenen Zuhause als früher. Ist man eingeladen, muss man oft selbst etwas mitbringen und zum Essen beisteuern. Einige fühlen sich als Gastgeber unsicher oder sie fragen sich, was sie als Gäste beachten sollten, wenn sie stilsicher auftreten wollen. Auf den folgenden Seiten erhalten Sie jede Menge Tricks und Kniffe rund um die Gastfreundschaft. Beachten Sie diese Ratschläge, dann werden Ihnen garantiert viele Herzen zufliegen – als Gastgeber und Gast. Lassen Sie uns loslegen!

Gastfreundschaft geht zurück, sagt man. Öffnen Sie Ihre Tür und laden Sie mal wieder Gäste zu sich nach Hause ein!

Ein guter Gastgeber sein

Die Gästeliste

Die Gästeliste ist das A und O. Sie gehört zu den wichtigsten Vorbereitungen und bestimmt alle weiteren Planungen. Ihre Gäste bestimmen die Qualität Ihrer Feier, sorgen Sie also für eine gute Mischung.

Fragen Sie sich zunächst: Wie hoch ist mein Budget? Soll es eher eine kleine Feier sein? Können Singles einen Gast mitbringen? Event-Manager sagen, dass bei einer Einladung die Absagequote im Schnitt bei 10 Prozent liegt. Berücksichtigen Sie dies bei Ihrer Planung. Sie sind sich unsicher, wen sie einladen sollen? Dann hilft es, sich zu fragen, wann Sie sich zum letzten Mal getroffen haben. Ist es lange her, scheint es kein enger Kontakt zu sein. In dem Fall können Sie vielleicht von der Einladung absehen. Oder gibt es jemanden, den Sie gern wiedersehen würden? Eine Einladung ist die perfekte Gelegenheit!

Die Einladung

Manche halten gedruckte Einladungskarten für altmodisch. Es kommt aber ganz drauf an, zu welchem Einlass Sie einladen. E-Mails oder WhatsApp-Nachrichten sind sicher prima für spontane Verabredungen oder ein lockeres Beisammensein. Bei feierlichen Anlässen punkten Sie eher mit auf edlem Papier gedruckten oder professionell gestalteten digitalen Einladungen. Schließlich ist Ihre Einladung das Aushängeschild Ihrer Veranstaltung. Sie möchten selbst kreativ werden? Es gibt unzählige Apps und Plattformen, die Ihnen das ermöglichen. Ich liebe www.canva.com. Nachdem Sie sich kostenlos registriert haben, können Sie online Ihre Einladung designen. Ob Tag der offenen Tür, Hochzeit oder Geburtstagsfeier – es gibt unzählige Vorlagen und Sie können Ihre druckfähigen Daten direkt herunterladen.

Bei einer gedruckten Einladung sollten Sie den Namen der eingeladenen Person von Hand einfügen. Das ist persönlicher. Geht aus dem Text hervor, wer einlädt, müssen Sie nicht unterschreiben. Ihre Einladung sollte keine Fragen offenlassen. Sie sollte höflich formuliert und gut strukturiert sein, Angaben zu Ort, Zeit, Anlass und Art der Veranstaltung beinhalten. Konjunktive wie „möchte“ oder „würde“ lassen Sie weg, das klingt beherzter. Sie könnten zum Beispiel schreiben: „Ich feiere … Herzlich lade ich dich/euch dazu ein.“ Oder: „Zu meiner … lade ich dich/Sie herzlich ein.“

> Zahlreiche digitale Angebote und Online-Dienste unterstützen Sie dabei, Einladungen zu den verschiedensten Anlässen professionell zu gestalten.

Gibt es ein Motto oder einen bestimmten Dresscode zu beachten? Dürfen weitere Gäste mitgebracht werden? Vermerken Sie das alles auf Ihrer Einladung und auch, bis wann Sie eine Antwort wünschen. Sicher haben Sie hin und wieder schon die Kürzel „U.A.w.g.“ (Um Antwort wird gebeten) oder „RSVP“ (Répondez s’il vous plaît) gelesen. Manche stolpern darüber. Schreiben Sie deshalb besser: „Bitte lasst mich bis zum 12. Oktober wissen, ob Ihr zu meinem Geburtstag kommen werdet.“ Kommt keine Antwort, dürfen Sie nach Ablauf der Frist nachfassen. Bei größeren Veranstaltungen liegt diese Frist bei etwa zwei bis drei Wochen vor dem Termin.

Für digitale wie für gedruckte Einladungen gilt: Verschicken Sie sie möglichst früh, am besten mit acht bis zehn Wochen Vorlauf. Wenn Sie zu kurzfristig planen, sind womöglich viele Gäste bereits verplant.

> Wer einlädt, verdient eine Reaktion und Rückmeldung. Bedanken Sie sich, auch wenn Sie nicht kommen können.

Ihre gedruckte Einladung ist versandfertig? Perfekt. Achten Sie bei der Briefanschrift von Paaren darauf, dass beide Personen korrekt angesprochen werden. Schreiben Sie also nicht: „Herrn Konrad Klein und Frau", sondern: „Herrn Konrad Klein und Frau Klementine Klein". Es gilt weiterhin als gebräuchlich, den Ehemann vor der Ehefrau anzuführen. Wem das nicht gefällt oder wer es als unhöflich empfindet, kann natürlich auch erst den Namen der Frau nennen. Beides ist richtig.

Klare Angaben zum Anlass der Feier machen

Kommunizieren Sie Ihren Gästen immer klar den Anlass Ihrer Feier und, falls nötig, zusätzlich die Bedeutung, die er für Sie persönlich hat. So ersparen Sie sich Missverständnisse. Ein Beispiel: Sie veranstalten ein edles Dinner mit Ihren engsten Freunden, bei dem Sie ihnen eröffnen wollen, dass Sie vorhaben zu kündigen und sich selbständig zu machen. Dann dürfen Sie selbstverständlich sagen, dass Sie die Rasselbande ihrer Freunde zwar sehr gerne dabei haben, aber für diesen besonderen und für Sie vielleicht emotionalen Abend empfehlen, einen Babysitter zu organisieren. Wenn Sie guten Freunden das erklären, verstehen sie das bestimmt. Natürlich kann es passieren, dass die Runde etwas kleiner wird und einige absagen werden. Doch wenn Sie die für Sie wichtigen

> So kurbeln Sie Gespräche unter den Gästen an: Einfach Aretha Franklin, Beyoncé oder George Clooney auf die Gläser schreiben, schon klappt es mit dem Smalltalk.

Feierlichkeiten Ihres Lebens selbstbestimmt erleben und genießen möchten, sollten Sie stets auch die Selbstfürsorge im Blick behalten. So sind Sie ein gut gelaunter und fröhlicher Gastgeber.

DIGITALE HELFER FÜR GASTGEBER

- Apps können Ihnen helfen, Veranstaltungen schnell und effizient zu organisieren. Die kostenlose Umfrage-App Doodle hilft bei der Terminfindung Ihrer Party oder beruflichen Veranstaltung. Hier können Sie in Minutenschnelle Termine planen: doodle.com/de.
- Wer gerne Facebook nutzt, kann dort die Veranstaltungsfunktion nutzen und seine Freunde einladen. Sie können festlegen, ob es sich um eine öffentliche oder private Veranstaltung handelt. Im Falle einer privaten Veranstaltung ist sie nur für Personen sichtbar, die eine Einladung erhalten haben.
- Sie haben Sorge, dass Sie nicht genügend Getränke für Ihre Gäste im Haus haben, und wissen nicht, wie Sie die Mengen richtig einplanen? Im Netz finden Sie unzählige Online-Getränkerechner für Partys. Sie geben einfach die grundlegenden Informationen zu Ihrer Feier ein und bekommen dann Empfehlungen für Ihren Einkauf.
- Unnötige Lebensmittelreste können Sie vermeiden, wenn Sie gut kalkulieren. Sollten Sie keine Erfahrungswerte im Berechnen von Essensmengen besitzen, empfehle ich den interaktiven Partyplaner der Initiative „Zu gut für die Tonne!" Das Bundesministerium für Ernährung, Landwirtschaft und Verbraucherschutz (BMELV) hat die App gemeinsam mit dem Berliner Buffetexperten Johannes Emken entwickelt. Er hilft Ihnen, Speisemengen fürs Buffet zu berechnen.

Als Single eine Feier ausrichten

Wir leben in einer Single-Gesellschaft. Nicht jeder hat einen Partner, der hilft, Getränkekisten zu tragen, Lammkoteletts einzulegen oder Besteck zu putzen. In Partnerschaft lebende Freunde können das schon mal vergessen, und manche Singles trauen sich nicht, um Hilfe zu bitten. Sie stehen dann ganz alleine da mit den Vorbereitungen. Das muss nicht sein. Zwar sollten Sie als One-Woman- oder One-Man-Show Ihre Gäste nicht direkt spüren lassen, wie viel Arbeit Sie ganz alleine hatten. Doch bei guten Freunden dürfen Sie durchblicken lassen, dass Sie sich über Hilfe freuen. Auch wenn sich kurzfristig zusätzliche Überraschungsgäste per SMS ankündigen, die Ihre Disposition über den Haufen werfen, ereilt Sie bestimmt freundschaftliche Unterstützung beim Organisieren von zusätzlichen Stühlen, Tischen oder Einkaufen von veganem Grillgut. Die sichere Alternative: rechtzeitig Profis, wie einen Catering- oder Partyservice, anheuern. Die bringen auch Besteck, Gläser und Teller mit.

Ambiente

Eine Feier ist eine besondere Gelegenheit. Sie sollte sich besonders anfühlen und nicht wie jeder normale Tag. Sehen Sie es als kreatives Projekt, das Sie planen. Es ist die Gelegenheit, das Silberbesteck aus dem Schrank zu holen oder endlich die französischen Vintage-Gläser Ihrer letzten Flohmarkt-Shoppingtour einzuweihen. Lassen Sie sich einen schönen Blumenstrauß für Ihren Eingang binden. Wenn Sie es stimmungsvoll lieben: Dimmen Sie das Licht. Seien Sie großzügig mit Kerzen. Wie wäre es mit essbaren Blüten in Eiswürfeln als kühle Blickfänger im Sommer? Wie auch immer Ihr persönlicher Stil ist, ob eher minimalistisch oder verspielt – schaffen Sie Ambiente. Ihre Gäste werden sich wohl bei Ihnen fühlen, wenn sie spüren, dass Sie Liebe in die Vorbereitungen gesteckt haben.

> Ein guter Gastgeber ist immer bereit, sich Mühe zu geben!

Einkaufen

Nichts ist schlechter für die Stimmung, als wenn plötzlich der Wein oder das Bier ausgeht. Ihre Bar sollte immer gut gefüllt sein. Ähnlich verhält es sich auch mit Milch, Toilettenpapier und Seife. Gehen Sie bei der Kalkulation davon aus, dass Sie alle zusammen plötzlich zwei Tage eingeschneit sind.

Vorsicht: Gastgeber zu sein, kann ziemlich stressig sein. Machen Sie es nicht noch komplizierter, indem Sie zum ersten Mal ein aufwendiges Gourmet-Menü testen und dann zwanzig Gäste enttäuschen.

CHECKLISTE: DIESE FRAGEN SOLLTEN SIE SICH ALS GUTER GASTGEBER STELLEN

- Sieht meine Location einladend aus?
- Ist alles sauber?
- Habe ich genügend Getränke und Speisen vorrätig?
- Sieht das Essen appetitlich aus?
- Habe ich alle Sonderwünsche berücksichtigt?
- Welche Musik spiele ich?
- Ist genug Platz für die Garderobe?
- Muss ich noch Vasen besorgen?
- Gibt es private Dinge wegzuräumen?
- Ist alles für Übernachtungsgäste hergerichtet?
- Wie ist die Parkplatzsituation?
- Was ziehe ich an?

Eintreffen der Gäste

Gastfreundlich ist es, Ihre Gäste an der Tür herzlich in Empfang zu nehmen. Es gibt viele Arten, Ihren Gästen zu zeigen, dass Sie sich freuen. Keine Bange, Sie müssen nicht jedem ein zärtliches Küsschen geben und jeden umarmen. Wenn es keine guten Bekannte oder Freunde sind, geben Sie sich die Hand. Mit der linken Hand nehmen Sie Geschenke an, so haben Sie die andere Hand frei für die Begrüßung. Privat begrüßen Sie zuerst die Damen, dann die Herren. Verkneifen Sie sich Floskeln wie „Ihr solltet mir doch nichts schenken!“ Angenehmer fühlt es sich für Ihre Gäste an, wenn Sie zeigen, dass Sie sich über das Geschenk freuen, als mit ihnen zu schimpfen. Sie dürfen Familienmitglieder oder Freunde einbinden, die mit der Garderobe, dem Abnehmen von Geschenken oder mit dem Anreichen von Begrüßungs-Cocktails oder einem Aperitif helfen. Wenn sich Ihre Gäste untereinander nicht kennen, stellen Sie sie untereinander kurz vor. Gehen Sie dafür mit Neuankömmlingen nach der Begrüßung zu den bereits anwesenden Gästen und stellen sie vor.

„Schuhe ausziehen!"

Ich weiß nicht, wie es Ihnen mit diesem Kommando geht. Ich gebe zu, dass ich zu Hause oder am Strand am liebsten barfuß laufe. Doch bin ich zu einem Dinner eingeladen, gefällt es mir nicht, im Cocktailkleid dazu aufgefordert zu werden, meine Schuhe auszuziehen. Eigentlich ist es grob unhöflich, Gäste zu zwingen, ihre Füße zu entblößen. Schuhe runden das Outfit ab. Nicht jeder möchte einen Abend auf Socken oder in Seidenstrümpfen herumlaufen. Haben Sie bei dem Kommando auch schon mal auf dem Absatz kehrtgemacht?

Es kommt immer auch auf den Ton an. „Wir haben für euch Schloss-Pantoffeln organisiert, wollt ihr die mal ausprobieren?" klingt da doch gleich freundlicher. Was ich empfehle: Vermeiden Sie es, Gäste pingelig zum Ausziehen der Schuhe zu zwingen. Schon gar nicht ältere Menschen. Halten Sie Hausschuhe und bei Matschwetter ein Schuhputzset für Ihre Gäste bereit. Es gibt auch Einmal-Überzieher. Womit Sie auf der sicheren Seite sind: Kündigen Sie am besten schon bei der Einladung an, dass Ihre Gäste bei Ihnen die Schuhe ausziehen müssen. So kann sich jeder darauf einstellen und Sie vermeiden hoffentlich, einige schmutzige oder ungepflegte Füße zu sehen.

Gäste richtig umsorgen

Ihre wichtigste Aufgabe als Gastgeber ist es dafür zu sorgen, dass sich Ihre Gäste wohlfühlen und die Stimmung nicht trist ist. Daher sollten Sie auf die unterschiedlichen Bedürfnisse Ihrer Gäste achten, auf sie

„aufpassen", sich für sie interessieren und mit ihnen kommunizieren. Suchen Sie immer wieder Blickkontakt. Menschen lieben es, wenn sie nicht nur Professionalität, sondern eben auch häusliche Wärme zu spüren bekommen. Gäste, die zum ersten Mal bei Ihnen zu Besuch sind, führen Sie durch das Haus. Opa möchte sich hinlegen? Bringen sie ihn auf sein Zimmer. Sie haben vegane Esser? Seien Sie darauf vorbereitet. Höfliche Gesten, wie Wein entkorken, jemandem den Mantel holen oder in den Mantel helfen, sind nicht out oder altmodisch. Der „Du weißt ja, wo alles steht"-Stil mag vielleicht manchmal passen, aber eben nicht immer.

> Das Geheimnis charmanter Gastgeber ist, dass sie ihre volle Aufmerksamkeit ihren Gästen schenken und nie unbeteiligt wirken.

Lassen Sie bei keinem Gast das Gefühl aufkommen, sich überflüssig zu fühlen, sonst zieht er sich zurück. Fragen Sie Ihre Gäste, ob sie etwas brauchen, und verbreiten Sie gute Stimmung. Bedienen Sie Ihre Gäste so, wie Sie selbst bedient werden möchten. Mein Tipp: Beziehen Sie Ihre Gäste mit ein! Die meisten Gäste lieben es, zu helfen oder ihre Talente einzusetzen. Sie fühlen sich so nützlich und wie zu Hause. Es ist überhaupt nicht unhöflich, wenn Sie sich als privater Gastgeber helfen lassen, das Dressing anzurühren, das Dessert aufzutragen oder Teller abzuräumen.

> Beziehen Sie Ihre Gäste ruhig mit ein – aber auf freiwilliger Basis.

Übernachtungsgäste

Wir dürfen uns ruhig etwas von Hotels abschauen, wenn wir Übernachtungsgäste haben. Sie möchten Ihren Gästen ein Lächeln ins Gesicht zaubern und ihnen zeigen, dass Sie sich über den Besuch freuen? Dann legen Sie ihnen ein Betthupferl auf das Kopfkissen und stellen eine Flasche Mineralwasser auf das Zimmer. Geben Sie Ihrem Gast auch das WLAN-Passwort und wichtige Telefonnummern. Sorgen Sie dafür, dass Ihre Gäste einen eigenen abgetrennten Bereich haben und ungestört schlafen können. Das Bett sollte frisch bezogen sein. Eine zusätzliche kuschelige Decke für kalte Nächte wirkt anheimelnd. Sind Ihre Gäste zum ersten Mal bei Ihnen zu Besuch, zeigen Sie ihnen das Bad, die Küche und die wichtigsten Lichtschalter. Selbstverständlich sollten auch frische Handtücher bereitliegen. Wenn Sie am nächsten Morgen vor Ihren Gästen wach sind und sie mit Kaffee und frischen Croissants am Frühstückstisch empfangen, sind Sie in jedem Fall ein Top-Gastgeber, der seine Gäste liebevoll verwöhnt!

Anhängliche Gäste elegant loswerden

Manche Menschen sind einem lieb und teuer, aber sie finden einfach kein Ende. Wie werden Sie Gäste auf charmante Weise los? Wie können Sie höflich Grenzen setzen? Nachstehend finden Sie einige Vorschläge, wie Sie das Ende einer Party einläuten.

- Einen Absacker anbieten: „Darf ich dir noch ein letztes Gläschen Wein anbieten?“ Diese Formulierung vermittelt dem Gast durch das Wort „letztes“ klar und gleichzeitig auf elegante Weise, dass es bald an der Zeit ist zu gehen.
- Im Voraus den Zeitrahmen andeuten: „Wir starten schon um 17.30 Uhr mit der Geburtstagsfeier, damit es nicht zu spät wird. Ich habe morgen ganz früh einen Geschäftstermin, den ich leider nicht verschieben kann.“ Sie weisen Ihre Gäste bereits bei der Einladung darauf hin, dass die Party nicht allzu spät enden wird.
- Dezente Hinweise: „Das war ein schöner Abend.“ Oder: „Wie schnell die Zeit vergangen ist heute Abend.“ „Wie spät es schon geworden ist.“ Mit diesen Hinweisen signalisieren Sie Ihren Gästen, dass der Abend bald ein Ende haben wird.
- Die direkte Variante: „Es war ein schöner Abend, ich habe mich sehr gefreut, dass du da warst! Bitte sei mir nicht böse, aber ich habe morgen eine lange Reise (einen langen Tag, harten Arbeitstag) vor mir und muss sehr früh raus.“ Die direkte Variante passt nicht immer, ist aber manchmal notwendig, wenn alles andere nicht hilft. Bringen Sie als Gastgeber Ihre Gäste zur Tür.

DIE NO-GOS ALS GASTGEBER

- Zu große oder zu kleine Räume für die Anzahl der Gäste
- Unordnung und Mangel an Sauberkeit
- Sich vor Gästen betrinken und außer Gefecht setzen
- Zu lange Reden oder permanentes „Programm"
- Gäste untereinander nicht miteinander bekannt machen
- Mangel an Großzügigkeit: zu wenig Essen und Trinken
- Vor Gästen einschlafen
- Gäste langweilen mit eigenen Vorlieben
- Ungeheizte Räume oder zu hohe Raumtemperatur
- Unangemessene oder nachlässige Kleidung
- Über Pannen nicht taktvoll hinwegsehen
- Ruppiger Nachwuchs
- Unpassendes, viel zu langes Rahmenprogramm
- Haustiere permanent in den Mittelpunkt rücken
- Familiäre Auseinandersetzungen vor den Gästen
- Warme Getränke
- Laufender Fernseher oder Totenstille wie in der Kirche
- Alles auf den letzten Drücker organisieren
- Gästebett nicht frisch beziehen (peinlich!)
- Sitzen bleiben, wenn sich der Gast erhebt

Abrupter Aufräumdrang bei Business-Veranstaltungen

Eine gekonnte Verabschiedung trägt dazu bei, dass Veranstaltungen bei Gastgebern und Gästen in bester Erinnerung bleiben. Doch bei Business-Veranstaltungen (z. B. einer Sitzung oder einem Seminar), beobachte ich oft, dass sich wie auf Knopfdruck Mitarbeiter auf das Geschirr stürzen, sobald die Veranstaltung zu Ende ist. Externe Gäste im Raum werden ignoriert. Dieser abrupte Aufräumdrang fühlt sich für den Gast so an, als wolle man ihn schnell loswerden.

Machen Sie es eleganter: Warten Sie mit dem Aufräumen, bis Ihr Gast aus dem Raum ist. Servicekräfte können Sie selbstverständlich abräumen lassen. Beweisen Sie Aufmerksamkeit: Fragen Sie Ihren Gast netterweise, wie er zum Bahnhof kommt. Bestellen Sie ihm ein Taxi, begleiten Sie ihn zur Tür. Verabschieden Sie ihn mit freundlichen Worten, bedanken Sie sich nochmals für den Besuch und schauen ihn dabei freundlich an – das ist höflich. Nicht viel Zeit? Bitten Sie Kollegen, sich um den Gast zu kümmern. Keine Sorge: Bei privaten Veranstaltungen oder internen Meetings ist es natürlich in Ordnung, wenn Sie am Ende als Team direkt zusammen aufräumen. Sie wollen schließlich schnell zurück an die Arbeit. Oder nach Hause.

Regeln für gute Gäste

Auch wenn „der Gast König ist“ und Gastrechte genießt, gibt es doch für uns als Gäste auch Pflichten, die wir einhalten sollten. So tragen wir zum Gelingen einer Veranstaltung bei. Am Ende des Tages ist der Gastgeber der Kaiser, denn er bestimmt die Regeln. Wenn Sie sich die folgenden Ratschläge zu Herzen nehmen, punkten Sie als Gast und sind gern gesehen.

Den Gastgeber würdigen

Als Gast sollten Sie die Mühe und den Aufwand des Gastgebers und dessen Bereitschaft, eigene Interessen zurückzustellen, anerkennen und würdigen. Es festigt die persönliche Beziehung zwischen Ihnen und dem Gastgeber. Fragt Sie der Gastgeber: „Darf ich dir etwas anbieten?“, dann klingt „Ich bin schon groß und kann schon sagen, wenn ich was will!“ nicht wertschätzend. Sie könnten stattdessen sagen: „Vielen Dank, gerne.“ Oder: „Nein danke, das ist sehr aufmerksam von dir, aber im Moment mache ich ein kleines Päuschen.“ Sagen Sie, wenn es

> Der Gast ist König, doch der Gastgeber ist der Kaiser.

Ihnen gut schmeckt. Wenn Sie ankommen, finden Sie etwas Schönes im Raum oder Garten, das Ihnen gefällt, und loben Sie es. „Das ist so schön bei euch. Ich liebe ... diese Räume ... den Garten ... die Farben ... das Sofa ... die Küche ... euren Einrichtungsstil ... euch!" Zücken Sie nicht schon beim Hereinkommen in ein fremdes Haus Ihr Handy und zeigen Ihre Hunde, Katzen oder Enkelkinder. Fragen Sie auch nicht als erstes Daten und Fakten ab („Wann wurde das Haus gebaut?"). Eine weitere schöne Geste der Würdigung des Gastgebers ist es, eine Gegeneinladung auszusprechen und zu sich nach Hause einzuladen. Das vergessen viele!

Umgang mit Servicekräften

Die Lektion, die ich als langjährige Kellnerin am Boden und in der Luft gelernt habe: Es gibt verständnisvolle Gäste, für die Sie zuallererst ein Mensch sind und dann die Kellnerin. Für andere sind Sie eine Kellnerin, die erst, wenn sie bedient hat, die Chance bekommt, als Mensch anerkannt zu werden. An winzigen Gesten spüren Sie die Unterschiede: Wie respektvoll und freundlich Gäste zahlen, bestellen, sich bedanken oder bei Fehlern reagieren. Sicher ahnen Sie schon, worauf ich hinaus möchte. Wenn Sie als Gast mit Servicekräften freundlich umgehen, sie mit einem aufheiternden Lächeln unterstützen, wird man Sie auch wie einen Menschen behandeln. Nicht nur wie einen namenlosen Gast, der fordernd auftritt und keine Demut kennt.

Sich bedanken

„Es war eine sagenhafte Veranstaltung, ein rundherum gelungenes Event. Einfach großartig! Herzlichen Dank nochmals für die Einladung!" Im privaten wie im geschäftlichen Umfeld sollten Sie sich ein bis zwei Tage später beim Gastgeber melden und sich nochmals für das gelungene Fest bedanken. Finden Sie die passenden Worte. Sie können dafür anrufen oder schreiben. Bei Ihrer Clique oder Freunden, die Sie mehrmals in der Woche sehen, müssen Sie das natürlich nicht tun.

TIPPS FÜR DEN STILVOLLEN GAST

- Sagen Sie Einladungen möglichst zeitnah ab oder zu.
- Fragen Sie um Erlaubnis, bevor Sie weitere Gäste mitbringen.
- Teilen Sie Ihre Anreise- und Abreisedaten mit.
- Kommen Sie nicht zu früh, gehen Sie nicht zu spät.
- Kündigen Sie Ihren Besuch nach Möglichkeit an.
- Erscheinen Sie pünktlich. Lassen Sie Gastgeber nicht warten.
- Hängen Sie Ihre Jacke an der Garderobe auf.
- Kommen Sie nicht mit leeren Händen.
- Nutzen Sie Freigiebigkeit nicht schamlos aus.
- Tragen Sie zur guten Stimmung bei.
- Alles probieren! Loben!
- Bieten Sie dem Gastgeber Ihre Hilfe an.
- Strapazieren Sie nicht unnötig die Nerven des Gastgebers.
- Wenn Sie früher gehen müssen, lassen Sie es den Gastgeber schon bei Ihrer Ankunft wissen.
- Verabschieden Sie sich freundlich vom Gastgeber.
- Respektieren Sie kulturelle Unterschiede.
- Erwidern Sie Einladungen.
- Aus Wertschätzung heraus beachten Sie Dresscodes.
- Bringen Sie nicht ohne Erlaubnis Haustiere mit.
- Bedanken Sie sich am nächsten Tag für einen netten Abend.
- Nehmen Sie jemand im Auto mit, sollte es sauber sein.
- Sie sollten merken, wann es Zeit ist zu gehen.
- Hinterlassen Sie keine Unordnung.

Eine Einladung freundlich absagen: So klappt's!

Auch wenn Ihnen eine Absage vielleicht unangenehm ist: Es gehört zum guten Ton, dass Sie als rücksichtvoller und mitdenkender Mensch Bescheid geben, wenn Sie eine Einladung absagen müssen. Am besten nicht in letzter Minute. Nur so kann sich der Gastgeber darauf einstellen und planen. Einfach wegzubleiben ist gerade bei kleineren oder privaten Feiern nicht nett. Wenn Sie schriftlich absagen, formulieren Sie Ihre Absage so, dass Sie nachvollziehbar und verzeihlich für den Betroffenen ist. Halten Sie sich am besten an dieses Muster:

1. Bedanken Sie sich für die Einladung.
2. Stellen Sie heraus, dass Sie gern teilgenommen hätten.
3. Nennen Sie den Grund für Ihre Absage, zur Not denken Sie sich einen aus, der plausibel ist.
4. Wünschen Sie dem Gastgeber ein schönes Fest und alles Gute.

Hier ein Beispiel, wie Sie im geschäftlichen Kontext freundlich absagen könnten: „Vielen Dank für die Einladung zu Ihrer Geschäftseröffnung. Ich habe mich sehr darüber gefreut und hätte Ihre Einladung gern angenommen. Leider bin ich an dem Tag schon seit langer Zeit verplant und kann den Termin nicht verschieben. Ich wünsche Ihnen eine erfolgreiche Einweihungsfeier, alles Gute und freue mich auf unsere weitere Zusammenarbeit/auf ein Wiedersehen."

Gastgeschenke: Darf es noch ein bisschen Tee und Marmelade sein?

Schenken ist eine Kunst. Als Kaffeetrinkerin wundere ich mich, wie oft ich Tee geschenkt bekomme. Auch selbst gemachte Marmelade scheint ein beliebtes Mitbringsel zu sein. Nichts gegen Kulinarisches! Aber ich bin kein Fan von Ostfriesentee im Sommer und Stachelbeer-Quitten-Gelee zu Weihnachten. Ein Gastgeschenk muss nicht teuer sein. Doch es sollte nie geizig wirken oder so, als habe man es sich bequem gemacht. Wenn Sie absolut sicher sein wollen, dass Ihr Geschenk beim Empfänger ankommt, sollte es zu ihm passen und nicht einfallslos sein. Überlegen Sie, was ihm gefallen könnte. So bereiten Sie ihm eine persönliche Freude.

Die wichtigste Regel lautet: Kommen Sie nicht mit leeren Händen, wenn Sie eingeladen sind (das Hundefutter in der Tupperdose für den mitgebrachten Hund zählt nicht)! Ein Gastgeschenk ist eine

Anerkennung oder wertschätzende Geste, die zeigt, dass Sie sich über die Einladung und die damit verbundene Mühe freuen und den Aufwand wertschätzen. Verpacken Sie jedes Geschenk hübsch. Ohne diese Form der Präsentation könnte es Achtlosigkeit ausdrücken. Wenn Sie die zu beschenkende Person näher kennen, fragen Sie sich: Wofür schwärmt sie? Was liebt sie? Welchen Wunsch hat sie vielleicht mal geäußert? Wenn Ihnen nichts einfällt oder Sie den persönlichen Geschmack des Gastgebers nicht kennen sollten, keine Sorge: Feine Pralinen gehen immer. Wein und ein Blumenstrauß auch. Neben diesen Klassikern darf es auch ein spannendes Buch sein. Reiseführer, Gutscheine für ein Konzert oder Kinokarten. Geeignet sind auch praktische Utensilien für das Haus. Ich habe mal für jemanden ein großes Holzbrett zum Geburtstag bemalt und in den Garten gestellt. Oder greifen Sie zu einer kostbaren Duftkerze mit einem warmen Kuschelduft für dunkle, kühle Tage. Wenn Sie genug von Standardgeschenken haben, wie wäre es damit, Zeit zu verschenken? Schauen Sie mal auf www.zeit-statt-zeug.de. Dort finden Sie viele Ideen für „Zeitgeschenke“, wie zum Beispiel Kochabend statt Kochbuch, Kröten retten statt Ledermäppchen oder Wandern statt Wein.

> Mit Pralinen oder Blumen als Mitbringsel können Sie nichts falsch machen.

Blumen schenken

Blumen duften schön, sind farbenfroh und muntern auf. Elegante Gäste schickten früher nach einem Essen Blumen als Dankeschön. Das müssen Sie heute nicht mehr tun. Doch falls Sie die Gastgeberin vor der hektischen Suche nach einer Vase bewahren wollen, lassen Sie einen Blumengruß einige Stunden vor der Einladung anliefern – vielleicht mit einer Grußnotiz: „Wie freuen uns schon riesig auf heute Abend!“ Sollten Sie Ihren frischen Blumenstrauß persönlich überreichen, entfernen Sie vor dem Überreichen die Verpackung. Die (hoffentlich umweltfreundliche) Folie darf dranbleiben. Von Chrysanthemen sollten Sie Abstand nehmen, da weiße Blüten mit Trauer und

Abschied in Verbindung gebracht werden. Die Farbsymbolik von Blumen ist international ganz unterschiedlich und abhängig vom Land. Wenn Sie sich unsicher sind, lassen Sie sich von Floristen beraten. Natürlich dürfen Sie auch Männern Blumen schenken. Vielleicht nicht gerade ein Biedermeiersträußchen. Doch Sonnenblumen, große Gerbera, Artischockenblüten, schlichte Blumenarrangements oder ein Olivenbäumchen sind eine schöne Idee. Mein persönlicher Tipp: Lassen Sie Blumen ihre volle Größe. Stutzen Sie prachtvolle Gerbera nicht auf mickrige 15 Zentimeter. Think big, not Biedermeier! Ein großer Blumenstrauß macht mehr her und steht für Großzügigkeit.

Wein richtig verpacken

Mit einer guten Flasche Wein machen Sie eigentlich nie etwas verkehrt. Hier dürfen Sie durchaus etwas tiefer in die Tasche greifen. Worauf Sie achten sollten: Eine Weinflasche nicht in Geschenkpapier verpacken, da das Etikett als Verpackung zählt. Erlaubt ist ein Schleifchen um den Flaschenhals oder ein schicker Weinkarton. Trinkt der Gastgeber keinen Alkohol, ist Wein natürlich keine gute Idee.

Geschenke überreichen

Am besten überreichen Sie Geschenke ohne große Worte nach der Begrüßung. Preisen Sie Ihr Geschenk nicht an, es sollte für sich selbst sprechen. Geben Sie dem Beschenkten Raum, sich zu freuen und zu bedanken. Am wichtigsten beim Schenken ist: Es sollte von Herzen kommen! Wenn Sie selbst Geschenke auspacken, suchen Sie nicht demonstrativ das Label eines Kleidungsstücks, um den Preis oder Wert einzuschätzen. Wenn es für Sie wichtig ist, warten Sie damit, bis Sie alleine sind. Sollten Sie ein Geschenk nicht mögen, weil es vielleicht ein total kitschiges Reiseandenken ist (oder Sie wieder Tee und Marmelade bekommen), bedanken Sie sich trotzdem und lassen Sie sich nichts anmerken.

WIE SIE EIN GUTER HAUSGAST SIND

- Kommen Sie nicht mit leeren Händen!
- Geben Sie Ihrem Gastgeber Zeit für sich.
- Lernen Sie die Lichtschalter kennen und bedienen Sie sich selbst.
- Kaufen Sie ein oder beteiligen Sie sich am Einkauf.
- Helfen Sie beim Abwasch oder mit der Geschirrspülmaschine.
- Machen Sie Ihr Bett.
- Lassen Sie nichts liegen.
- Bedanken Sie sich.
- Lassen Sie beim ersten Date Ihre Übernachtungstasche zu Hause.

Filoxenia – Gastfreundschaft für Fortgeschrittene

Griechische Gastfreundschaft ist legendär. Schreibe ich als Deutsch-Griechin Empfehlungen zur Gastfreundschaft, werde ich sie natürlich nicht unerwähnt lassen. Das griechische Wort für Gastfreundschaft lautet „Filoxenia". Wörtlich übersetzt heißt das „die Liebe zum Fremden". Es ist die uralte Tradition, einen Fremden willkommen zu heißen und ihm das Gefühl zu geben, auf Zeit Teil der Familie zu sein. Filoxenia ist fest in der kulturellen Identität der Griechen verwurzelt. So ist es nach griechischer Vorstellung nicht nur eine große Ehre, einen Gast zu haben, es bringt auch Glück und wendet Unheil ab. Selbst in den ärmsten Gegenden werden Fremde mit großer Herzlichkeit empfangen, die fast beschämend ist.

> „Gastfreundschaft besteht aus ein wenig Wärme, ein wenig Nahrung und großer Ruhe."
> *Ralph Waldo Emerson*

Filoxenia bedeutet, dass Sie als Gast ein Glas Wasser in der Hitze bekommen, ohne dass Sie darum gebeten haben. Filoxenia ist, wenn man Ihnen bei einer Essenseinladung nur das Beste vorlegt, wie selbstverständlich Ihre Rechnung zahlt, auch wenn Sie sich gerade erst kennengelernt haben. Oder wenn Ihr Pensionswirt Sie ohne eine Gegenleistung zu erwarten stundenlang geduldig mit dem Auto über die Insel kutschiert, weil Sie als Urlauber neue Schwimmflossen brauchen. Filoxenia ist, wenn Sie vor Ihrer Tür eine Schüssel frisch gepflückter Feigen finden oder Ihnen grillende Nachbarn Souflaki vorbeibringen und Sie zum Essen einladen.

Für Deutsche ist die Vorstellung, Fremde, Nachbarn oder Touristen zu einer Familienfeier dazuzuholen, meist nur schwer vorstellbar. In Griechenland kann Ihnen das jederzeit passieren. Für Griechen ist die warmherzige Art und Weise, wie sie Gäste empfangen, wichtig, denn so präsentiert man sich anderen Menschen gegenüber auch als Person. Es gibt in Gesprächen eine große Offenheit und kaum Themen, über die man nicht sprechen darf. Auch das macht griechische Gastfreundschaft so angenehm. Niemand wird auf Distanz gehalten. Es ist eine Gastfreundschaft, die sich nie halbherzig anfühlt. Mit Filoxenia werden Sie nicht nur beköstigt, sondern bewirtet. Fragen Sie einen griechischen Wirt nach der Rechnung, werden Sie die Antwort bekommen: „Nein, erst etwas von uns!“ Dann lädt er Sie auf einen Ouzo ein oder zu einem Dessert.

> Filoxenia – in Griechenland ist Gastfreundschaft tief in der Kultur verwurzelt.

Auf der Insel Kos lebte der Bäcker Dionysis Arvanitakis. Während der Flüchtlingskrise und bis zu seinem Tod 2017 backte er jeden Morgen 100 Kilo Brot extra und verschenkte es an Flüchtlinge. 2016 wurde er mit dem europäischen Preis der Zivilgesellschaft ausgezeichnet. Er zeigte eine heute selten gewordene Großzügigkeit und wurde zu einem Symbol für Humanität. Das ist Filoxenia. Das ist Gastfreundschaft für Fortgeschrittene.

WAS TUN, WENN …?

Umgang mit kleinen und großen Krisen im Alltag

Ein offener Reißverschluss, ein umgestoßenes Glas, Lippenstift am Kragen, eine unpassende Bemerkung: Wir alle haben diese und andere Peinlichkeiten bei uns und bei anderen schon erlebt. Wir fühlten uns verlegen, liefen rot an und wussten nicht, wie wir mit dieser unangenehmen Situation umgehen sollten. Ob Sie sich einen Fauxpas leisten oder eine Begabung dafür haben, ins Fettnäpfchen zu treten. Versuchen Sie, sich nicht absichtlich danebenzubenehmen. Und seien Sie nachsichtig mit sich selbst und mit anderen, wenn es doch mal passiert.

Was tun, wenn Menschen sich nicht an die Handy-Etikette halten?
Es gibt viele Situationen, da müssen wir schlechtes Benehmen leider wegstecken, ertragen oder ignorieren. Gute Umgangsformen beherzigen heißt nie, eifrig als Oberlehrer aufzutreten oder das Verhalten anderer an den eigenen Vorstellungen von Höflichkeit zu messen. Manchmal bedeutet es schlichtweg, tolerant zu sein, menschlich zu handeln und Verständnis für die Lage und Situation anderer zu zeigen. Was Sie in Ihrem direkten Umfeld, im Büro oder in Ihrem Zuhause tun können: Richten Sie Smartphone-freie Zonen ein. Nennen Sie es „Relax-Zone“, „Handyfreie Lounge“ oder wie immer Sie mögen.

Was tun, wenn jemand eine Beschwerde auf Ihrem Blog hinterlässt?
Sie veröffentlichen einen Beitrag auf Ihrem Blog und erhalten als Kommentar eine Beschwerde. Wie gehen Sie damit um? Lesen Sie das folgende Beispiel aus dem Netz[61], es zeigt in vorbildlicher Weise, wie Sie souverän reagieren können. Ein Kommentator mit dem Namen „Seuchenvogel" schreibt: „Wie immer alles ohne neue Informationen. Zusammenfassung von allem, was jeder schon wissen sollte. Schade. Daumen runter!" Antwort: „Hallo Seuchenvogel, schade, dass dir unser Artikel nicht gefällt. Da es sich um einen unserer beliebtesten Artikel handelt, hoffen wir natürlich, dass er einigen Lesern wertvolle Informationen bietet. Gerne kannst du uns jederzeit einen Artikel aus deiner eigenen Feder zusenden, wenn du bessere Tipps auf Lager hast! Viele Grüße." Wie aus dem Lehrbuch. Herrlich!

Was tun, wenn Sie beim Smalltalk einen Blackout haben?
Es gibt verschiedene Möglichkeiten, mit einem Blackout umzugehen. Zum Beispiel könnten Sie fragen, ob Sie jemandem ein Getränk mitbringen können. Damit gewinnen Sie Zeit und zeigen gleichzeitig, dass Sie aufmerksam sind. Oder Sie bieten Ihrem Gegenüber einen Kaffee an. Damit überspielen Sie Ihren Blackout und es ist zugleich eine sympathische Möglichkeit, mit anderen ins Gespräch zu kommen.

Oder greifen Sie Offensichtliches auf, zum Beispiel ein hübsches Schmuckstück: „Mir gefallen Ihre Ohrringe sehr, verraten Sie mir, wo Sie die gekauft haben?" Auch Gedankenspiele sind erlaubt, zum Beispiel: „Heute Morgen habe ich beim Einchecken im Hotel Folgendes erlebt: … Wie würden Sie mit der Situation umgehen?" Oder seien Sie einfach ehrlich und geben zu: „Verzeihung, mein System hat versehentlich in den Flugmodus geschaltet und ich habe Ihren Namen nicht mitbekommen. Würden Sie mir den noch mal verraten?"

> Nach der Geschichte eines Gegenstands zu fragen, führt zu interessanten Gesprächen.

Sie sind schüchtern und stehen etwas verloren in der Gegend herum? Suchen Sie andere Schüchterne und stellen sich zu ihnen.

Oder steuern Sie direkt die Bar an. Wenn Sie irgendwo zu Besuch sind und Ihnen so gar nichts einfällt, könnten Sie einen ungewöhnlichen Gegenstand in die Hand nehmen und interessiert nach der Geschichte fragen. Sie werden überrascht sein, welche Anekdoten Sie erfahren.

Was tun, wenn Fremde sich schlecht benehmen?

Schlechtes Benehmen im öffentlichen Raum müssen Sie nicht dulden. In bestimmten Situationen sollten Sie Klartext reden, wenn es erforderlich ist. Häufig hilft Humor. Lassen Sie mich Ihnen eine kleine Geschichte dazu erzählen: Auf einer Fahrt im ICE von München nach Hamburg las sich ein Ehepaar gegenseitig die Zeitung vor. Abwechselnd. Artikel für Artikel. Seite für Seite. Parallel kommentierten sie die weltpolitische Lage. Im Großraumabteil war es mucksmäuschenstill. Es war unmöglich, sich auf den eigenen Lesestoff zu konzentrieren oder einen klaren Gedanken zu fassen. Man konnte spüren, wie strapaziert die Geduld aller Reisenden war. Doch niemand traute sich, etwas zu unternehmen. Also sagte ich laut in Richtung Ehepaar: „Entschuldigen Sie, dass ich Sie störe. Könnten Sie bitte noch einen Tick lauter lesen, sodass wir Sie auch hier hinten deutlich hören und verstehen können?“ Mein Einwand sorgte für Lacher im Abteil und verfehlte nicht seine Wirkung. Das Paar war sofort leise. Wir fuhren alle schön ruhig zusammen weiter, die einen lesend, die anderen arbeitend, manche träumend.

Was tun, wenn Ihnen Ihr Seidenrock hinten in der Strumpfhose steckt und Sie so durch ein Theaterfoyer laufen?

Sie haben hoffentlich Menschen in Ihrer Nähe, die Ihre Ungeschicklichkeit nicht nur zur Kenntnis nehmen und sich ins Fäustchen lachen, sondern Ihnen diskret ein Zeichen geben, dass Sie gerade halb nackig sind. Dann ziehen Sie schnell den Rock aus der Strumpfhose und ziehen ihn nach unten. Sie werden sich dabei vor Scham eine Kuhle wünschen, in der Sie sich für immer verstecken können. Doch sagen Sie sich, dass Sie sich später schämen, wenn Sie alleine sind und mehr Zeit haben. Sollten Sie die Moderatorin der Veranstaltung sein, gehen Sie anschließend auf die Bühne, als sei nichts gewesen. Mit jeder Peinlichkeit lernen wir dazu und werden selbstsicherer. Egal was war: Lächeln nicht vergessen!

Was tun, wenn Sie als Frau beim Autokauf nicht ernst genommen werden oder wie ein Dummchen behandelt werden?

Dass Frauen in Autohäusern belächelt werden, hielt ich für einen Scherz. Bis ich selbst in der Situation war, ein Auto kaufen zu müssen, und feststellte, dass man als Frau alleine nicht in jedem Autohaus ernst genommen wird. Es gibt mehrere Möglichkeiten, damit umzugehen.

1. Sprechen Sie ganz offen und direkt Ihren Eindruck an, dass Sie sich nicht ernst genommen fühlen. In der Regel sind die Autoverkäufer danach plötzlich sehr freundlich.
2. Machen Sie mit Hilfe von Youtube und Co. einen Crashkurs (wenn Sie sich mit Autos nicht auskennen). Lernen Sie die richtigen Fragen zu stellen (Kilometerstand, Baujahr, Finanzierung) und dann verhandeln Sie wie ein Profi.
3. Nehmen Sie einen Freund oder eine Freundin mit, die sich mit Autos auskennen.

Bei der Kombi aus eins, zwei und drei lernen Sie am meisten. Selbst ist die Frau! Viel Erfolg!

Was tun, wenn Sie als Mann einer Frau etwas abnehmen möchten und sie das ablehnt?

„Danke, das kann ich alleine!“ „Ich brauche keine Hilfe mit meinem Mantel, das schaffe ich schon selbst.“ Manche Frauen zeigen gerne, dass sie unabhängig ihren Mann stehen, und lehnen höflich gemeinte Hilfsangebote von Kavalieren strikt ab. Andere wiederum lassen sich sehr gern beim Tragen ihres Koffers helfen oder genießen es, wenn ihnen ein galanter Mann die Tür aufhält oder Wein nachschenkt. Ich meinte mal, mit einem Bodybuilder ein Sofa tragen zu können, und landete Heiligabend im Krankenhaus.

Fest steht: Genauso wenig, wie es eine allgemeingültige Regel gibt, wie man mit Männern umgeht, gibt es eine für Frauen. Am besten verfahren Sie, wenn Sie als Mann eine Ablehnung Ihrer Hilfe akzeptieren, darüber hinwegsehen und weiterhin ein hilfsbereiter Mensch und Mann bleiben. Auch wenn Frauen heute einen geschlechtsunabhängigen, höflichen Umgang erwarten: Viele wissen zuvorkommendes Verhalten von Männern zu schätzen und freuen sich darüber – auch wenn sie Feministinnen sind. Was Sie niemals tun sollten, weil es übergriffig ist: Ihr beim Autofahren ins Steuer greifen und ungefragt an ihren Laptop oder ihre Handtasche gehen.

> Zuvorkommendes Verhalten wird von den meisten Menschen gerne gesehen.

Was tun, wenn ein neuer Kollege Sie fragt, ob das Sofa in Ihrem Büro die Besetzungscouch sei?

Sie können zunächst davon ausgehen, dass diesem Mann Stil und Achtung fehlen. Wenn Sie schlagfertig sind, antworten Sie auf diese sexistische Frage mit: „Die haben wir für Sie angeschafft, Herr Kurz!“ Sie dürfen auch entrüstet oder sprachlos sein. Wie immer Sie reagieren, vergessen Sie nicht, mit der Personalabteilung Kontakt aufzunehmen und diese Anzüglichkeit zu melden. Vielleicht werden Sie entdecken, dass bereits weitere Beschwerden vorliegen. Stillschweigen bewahren ist hier nicht angebracht. In der Regel behandeln Personaler diese Fälle heutzutage professionell und diskret. Sexismus am Arbeitsplatz wird sanktioniert und ist ein Kündigungsgrund.

Was tun, wenn ein Vorgesetzter zum Telefonieren immer in Ihr Büro kommt und dabei an Ihre Regale geht?

Sie müssen sich keine Wichtigtuer-Chefs oder Platzhirsche gefallen lassen, die telefonierend in Ihr Büro spazieren, Sie ignorieren und dabei Ihre Ordner oder Bücher aus den Regalen ziehen. Bitten Sie derartig übergriffige Zeitgenossen höflich, aber bestimmt und selbstbewusst hinaus. Sagen Sie, sie möchten in Ruhe arbeiten und er oder sie möge dafür Verständnis haben und bitte in seinem Büro, auf dem Gang oder draußen weitertelefonieren.

Was tun, wenn Sie anderen die Tür aufhalten, die aber die Tür nicht übernehmen?

Sicherlich ärgert es Sie auch, wenn Sie anderen höflich die Tür aufhalten und die an Ihnen ohne ein Dankeschön vorbeilaufen, als ob Sie ein Lakai wären. Sollten Sie feststellen, dass sich jemand nicht bedankt oder so reagiert, sagen Sie einfach freundlich und deutlich: „Bitteschön!“ Manche waren einfach nur in Gedanken und realisieren dann selbst ihr unhöfliches Verhalten. Bei Trampeln und Egoisten, die gar nicht reagieren, dürfen Sie auch schon mal die Tür loslassen und weitergehen.

Was tun, wenn Sie im Frankreich-Urlaub nicht wissen, wie viele Küsschen Sie geben sollen?

In Frankreich wird viel geküsst, selbst in Büros werden Küsschen ausgetauscht. Doch wann gibt man eigentlich einen, zwei, drei oder vier Küsse? Wie oft, hängt tatsächlich von der Region ab. Die Pariser lieben es zweimal. Es gibt eine Website (www.combiendebises.com), die Ihnen auf einer Karte die regionale Kuss-Etikette aufzeigt. Süß, oder?

Was tun, wenn eine Kollegin oder ein Kollege einen Trauerfall in der Familie hatte?

Ein komplexes Thema. Doch ich empfehle als Richtschnur mit Gefühl und einer guten Dosis Feingefühl zu handeln. Nichts zu machen oder zu schweigen ist kein Handeln. Auf eine E-Mail könnten Sie mit einem Anruf oder einer SMS reagieren, auf eine SMS mit einem persönlichen Telefonat. Erhalten Sie einen Anruf, wäre ein Kondolenzbesuch angemessen. Einige Leute akzeptieren vielleicht sogar eine Kondolenz über den Facebook Messenger. Ältere freuen sich über einen Brief oder eine Karte. Bei einer persönlichen Begegnung mit einem Trauernden – beispielsweise in einem Restaurant – sollten Sie nicht sitzen bleiben, sondern aufstehen und dem Trauernden kondolieren. So zeigen Sie

Würde und Menschlichkeit. Hat ein enger Kollege jemanden verloren, dürfen Sie auch eine Pizza backen und diese vorbeibringen. Betroffene, die einen Menschen verloren haben, sind oft zurückhaltend, brauchen aber häufig ab einem gewissen Punkt Gesellschaft. Was viele vergessen: Die eigentliche Trauerzeit für Hinterbliebene beginnt Wochen und Monate nach der Beerdigung. Wenn alle, die sich beim Tod von Stars digital betroffen zeigen, im eigenen Umfeld bei Trauernden vorbeischauen würden – was hätten wir für eine schöne Welt.

Was tun, wenn Sie nicht wissen, wie Sie eine Situation meistern sollen, oder sich gerade nicht zu helfen oder zu trösten wissen?

Sie sprechen den Champagner „Bollinger" nicht französisch aus und werden dafür ausgelacht? Sie sind total over- oder underdressed? Sie verschenken ein Buch und erhalten keinen Dank? Jemand schickt Sie immer wieder zum Spinnenwebenentfernen nach hinten in den Pferdestall? Man lässt Sie im Regen stehen? Sie werden übersehen, vergessen, nicht ernst genommen, zugetextet, angerempelt, nicht reingelassen, veräppelt, ignoriert, ausgenutzt, belehrt oder schief angeschaut?

Manchmal müssen wir Grenzen ziehen, Dinge wiedergutmachen oder zu unseren eigentlichen Zielen zurückkehren. Manchmal müssen wir Schmähungen, Peinlichkeiten oder Krisen auch einfach hinnehmen und lernen, sie wie ein Stein mit Gelassenheit zu tragen, ohne uns damit zu belasten. Die Franzosen nennen es „Laisser-faire". Ein Gelassenheitsmantra, das Sie – in Kombination mit nach vorne schauen – in Erwägung ziehen könnten, lautet: „Das macht nichts!" Aber das kannten Sie ja schon. Bleiben Sie fröhlich!

> „Das macht nichts!"
> *Niki Meyer (meine Mama)*

EMPFEHLENSWERTE BÜCHER

de Bark, Yvonne: Wirke, wie du willst. Wie du deine Körpersprache gezielt einsetzt. Sicheres Auftreten, wenn es darauf ankommt. humboldt 2019

de Boton, Alain: Freundlichkeit. Eine vergessene Tugend. The School of Life. Süddeutsche Zeitung Edition 2018

Kleon, Austin: Show your work! 10 Wege, auf sich aufmerksam zu machen – Zeig, was du kannst! Mosaik 2016

Märtin, Doris: Habitus. Sind Sie bereit für den Sprung nach ganz oben? Campus 2019

Matschnig, Monika: Körpersprache. Macht. Wirkung: Wie Sie andere im Beruf überzeugen und begeistern. Gabal 2019

Nuthmann, Silke: Smalltalk für Introvertierte. humboldt Verlag 2017

Onaran, Tijen: Die Netzwerkbibel. Zehn Gebote für erfolgreiches Netzwerken. Springer 2019

Parka, Priya: The art of gathering. How we meet and why it matters. Penguin Random House 2018

Postrel, Virginia: The power of glamour. Longing and the art of visual persuasion. Simon & Schuster 2017

Roetzel, Bernhard: Gentleman Lookbook. h.f.ullmann publishing 2017

Scharnigg, Max: Herrn Knigge gefällt das. Das Handbuch für gute Manieren im Netz. Atlantik 2016

Sørensen, Marlene: Stilvoll: Inspiration von Frauen, die Mode lieben. Callwey 2017

Starlay, Katharina: Der Stilcoach für Männer. Frankfurter Allgemeine Buch 2019

Steinhauer, Anja, Diewald, Gabriele: Richtig gendern: Wie Sie angemessen und verständlich schreiben. Duden 2017

Wala, Hermann H.: Ich. Endlich einzigartig. Authentisch. Persönlich. Echt. Wie du zur Marke wirst und im Gedächtnis bleibst. Redline 2018

Walker, Rob: The art of noticing. 131 ways to spark creativity, find inspiration, and discover joy in the everyday. Alfred A. Knopf 2019

Wickre, Karen: Taking the work out of networking. An introverts guide to making connections that count. Gallery Books 2018

ANMERKUNGEN

1 de.wikipedia.org/wiki/Phubbing. Ein aktueller Beitrag über Phubbing erschien im Juli 2019 im Handelsblatt: https://www.handelsblatt.com/technik/digitale-revolution/digitaldictionary-phubbing-wenn-die-technik-beziehungen-stoert/24685548.html
2 www.dirkvongehlen.de/netz/mehr-aufs-handy-starren
3 www.sueddeutsche.de/digital/essen-instagram-posten-1.4402134
4 www.sueddeutsche.de/digital/essen-instagram-posten-1.4402134
5 https://www.horizont.net/tech/nachrichten/bitkom-jeder-zweite-siebenjaehrige-hat-ein-eigenes-smartphone-175167
6 https://wearesocial.com/de/blog/2022/02/digital-2022-report-726-millionen-deutsche-nutzen-social-media/
7 Tweet vom 10.1.2017 von @rheinbahn_intim
8 Sehr guter Artikel zu „Was ist Hate Speech?“ der Bundeszentrale für politische Bildung: www.bpb.de/252396/was-ist-hate-speech. Viel gelobter Vortrag der Moderatorin und Journalistin Dunja Hayali „Das dreckige Dutzend – 12 Regeln im Umgang mit Hasskommentaren!“: https://www.facebook.com/DunjaHayali/photos/das-dreckige-dutzend-12-regeln-im-umgang-mit-hass-kommentarenich-habe-in-dieser-w/1859118430809315/
9 Virginia Postrel: The Power of Glamour: Longing and the Art of Visual Persuasion, Simon & Schuster 2017
10 https://www.neuemedienmacher.de/wp-content/uploads/2018/03/20180321_no_hate_speech_flyer_rz-1.pdf
11 https://blog.hubspot.de/marketing/social-media-in-deutschland#:~:text=Nach%20aktuellen%20Zahlen%20des%20WeAreSocial,Prozent%20der%20Internetnutzerschaft%20t%C3%A4glich%20aktiv.
12 Im Original: Networking „is to make an effort to meet and talk to a lot of people, especially in order to get information that can help you”.
13 Tijen Onaran: Die Netzwerkbibel. 10 Gebote für erfolgreiches Netzwerken. Springer Verlag 2019
14 Simon Sinek, Facebook, 15. Februar 2013. Simon Sinek hat den Besteller „Start with a Why“ geschrieben und wurde durch den gleichnamigen TED-Talk bekannt.
15 Tweet vom 16.2.2016 von @Lenxo_
16 Hans G. Raeth: Die Kunst der Beleidigung. Fackelträger Verlag 2007, Seite 200
17 Asfa-Wossen Asserate: Manieren. Eichborn 2003. (Ich durfte Herrn Asserate bei einer Veranstaltung persönlich betreuen und kennenlernen. Er ist einer der höflichsten, nettesten, charmantesten Menschen der Welt. ☺)

18 Weitere Ergebnisse der Umfrage finden Sie hier: https://www.marktforschung.de/aktuelles/marktforschung/siezen-oder-duzen/
19 www.sueddeutsche.de/politik/herkunft-diskriminierung-bohlen-latter1.4350327
20 www.sueddeutsche.de/leben/kolumne-marinic-herkunft-migration-rassismus-1.4449281
21 Kio Stark hielt 2016 den TED-Talk „Warum wir mit Fremden sprechen sollten" und schrieb auch ein Buch über das Thema: When Strangers Meet. Über Begegnungen, die unser Leben bereichern. Fischer 2017
22 www.sueddeutsche.de/wirtschaft/studie-nett-seinlohnt-sich-1.3629204
23 de.wikipedia.org/wiki/Konversationsmaximen
24 Mikael Krogerus und Roman Tschäppeler: Das Kommunikationsbuch. Wie man sich besser verständigt. Kein und Aber 2017, Seite 77
25 de.wikipedia.org/wiki/Konversationsmaximen
26 de.wikipedia.org/wiki/Dialog
27 Siehe Nicola Karnick Blogbeitrag vom 1.2.2019 über „Verblühte Wörter": https://textundposition.de/verbluehte-woerter
28 www.basicthinking.de/blog/2019/04/03/apple-knigge-wortwahl/ vom 3.4.19
29 Samy Molcho: Alles über Körpersprache. Goldmann 2001
30 Asfa-Wossen Asserate: Manieren. Eichborn 2003
31 Dolly Parton in der Rolle von Truvy Jones in dem Film „Magnolien aus Stahl" (1989). Im Original lautet das Zitat: „Smile, it increases your face value."
32 Hierzu gibt es diverse Videos auf Youtube, u. a. „The artist is present": www.youtube.com/watch?v=OS0Tg0IjCp4
33 www.nonverbale-kommunikation.ch/distanzzonen-raeumliche-koerper-sprache
34 https://www.emailtooltester.com/de/blog/email-marketing-statistiken/
35 Tweet vom 2.10.2018 von @swissmiss: "About to teach my daughter that half of career success is this: Learn to be really good at email! Be concise. To the point. Clear in your ask. Warm. Friendly. Respectful. And, never forget to add a little delight (GIFs, adorable sign-offs)."
36 Protokoll Inland der Bundesregierung, Ratgeber für Anschriften und Anreden, Stand: Dezember 2016. www.protokoll-inland.de
37 https://www.brandeins.de/magazine/brand-eins-wirtschaftsmagazin/2019/gefuehle/emojis-fuehlen-sie-sich-auch-so-u-1f602
38 www.frankfurt-main.ihk.de/branchen/mediacity/medienpolitik/ehrenkodex/#1,2
39 Priya Parker: The Art of Gathering. How We Meet and Why It Matters. Penguin 2019
40 https://fashionunited.de/nachrichten/mode/haute-couture-und-know-how-1-die-kalligrafie-von-nicolas-ouchenir/2018011223965

41 Dies beschreibt Priya Parker in ihrem Buch „The Art of Gathering".
42 Kai Oppel: Die Knigge-Kur. So befreien Sie sich von unsinnigen Benimmregeln und falschen Karrierehelfern. C.H. Beck 2015
43 So das Ergebnis einer Studie der Mercer Group Inc., http://www.mercergroupinc.com
44 www.omnisophie.com/dd336-bulimie-praesentieren-oder-powerpoint-bulimie/
45 Bergmann, Klaus: Spaziergang in die Tiefen der Gesellschaft. In: Bergmann, Klaus und Ockenfuß, Solveig. Neue Horizonte. Eine Reise durch die Reisen, Frankfurt 1980, Seite 208 ff.
46 Die große Airbnb-Reisestudie: press.airbnb.com/de/die-grosse-airbnb-reise-studie-so-macht-deutschland-urlaub/
47 Tweet vom 10.3.2019 von @whitemoosecafe: "We have a new complaints Manager, she is from the far east and her name is Wee Don Givafukk."
48 Tweet vom 21.2.2019 von @YingYue89
49 https://www.hogapage.at/nachrichten/panorama/gesellschaft/zwei-millionen-deutsche-geben-kein-trinkgeld
50 https://www.youtube.com/watch?v=rHnNlIjPe7M&t=26s
51 Wenn Sie sich näher mit Komplimenten befassen möchten, empfehle ich Ihnen dieses Buch von Gloria Beck: Komplimente. Eine Gebrauchsanleitung. Eichborn 2009
52 TV-Sendung „Guidos Masterclass" auf VOX, Folge vom 6.5.2019
53 https://fisher.osu.edu/news/how-apologize-according-science. Ergebnisse auf Deutsch: www.zentrum-der-gesundheit.de/wie-entschuldige-ich-mich-richtig-ia.html
54 Seth Godin: Das ist Marketing! So wird man wirklich sichtbar. Redline 2019
55 https://www.nytimes.com/2018/11/15/fashion/michelle-obama-stylist-meredith-koop.html
56 www.mulberry.com/de-en/about-us/modern-heritage
57 https://www.radiobremen.de/bremenzwei/rubriken/kolumnen/stilfaeltig/stilfaeltig100.html
58 Katharina Starlay: Der Stilcoach für Männer. Frankfurter Allgemeine Buch 2019
59 https://www.thecut.com/2019/07/if-men-carried-purses-would-they-clean-up-messes.html
60 Otto Hiltbrunner: Gastfreundschaft in der Antike und im frühen Christentum. Wissenschaftliche Buchgesellschaft Darmstadt 2005
Über die Quelle: http://www.deutschlandfunkkultur.de/will-kommen.950.de.html?dram:article_id=132963
61 unternehmer.de/it-technik/119914-10-todsunden-bei-einer-powerpoint-prasentation

Bibliografische Information der Deutschen Nationalbibliothek
Die Deutsche Nationalbibliothek verzeichnet diese Publikation in der Deutschen Nationalbibliografie; detaillierte bibliografische Daten sind im Internet über http://dnb.ddb.de abrufbar.

ISBN 978-3-8426-4203-4 (Print)
ISBN 978-3-8426-4204-1 (PDF)
ISBN 978-3-8426-4205-8 (EPUB)

2. Auflage

Die Ratgebermarke der Schlütersche Fachmedien GmbH
Hans-Böckler-Allee 7, 30173 Hannover
www.schluetersche.de
www.humboldt.de

Hinweis: Aus Gründen der Lesbarkeit wurde im Text häufig die männliche Form gewählt, nichtsdestoweniger beziehen sich die Angaben selbstverständlich auf Angehörige beider Geschlechter.

Lektorat: Annette Gillich-Beltz, Essen
Portrait von Gabriela Meyer: Elisa Meyer
Covergestaltung: ZERO, München
Coverabbildung: Shutterstock/KarimVectors, Omnart, Artem Stepanov, Graphic Resolution, Reservoir Dots
Satz: PER MEDIEN & MARKETING GmbH, Braunschweig
Druck und Bindung: gutenberg beuys feindruckerei GmbH, Langenhagen